Grenzübergreifende Fernabsatzverträge im Internationalen Privatrecht

Europäische Hochschulschriften
Publications Universitaires Européennes
European University Studies

Reihe II
Rechtswissenschaft

Série II Series II
Droit
Law

Bd./Vol. 4411

PETER LANG
Frankfurt am Main · Berlin · Bern · Bruxelles · New York · Oxford · Wien

Karl v. Rumohr

Grenzübergreifende Fernabsatzverträge im Internationalen Privatrecht

PETER LANG
Europäischer Verlag der Wissenschaften

Bibliografische Information Der Deutschen Bibliothek
Die Deutsche Bibliothek verzeichnet diese Publikation in der Deutschen Nationalbibliografie; detaillierte bibliografische Daten sind im Internet über <http://dnb.ddb.de> abrufbar.

Zugl.: Göttingen, Univ., Diss., 2005

D 7
ISSN 0531-7312
ISBN 3-631-55584-9

www.peterlang.de

Meinen Eltern

VORWORT

Diese Arbeit hat der Juristischen Fakultät der Georg-August-Universität Göttingen im Wintersemester 2004/ 2005 als Dissertation vorgelegen. Das Rigorosum hat am 12.12.2005 stattgefunden. Bei der Aktualisierung der Arbeit wurden Literatur und Rechtsprechung bis März 2006 berücksichtigt.

An erster Stelle möchte ich mich bei Frau Prof. Dr. Christiane Wendehorst LLM. für die Betreuung der Arbeit besonders bedanken. Das Doktorandenkolloquium an ihrem Lehrstuhl in Göttingen gab mir wesentliche Anregungen für die Erstellung der Arbeit.

Mein herzlicher Dank gilt zudem Herrn Prof. Dr. Abbo Junker für die zügige Erstellung des Zweitgutachtens.

Sehr danken möchte ich Dr. Julia Strese, die mich trotz der Arbeit an ihrer eigenen Dissertation selbstlos beraten und mir in vielfacher Weise geholfen hat.

Gewidmet ist die Arbeit meinen Eltern. Für ihre immense Unterstützung während meiner gesamten Ausbildung und der Erstellung dieser Arbeit sei ihnen vielmals herzlich gedankt.

Heidelberg, im April 2006 Karl v.Rumohr

INHALTSÜBERSICHT

INHALTSVERZEICHNIS

ABKÜRZUNGSVERZEICHNIS

a.A.	anderer Ansicht
a.a.O.	am angegebenen Ort
Abs.	Absatz
ABl.	Amtsblatt
AcP	Archiv für die civilistische Praxis
a.E.	am Ende
a.F.	alte Fassung
AG	Aktiengesellschaft/ Amtsgericht
AGB	Allgemeine Geschäftsbedingungen
AGBG	Gesetz zur Regelung des Rechts der Allgemeinen Geschäftsbedingungen
a.M.	anderer Meinung
Anm.	Anmerkung
allg.	allgemein
Alt.	Alternative
Art.	Artikel (singular)
Artt.	Artikel (plural)
Aufl.	Auflage
BB	Der Betriebsberater
BGB	Bürgerliches Gesetzbuch
BGH	Bundesgerichtshof
BGHZ	Sammlung der Entscheidungen des BGH in Zivilsachen
BR-Drs.	Drucksachen des Deutschen Bundesrats
Bsp.	Beispiel
Bull.	Bulletin
BVerfG	Bundesverfassungsgericht
BVerfGE	Sammlung der Entscheidungen des BVerfG
BVerwG	Bundesverwaltungsgericht
BVerwGE	Sammlung der Entscheidungen des BVerwG
bzw.	beziehungsweise
ca.	circa
cic	culpa in contrahendo
CISG	Convention on Contracts for the International Sale of Goods
CMLR	Common Market Law Review
CR	Computer und Recht
d.h.	das heißt
DB	Der Betrieb
ders.	derselbe
dies.	dieselbe
Diss.	Dissertation

DNotZ	Deutsche Notar-Zeitschrift
DÖV	Die öffentliche Verwaltung
DRiZ	Deutsche Richterzeitung
DStR	Deutsches Steuerrecht
ebd.	ebenda
EG	Europäische Gemeinschaften/ EG-Vertrag
EGBGB	Einführungsgesetz zum Bürgerlichen Gesetzbuch
EL	Ergänzungslieferung
etc.	et cetera
EU	Europäische Union
EuGH	Gerichtshof der Europäischen Gemeinschaften
EuGRZ	Zeitschrift für Europäische Grundrechte
EuGVO	Verordnung (EG) Nr. 44/2001 des Rates vom 22.12.2000 über die gerichtliche Zuständigkeit und die Anerkennung und Vollstreckung von Entscheidungen in Zivil- und Handelssachen
EuGVÜ	Brüsseler EWG-Übereinkommen über die gerichtliche Zuständigkeit und die Vollstreckung gerichtlicher Entscheidungen in Zivil- und Handelssachen
EuR	Europarecht
EUV	Vertrag über die Europäische Union
EuZVbR	Europäische Zeitschrift für Verbraucherrecht
EuZW	Europäische Zeitschrift für Wirtschaftsrecht
EWG	Europäische Wirtschaftsgemeinschaft
EWGV	Vertrag zur Gründung der EWG
EWR	Zeitschrift für europäisches Wirtschaftsrecht/ (Gebiet des) Abkommen(s) über den europäischen Wirtschaftsraum vom 2.5.1992
EWS	Europäisches Wirtschafts- und Steuerrecht
EVÜ	Römisches EWG-Übereinkommen über das auf vertragliche Schuldverhältnisse anzuwendende Recht
f./ff.	für/ folgende (Seite(n))
FamRZ	Zeitschrift für das gesamte Familienrecht
FernAbsG	Fernabsatzgesetz
Fn.	Fußnote
FS	Festschrift
GbR	Gesellschaft bürgerlichen Rechts
ggf.	gegebenenfalls
GmbH	Gesellschaft mit beschränkter Haftung
h.M.	herrschende Meinung
HaustürWG	Gesetz über den Widerruf von Hautürgeschäften und ähnlichen Geschäften

Hrsg.	Herausgeber
i.d.F.	in der Fassung
i.d.R.	in der Regel
i.e.S.	im engeren Sinne
iRd	im Rahmen des
iSd	im Sinne des
Int J L&IT	International Journal of Law and Information Technology
IPR	Internationales Privatrecht
IPRax	Praxis des Internationalen Privatrechts
i.S.d.	im Sinne des
IStR	Internationales Steuerrecht
i.ü.	im Übrigen
i.V.m.	in Verbindung mit
i.w.S.	im weiteren Sinne
JA	Juristische Arbeitsblätter
JR	Juristische Rundschau
Jura	Juristische Ausbildung
JuS	Juristische Schulung
JZ	Juristenzeitung
K&R	Kommunikation und Recht
LG	Landgericht
MDR	Monatsschrift des deutschen Rechts
MMR	Multimedia und Recht
m.w.N.	mit weiteren Nachweisen
n.F.	neue Fassung
NJW	Neue Juristische Wochenschrift
NJW-RR	NJW-Rechtsprechungsreport
Nr.	Nummer
NVwZ	Neue Zeitschrift für Verwaltungsrecht
NZM	Neue Zeitschrift für Miet- und Wohnraumrecht
lit.	litera
OLG	Oberlandesgericht
RabelsZ	Rabels Zeitschrift für ausländisches und internationales Privatrecht
RdA	Recht der Arbeit
Rev.crit.dr.int.pr.	Revue critique du droit international privé
RIW	Recht der internationalen Wirtschaft
RL	Richtlinie
Rn.	Randnummer
RR	Rechtsprechungsreport
Rs.	Rechtssache
Rspr.	Rechtsprechung

s.	siehe
S.	Seite
Slg.	Sammlung der Entscheidungen des EuGH
s.o.	siehe oben
sog.	so genannt
str.	streitig
s.u.	siehe unten
TzWrG	Gesetz über die Veräußerung von Teilzeitnutzungsrechten an Wohngebäuden
u.a.	unter anderem
umstr.	umstritten
UN-Kaufrecht	Wiener UN-Übereinkommen über Verträge über den internationalen Warenkauf
u.U.	unter Umständen
UWG	Gesetz gegen den unlauteren Wettbewerb
v.a.	vor allem
VerbrKrG	Verbraucherkreditgesetz
VG	Verwaltungsgericht
vgl.	vergleiche
VO	Verordnung
Vorb.	Vorbemerkungen
vs.	versus
VuR	Verbraucher und Recht
WM	Wertpapiermitteilungen
WuW	Wirtschaft und Wettbewerb
z.B.	zum Beispiel
ZBB	Zeitschrift für Bankrecht und Bankwirtschaft
ZEuP	Zeitschrift für Europäisches Privatrecht
ZfRV	Zeitschrift für Rechtsvergleichung
ZGR	Zeitschrift für Unternehmens- und Gesellschaftsrecht
ZHR	Zeitschrift für das gesamte Handels- und Wirtschaftsrecht
Ziff.	Ziffer
ZIP	Zeitschrift für Wirtschaftsrecht
zit.	zitiert
ZLR	Zeitschrift für das gesamte Lebensmittelrecht
ZPO	Zivilprozessordnung
ZRP	Zeitschrift für Rechtspolitik
ZUM	Zeitschrift für Urheber- und Medienrecht
zust.	zustimmend
ZVglRWiss	Zeitschrift für vergleichende Rechtswissenschaft

Einleitung

Die Herstellung eines ausgewogenen Verbraucherschutzniveaus in den europäischen Rechtsordnungen gehört nach Art. 2 und Art. 3 lit. t) des EG-Vertrages zu den vordringlichen Anliegen der europäischen Gemeinschaften. Die europäischen Verbraucherschutzrichtlinien sind die zentralen Instrumente zur Erreichung dieses Ziels. Durch sie wurde ein europaweiter Mindestschutzstandard für Verbraucher beim Abschluss von Verträgen mit Unternehmern geschaffen. Teil dieses europäischen Sonderprivatrechts zum Schutz der Verbraucher ist die Richtlinie über den Verbraucherschutz bei Vertragsabschlüssen im Fernabsatz vom 20. Mai 1997 (im Folgenden: Fernabsatzrichtlinie), die den Anstoß für die vorliegende Untersuchung gab[1]. Dem europäischen Fernabsatzrecht eröffnet sich ein großes praktisches Anwendungsfeld, da der Direktvertrieb von Unternehmern an Verbraucher über eine räumliche Distanz hinweg als Vertriebsform weltweit stark zunimmt[2]. Dies gilt nicht nur für innerhalb eines Staates geschlossene, sondern auch für grenzübergreifende Fernabsatzverträge. Im Zuge des Zusammenwachsens der Wirtschaftsmärkte der Welt und insbesondere des europäischen Binnenmarktes sinkt die Scheu der Verbraucher davor, im Direktvertrieb mit Unternehmern aus anderen Staaten Verträge abzuschließen. Insbesondere der „globale Marktplatz" des Internets erleichtert die grenzübergreifende Kommunikation zum Zwecke des Vertragsabschlusses zwischen Unternehmern und Verbrauchern Staaten erheblich. Mit der Zunahme des grenzübergreifenden Handels im Fernabsatz wird auch die Bedeutung der Frage nach dem auf grenzübergreifende Fernabsatzverträge anwendbaren Recht immer größer.

Der in die Untersuchung einleitende Rechtsvergleich der Umsetzungen der Fernabsatzrichtlinie in den Rechtsordnungen der Mitgliedstaaten der Europäischen Gemeinschaft und des Abkommens über den Europäischen Wirtschaftsraum wird einige Unterschiede zwischen den fernabsatzrechtlichen Regelungen der europäischen Rechtsordnungen aufzeigen. Aufgrund dieser Unterschiede und der daraus resultierenden unterschiedlichen Verbraucherschutzniveaus behält die Frage nach dem anwendbaren Recht auch bei innereuropäischen grenzübergreifenden Fernabsatzverträgen Bedeutung.

Das deutsche internationale Vertragsrecht der Art. 27 ff. EGBGB, ausgenommen Art. 29a EGBGB, basiert auf Art. 3 ff. des *Römischen EWG-Übereinkommens*

---

[1] Richtlinie 97/7/EG des Europäischen Parlaments und des Rates vom 20. Mai 1997 über den Verbraucherschutz bei Vertragsabschlüssen im Fernabsatz (ABl. EG Nr. L 144, 19).

[2] *Eli/ Laumer*, Der Versandhandel, 110 ff.; *OECD*, New home shopping technologies, 7-8 und 19-20.

über das auf vertragliche Schuldverhältnisse anzuwendende Recht (EVÜ)[3] und setzt dieses in deutsches Recht um. Die Kommission und der Rat der europäischen Gemeinschaften planen derzeit die Novellierung des EVÜ und dessen Neukodifikation in Form einer Verordnung. Dazu werden die Kollisionsnormen des EVÜ umfassend überprüft. In einem Grünbuch forderte die Kommission Anfang 2003 zu Stellungnahmen und zu Vorschlägen für die Reform des internationalen Vertragsrechts auf[4]. Das Grünbuch wurde durch eine öffentliche Anhörung in Brüssel am 7.1.2004 ergänzt. Von Seiten der Politik, Rechtswissenschaft und Wirtschaft wurden zahlreiche Stellungnahmen zum Grünbuch der Kommission abgegeben[5]. Seit Dezember 2005 liegt ein Vorschlag der Kommission für eine Verordnung über das auf vertragliche Schuldverhältnisse anzuwendende Recht vor, auf den im Ausblick am Ende der Arbeit näher eingegangen wird[6]. Die Untersuchung grenzübergreifender Fernabsatzverträge im Internationalen Privatrecht erfolgt daher auch vor dem Hintergrund dieser Überarbeitung des internationalen Vertragsrechts und der Ersetzung des EVÜ.

---

[3] Römisches EWG-Übereinkommen über das auf vertragliche Schuldverhältnisse anzuwendende Recht vom 19. Juni 1980 (BGBl. 1986 II, 810). 3. Beitrittsübereinkommen vom 29. November 1996 (BGBl. 1999 II, 7.

[4] Grünbuch über die Umwandlung des Übereinkommens von Rom aus dem Jahr 1980 über das auf vertragliche Schuldverhältnisse anzuwendende Recht in ein Gemeinschaftsinstrument sowie über seine Aktualisierung, KOM (2002), 654 endg., v. 14.1.2003.

[5] Ein Verweis auf die zahlreichen Stellungnahmen findet sich auf http:// europa.eu.int/comm/justice_home/news/consulting_public/rome_i/news_summary_rome1_en.htm.

[6] Vorschlag für eine Verordnung des europäischen Parlaments und des Rates über das auf vertragliche Schuldverhältnisse anzuwendende Recht (Rom I), vom 15.12.2005, KOM (2005) 650 endg.

1. Teil: Grundfragen der Untersuchung

A. Einführung in den Untersuchungsgegenstand

I. Gegenstand und Ziele der Untersuchung

Der Begriff *„Fernabsatzvertrag“* der §§ 312b ff. BGB geht zurück auf den Ausdruck *„Vertragsabschluss im Fernabsatz“* nach Art. 2 Fernabsatzrichtlinie. Dieser hat sich bei der Schaffung der Fernabsatzrichtlinie aus dem zunächst im französischen entstandenen Terminus „contrat a distance“ entwickelt. Aufgrund dieser Etymologie gibt es keine international einheitliche Definition für einen Fernabsatzvertrag. Da die europäischen Mitgliedstaaten bei der Umsetzung der Fernabsatzrichtlinie einen Umsetzungsspielraum hatten, auch hinsichtlich der begrifflichen Voraussetzungen eines Fernabsatzvertrages, gibt es nicht einmal europaweit eine einheitliche Definition. Dies macht eine Eingrenzung des Untersuchungsgegenstandes erforderlich.
Aufgrund des europarechtlichen Ursprungs des Begriffes *„Fernabsatzvertrag“*, und da die Definition in der Fernabsatzrichtlinie den „gemeinsamen Nenner“ der Definitionen in den europäischen Rechtsordnungen bilden, soll den folgenden Untersuchungen der Begriff *„Fernabsatzvertrag“* im Sinne der Art. 2 Nr. 1 Fernabsatzrichtlinie zugrunde liegen. Demnach bezeichnet der Ausdruck *„Fernabsatzvertrag“* im Folgenden *„jeden zwischen einem Unternehmer und einem Verbraucher geschlossenen, eine Ware oder eine Dienstleistung betreffenden Vertrag, der im Rahmen eines für den Fernabsatz organisierten Vertriebs- bzw. Dienstleistungssystems des Unternehmers geschlossen wird, wobei dieser für den Vertrag bis zu dessen Abschluss einschließlich des Vertragsabschlusses selbst ausschließlich eine oder mehrere Fernkommunikationstechniken verwendet“*.
Da die Ausnahmen vom Anwendungsbereich der Fernabsatzrichtlinie nach ihrem Art. 3 Abs. 1 bei der Umsetzung in nationales Recht von den Mitgliedstaaten der EG weitgehend übernommen wurden, sind Verträge des in Art. 3 Abs. 1 genannten Inhalts auch vom Gegenstand der Untersuchung ausgenommen, d.h. auch Fernabsatzverträge über die Erbringung von Finanzdienstleistungen, die Gegenstand der zweiten Fernabsatzrichtlinie sind, sind nicht Gegenstand der vorliegenden Untersuchung[7]. Die Berücksichtigung von Verträgen über Finanzdienstleistungen würde den Rahmen der vorliegenden Untersuchung sprengen. Ein Großteil der kollisionsrechtlichen Fragen der Beurteilung grenzübergreifender Fernabsatz-

---

[7] Dies gilt nicht für Art. 3 Abs. 2 Fernabsatzrichtlinie, da dieser bei der Umsetzung in einige Rechtsordnungen nicht übernommen wurde. Siehe hierzu 1. Teil:B.II.2, Seite 34.

verträge stellt sich zudem schon im Rahmen der Grundkonstellation der Verträge über die Lieferung von Waren und die Erbringung von Dienstleistungen, so dass auf die Ausweitung der Arbeit auf Verträge über Finanzdienstleistungen verzichtet wird.

Als „*grenzübergreifend*“ sollen Fernabsatzverträge zu verstehen sein, bei deren Abschluss sich die Vertragsparteien in verschiedenen Staaten aufhalten und/ oder sich der Unternehmenssitz bzw. der gewöhnliche Aufenthaltsort der Vertragsparteien in verschiedenen Staaten befinden. Mit dem Begriff „*Fernabsatzrecht*“ soll die Summe der Rechtsnormen einer Rechtsordnung bezeichnet werden, die ausschließlich Fernabsatzverträge betreffen und der Umsetzung der Fernabsatzrichtlinie dienen.

Gegenstand der vorliegenden Untersuchung ist die Bestimmung des auf grenzübergreifende Fernabsatzverträge anwendbaren Rechts nach deutschem Kollisionsrecht[8]. Dabei auftretende Probleme der Anwendung des deutschen Kollisionsrechts auf grenzübergreifende Fernabsatzverträge sollen diskutiert und Lösungsvorschläge erarbeitet werden. Soweit Schutzlücken in den speziellen verbraucherschützenden Kollisionsnormen zutage treten, soll untersucht werden, inwieweit das internationale Vertragsrecht de lege lata diese schließen kann oder ob Handlungsbedarf auf Seiten des Gesetzgebers besteht.

Nach Art. 37 S. 1 Nr. 4, S. 2 EGBGB sind die Artt. 27 ff. EGBGB bis auf Art. 29a EGBGB nicht auf im Fernabsatz geschlossene Versicherungsverträge anwendbar, die in einem Mitgliedstaat der EG oder des EWR belegene Risiken decken[9]. Neben den stattdessen anwendbaren Artt. 7 ff. EGVVG gilt Art. 29a EGBGB nach Art. 15 EGVVG nachrangig. Den Artt. 7 ff. EGVVG liegt ein von Art. 27 ff. EGBGB abweichendes Anknüpfungssystem speziell für Versicherungsverträge zugrunde, das jedoch nicht im Fokus der vorliegenden Untersuchung stehen soll, da es keine distanzvertraglichen Besonderheiten aufweist und einen deutlich geringeren Teil von Fernabsatzverträgen betrifft als die Artt. 27 ff. EGBGB.

---

[8] Auf die international-prozessrechtliche Dimension des internationalen Verbraucherschutzes wird in der folgenden Untersuchung nicht eingegangen. Siehe hierzu aber *Lüderitz*, FS Riesenfeld, 1983, 147; *Rudisch*, FS Reichert-Facilides, 1995, 191, 197 ff.

[9] Die Besonderheiten nach Art. 7 ff. EGVVG und Art. 37 S. 1 Nr. 4 EGBGB für Rückversicherungsverträge haben für Fernabsatzverträge keine praktische Bedeutung. Das *deutsche* Fernabsatzrecht der §§ 312 b ff. BGB ist nach § 312 b Abs. 3 Nr. 3 BGB nicht auf Versicherungsverträge sowie deren Vermittlung anwendbar. Stattdessen gelten die §§ 5a, 8 Abs. 4, 15a VVG. Zum „Belegenheitsort“ eines versicherten Risikos siehe im *deutschen* Recht § 7 Abs. 2 EGVVG iVm Art. 37 S. 1 Nr. 4 EGBGB.

Vor der Anwendung des über das Internationale Privatrecht ermittelten einzelstaatlichen nationalen Sachrechts ist jedoch die Anwendung des *Wiener UN-Übereinkommen über Verträge über den internationalen Warenkauf*[10] (CISG) als vereinheitlichtes Sachrecht systematisch vorrangig. Die Anwendbarkeit des CISG auf grenzübergreifende Fernabsatzverträge ist jedoch begrenzt. Angesichts der zwingenden Verbraucherbeteiligung an Fernabsatzverträgen ist das CISG in personeller Hinsicht nach Art. 2 a) CISG nur unter zwei Voraussetzungen auf diese anwendbar. Dies ist zum einen der Fall, wenn der Unternehmer nicht wusste, dass sein Vertragspartner den Vertrag zu privaten Zwecken abschloss[11]. Und zum anderen, wenn nach derjenigen Rechtsordnung, die anstelle des CISG nach kollisionsrechtlicher Verweisung zur Anwendung käme, ein Verbraucher Waren auch zu anderen, als den in Art. 2a) CISG genannten Zwecken kaufen kann[12]. Sachlich ist das CISG nicht auf im Fernabsatz geschlossene Werkverträge, Dienstverträge (Art. 3 CISG) und Mietverträge anwendbar sowie auf solche, die Stromlieferungen (Art. 2f) CISG) zum Gegenstand haben. Fernabsatzverträge, die die Onlinelieferung von Software zum Gegenstand habe, liegen wiederum im sachlichen Anwendungsbereich des CISG[13].
Auch in den Fällen, in denen das CISG auf grenzübergreifende Fernabsatzverträge anwendbar ist, können zusätzlich die fernabsatzrechtlichen Bestimmungen der europäischen Staaten über die Informationspflichten und das Widerrufsrecht zur Anwendung kommen. Das Bestehen eines Widerrufsrechts liegt nach Art. 4a) CISG außerhalb des Regelungsbereiches des CISG[14]. Dies muss auch für die mit dem Widerrufsrecht systematisch verbundenen Informationspflichten des

---

[10] Übereinkommen der Vereinten Nationen über Verträge über den internationalen Warenkauf vom 11. April 1980; BGBl 1989, 588 ff. Die United Nations *Convention* on Contracts for the *International Sale* of *Goods* gilt in Deutschland seit dem 1.1.1991.

[11] *Rüßmann*, in: Deutschlands Weg in die Informationsgesellschaft, 709, 733; *Hoeren*, Grundzüge des Internetrechts, § 3 Abs. 3, 23; *Schlechtriem-Ferrari*, Art. 2 CISG Rn. 11; *Karollus*, UN-Kaufrecht, 26; *Dilger*, Verbraucherschutz bei Vertragabschlüssen im Internet, 2002, 195; *Papathoma-Baetge/Nehrenberg/Finke*, in: Rechtshandbuch E-Business, 63 Rn. 73; *Junker*, RIW 1999, 809, 814; *Ernst*, VuR 1997, 259, 259; *Staudinger-Magnus*, Art. 2 CISG Rn. 23.

[12] Nach § 13 BGB hat nur ein zu *selbständig-beruflichen* Zwecken Handelnder keine Verbrauchereigenschaft. Ein zu *abhängig-beruflichen* Zwecken Tätiger kann somit nach deutschem Recht als Verbraucher an einem grenzübergreifenden Fernabsatzvertrag beteiligt sein, auf den in personeller Hinsicht auch das CISG anwendbar ist, *MünchKomm-Wendehorst*, Vor § 312b Rn. 19. Für eine Anwendbarkeit von nationalem deutschen Verbraucherschutzrecht und CISG auch *Wartenberg*, CISG und deutsches Verbraucherschutzrecht, 101. Anders *Bülow/Artz*, Verbraucherprivatrecht, 147.

[13] Die Online-Lieferung von Software wirft diverse in der Literatur ausführlich diskutierte Probleme auf. Statt aller siehe nur *Schmitt*, Intangible Goods als Leistungsgegenstand internationaler Online-Kaufverträge, 27 ff. Siehe auch 2. Teil:B.III.1.b)aa), Seite 75.

[14] Siehe hierzu *Staudinger/ Magnus*, Art. 4 Rn. 21, Art. 2 Rn. 29 ff.; *Schmid*, Zusammenspiel, 36 ff.; BT-Drs. 14/2658, 47; *Bülow/Artz*, Verbraucherprivatrecht, 28, 148; *Schlechtriem/ Ferrari*, Art. 2 Rn. 25; *Herber/Czerwenka*, Art. 2 Rn. 8; *Piltz*, Internationales Kaufrecht, § 2 Rn. 69-70.

Unternehmers gelten, da der Anfang der Widerrufsfrist von der Erfüllung der Informationspflichten abhängt und so die Bestimmungen zum Widerrufsrecht ohne jene zu den Informationspflichten nicht sinnvoll angewendet werden können[15].

II. Der Verbraucherschutz als Argument im internationalen Fernabsatzrecht

Dass sich beim Abschluss von Fernabsatzverträgen Unternehmer und Verbraucher vertraglich gegenüberstehen, ist ein zentraler Gesichtspunkt bei der Untersuchung der Anknüpfung grenzübergreifender Fernabsatzverträge. Als Grundlage für die Argumentation mit den Parteiinteressen beim Abschluss von Fernabsatzverträgen im weiteren Verlauf der Untersuchung sei hier der Regelungszweck des Verbraucherschutzes bei Vertragsabschlüssen im Fernabsatz- in aller Kürze- vor Augen geführt.
Der vertragsrechtliche Verbraucherschutz beruht auf der Annahme, dass ein Verbraucher einem Unternehmer als Vertragspartner beim Abschluss eines Vertrages aus diversen Gründen strukturell unterlegen ist[16]. In regelmäßiger Praxis hat der Unternehmer seine Interessen durchdacht und sein Verhandlungsverhalten beim Abschluss von Verträgen optimiert. Das Verbraucherschutzrecht hat seinen Ursprung in der Befürchtung, dass der Unternehmer diese Vorteile zu Lasten des Verbrauchers ausnutzen könnte. Ziel der verbraucherschützenden Gesetzgebung ist es daher, gerechte Verhandlungsverhältnisse herzustellen[17]. Bei Vertragsschlüssen im Fernabsatz resultiert die Schwäche des Verbrauchers speziell daraus, dass der Verbraucher bei ausschließlicher Verhandlung über Fernkommunikationsmittel Gefahr läuft, nicht dieselben für den Vertragsschluss relevanten Informationen über den Vertragspartner und den Vertragsgegenstand zu erhalten wie

---

[15] Siehe hierzu auch *Wartenberg*, CISG und deutsches Verbraucherschutzrecht, 52-53; *Czerwenka*, Rechtsanwendungsprobleme, 100; *Piltz*, Internationales Kaufrecht, § 2 Rn. 70; *Staudinger-Magnus*, Art. 2 CISG Rn. 30; *v.Caemmerer/Schlechtriem/Herber*, Art. 2 CISG Rn. 18; *Schlechtriem*, UN-Kaufrecht, 14; *Soergel/Lüderitz*, Art. 2 CISG Rn. 4; *Achilles*, Art. 2 CISG Rn. 4.

[16] BVerfG, Urt. v. 19.10.1993, JZ 1994, 408, 410; *Keller*, FS Vischer, 175, 175 ff.; *Rudisch*, FS Reichert-Facilides, 191, 193; Denkschrift der Bundesregierung zum EVÜ, BT-Drs. 10/503, 26.

[17] EuGH Urt. v. 7.3.1990- Rs C-362/88, Slg 1990-I, 667 Rn. 18, EuZW 1990, 223; Erstes Programm der EWG für eine Politik zum Schutz und zur Unterrichtung der Verbraucher, ABl EG Nr. C 92, v. 25.4.1975, 2 Nr. 6; *Kropholler*, RabelsZ 42 (1978), 634, 637; *Reichert-Facilides*, FS Reichert-Facilides, 1, 2; *v.Hippel*, FS Wassermann, 371, 371 u. 375; *Kemper*, Verbraucherschutzinstrumente, 30 ff.; *Giuliano/Lagarde*, BT-Drs. 10/503, 55; *Hommelhoff*, Verbraucherschutz im System des deutschen und europäischen Privatrechts, 12, 44 ff.

bei einem Kauf in einem Ladengeschäft[18]. Der Verbraucher sieht die Ware vor Vertragsschluss nicht und kennt seinen Vertragspartner nicht aus persönlichem Kontakt. Auch können mangels persönlicher Absprache Missverständnisse im Hinblick auf den Vertrag entstehen. Bei der Erfüllung des Vertrages können ferner Probleme daraus entstehen, dass die Ware dem Verbraucher zugeschickt werden muss. Durch die unternehmerischen Informationspflichten und das Widerrufsrecht soll der Verbraucher das vertragsrelevante Wissen erlangen und in die Lage versetzt werden, die Ware nach Betrachtung bei Nichtgefallen zurückgeben zu können.

---

[18] Erwägungsgrund 9 bis 11 der Fernabsatzrichtlinie, ABl EG Nr. L 144/ 19, 20. Zu den Gefahren für den Verbraucher aus dem Vertragsschluss im Fernabsatz auch *OECD*, New Home Shopping Technologies, 29 ff.

B. Rechtsvergleichender Überblick über die Umsetzung der Fernabsatzrichtlinie in den Mitgliedstaaten der Europäischen Gemeinschaft (EG) und des Abkommens über den Europäischen Wirtschaftraums (EWR)

I. Einleitung zum rechtsvergleichenden Überblick

Die erste Fernabsatzrichtlinie ist in allen Mitgliedsstaaten der Europäischen Gemeinschaft und des Abkommens über den europäischen Wirtschaftsraum implementiert worden[19]. Die Umsetzungsfrist ist Art. 15 Fernabsatzrichtlinie zufolge im Juni 2000 abgelaufen. Die Fernabsatzrichtlinie enthält einen Grundstock an Bestimmungen über Fernabsatzverträge, der von den umsetzenden Staaten weiter ausgebaut werden konnte. Die Fernabsatzrichtlinie begründet des Weiteren ein Mindestniveau des Verbraucherschutzes, das bei der Umsetzung zugunsten des Verbrauchers erhöht werden konnte. Auf diesen Gründen beruhen die Unterschiede in den nationalen Umsetzungen der Fernabsatzrichtlinie, die der Frage nach dem auf einen Fernabsatzvertrag anzuwendenden Recht auch bei innereuropäischen Sachverhalten weiterhin Bedeutung belassen[20].
Während die Fernabsatzrichtlinie in den meisten europäischen Staaten in Form eines eigenständigen Gesetzes[21] oder durch Integration in ein bestehendes Verbraucherschutzgesetz umgesetzt wurde[22], erfolgte eine Einbettung der fernabsatzrechtlichen Bestimmungen in das allgemeine Zivilgesetzbuch nur in der *deutschen* und der *niederländischen* Rechtsordnung.

---

[19] Der folgende Vergleich basiert ausschließlich auf den Gesetzen, die die Fernabsatzrichtlinie umsetzen. Keine Berücksichtigung finden Urteile oder Kommentare, die eventuell nach den jeweiligen nationalen Gewohnheiten das geschriebene Recht ergänzen. Zur Einführung von Regelungen über Vertragsschlüsse im Fernabsatz in der Schweiz siehe http://www.ejpd.admin.ch/ejpd/de/home/themen/wirtschaft/ref_gesetzgebung/ref_abgeschlossene/ref_konsumentenschutz.html. Danach ist eine Änderung des schweizerischen Obligationenrechts in näherer Zukunft nicht zu erwarten. Siehe auch die Empfehlung der eidgenössischen Kommission für Konsumentenfragen vom 7.12.1999 über Vertragsabschlüsse im Fernabsatz unter http://www.konsum.admin.ch/konsumentenfragen/00012/index.html?lang=de. Sowie die Pressemitteilung der eidgenössischen Kommission für Konsumentenfragen vom 13.3.2000 zum elektronischen Handel und dem Fernabsatz unter http://www.konsum.admin.ch/imperia/md/content/empfehlungender kommission/stellungsnahmekvg/pressemitteilungenderkommission/6.pdf.

[20] *Roth/ Schulze*, RIW 1999, 924, 931; Allgemein: *Keller*, FS Vischer, 175, 177.

[21] So in *Großbritannien, Irland, Italien, Luxemburg, Portugal, Schweden, Island, Liechtenstein, Norwegen.*

[22] So in *Belgien, Dänemark, Finnland, Frankreich, Griechenland, Österreich, Spanien.*

Im Folgenden soll ein rechtsvergleichender Überblick über die Umsetzung der Fernabsatzrichtlinie in den europäischen Staaten verschafft werden. Dieser Rechtsvergleich soll sich jedoch auf die Umsetzung der Artt. 1 bis 6 und Art. 12 Fernabsatzrichtlinie beschränken, d.h. auf den Anwendungsbereich des Fernabsatzrechts und die Ausnahmen davon sowie die Instrumente des fernabsatzrechtlichen Verbraucherschutzes, also die unternehmerischen Informationspflichten und das verbraucherische Widerrufsrecht und des weiteren die Unabdingbarkeit des fernabsatzrechtlichen Verbraucherschutzes.

II. Der Anwendungsbereich des europäischen Fernabsatzrechts

1. Der Begriff des Fernabsatzvertrages im Recht der europäischen Staaten

Die Definitionen des Fernabsatzvertrages der europäischen Rechtsordnungen entsprechen ihrem Wortlaut nach weitgehend den Vorgaben von Art. 2 Nr. 1 Fernabsatzrichtlinie. Die Vertragsparteien eines Fernabsatzvertrages sind ein Unternehmer und ein Verbraucher[23]. Leistungsgegenstände können Waren und Dienstleistungen sein[24]. Ferner muss „der Vertrag unter ausschließlicher Verwendung von Fernkommunikationsmitteln" und „im Rahmen eines für den Fernabsatz organisierten Vertriebs- und Dienstleistungssystems des Lieferers geschlossen worden sein"[25]. Unterschiede zwischen den europäischen Rechtsordnungen können sich

---

[23] Nicht in allen Staaten ergeben sich die personellen Voraussetzungen direkt aus den fernabsatzrechtlichen Bestimmungen. Beispielsweise in *Österreich* § 5a Abs. 1, § 5c Abs. 1 i.V.m. § 1 Konsumentenschutzgesetz; in *Dänemark* § 10a und § 10b Consumer Contracts Act.

[24] Die Vorgaben hinsichtlich der Vertragsgegenstände wurden überwiegend unverändert übernommen. Im *österreichischen* Recht wird die Anwendung der fernabsatzrechtlichen Normen hingegen nicht auf bestimmte Leistungsgegenstände beschränkt (§ 5a Abs. 1 Konsumentenschutzgesetz). Im *finnischen* Recht wird in der Definition des Fernabsatzvertrages nur vom Angebot von „Konsumentenware" und nicht von Dienstleistungen gesprochen (Chapter 6 Section 4 Abs. 1 Consumer Protection Act. Aus Chapter 6 Section 7 ergibt sich jedoch eine Differenzierung zwischen Waren und Dienstleistungen). Das *niederländische* Recht enthält separate Definitionen für Fernabsatzverträge über Waren und über Dienstleistungen (Art. 7.1.9A.1 b and c Burgerlijk Wetboek).

[25] Das *französische* Recht macht die Anwendbarkeit der fernabsatzrechtlichen Normen nicht davon abhängig, dass der Vertrag im Rahmen eines solchen Vertriebssystems geschlossen wurde (Article L 121-16 Code de la Consommation). Nach *isländischem* Recht muss der Verkäufer beim Abschluss des Vertrages in „professional capacity" handeln (Chapter I Article 1 Act 2000 No.46). Dieser Ausdruck verlangt hauptsächlich eine berufliche Motivation des Verkäufers. Es bedürfte einer weiten Auslegung, wenn man unter dem Begriff „professional capacity" verstehen wollte, dass der Verkäufer im Rahmen eines der geforderten Vertriebssysteme handeln muss.

jedoch bei der Auslegung einzelner Definitionsmerkmale ergeben. Vereinzelte europäische Rechtsordnungen fordern ihrem Wortlaut nach die ausschließliche Verwendung von Fernkommunikationsmitteln nicht schon bei der Vertragsanbahnung, sondern nur beim Vertragsabschluss[26].

2. *Die Ausnahmen vom Anwendungsbereich des Fernabsatzrechts*

Die Ausnahmen vom Anwendungsbereich des Fernabsatzrechts nach Art. 3 Abs. 1 Nr. 1 bis 3 Fernabsatzrichtlinie, für unter Verwendung von Warenautomaten geschlossene Verträge und für solche mit Betreibern von Telekommunikationsmitteln bezüglich der Benutzung öffentlicher Fernsprecher gelten in fast allen europäischen Staaten[27].
Mehrfachen Veränderungen wurde jedoch Art. 3 Abs. 1 Nr. 4 Fernabsatzrichtlinie bei der Umsetzung unterworfen[28]. Dieser nimmt Verträge über den Bau und den Verkauf von Immobilien oder Verträge über „sonstige Rechte" an Immobilien mit Ausnahme der Vermietung vom Anwendungsbereich der Fernabsatzrichtlinie aus. Das *dänische* Recht gilt ausdrücklich auch für Pachtverträge[29]. Im *niederländischen* und im *schwedischen* Recht werden Verträge über sonstige Rechte an Im-

---

[26] *Österreich:* § 5a Abs. 1 Konsumentenschutzgesetz; *Finnland:* Chapter 6 Section 4 par. 1 Consumer Protection Act; *Frankreich:* Article L 121-16 Code de la Consommation; *Island:* Chapter 1 Article 1 Act 2000 No 46.

[27] Das *deutsche* Fernabsatzrecht gilt allerdings auch für Darlehensvermittlungsverträge (§ 312 b Abs. 3 Nr. 3 BGB). Im *belgischen* Recht sind Verträge über Finanzdienstleistungen die einzigen, die generell vom Anwendungsbereich des Fernabsatzrechts ausgeschlossen werden. Die erfassten Finanzdienstleistungen werden in Art. 77 Abs. 4 Loi du 14 juillet 1991 sur les practiques du commerce ausführlich aufgeführt. Die von der Fernabsatzrichtlinie ansonsten vorgesehenen Ausnahmen vom Anwendungsbereich sind in das *belgische* Loi du 14 juillet 1991 sur les practiques du commerce nicht übernommen worden. Das *norwegische* Fernabsatzrecht ist auf einige Arten von Finanzdienstleistungen anwendbar, § 2 g), h) Act No 105 of 21.12.2000. Die Ausnahme nach Art. 3 Abs. 1 Gs. 3 Fernabsatzrichtlinie wurde bei der Umsetzung in *norwegisches* Recht nicht übernommen. Das *österreichische* Recht nimmt nicht Verträge vom Anwendungsbereich aus, die mit Betreibern von Telekommunikationsmitteln aufgrund der Benutzung von öffentlichen Fernsprechern geschlossen werden (§ 5a Konsumentenschutzgesetz).

[28] Mehrere Mitgliedstaaten haben auch Verträge über Teilzeitnutzung von Wohnräumen vom Anwendungsbereich der fernabsatzrechtlichen Bestimmungen ausgenommen. Beispielsweise das *deutsche* Recht in § 312 b Abs. 3 Nr. 2 BGB. In § 312 b Abs. 3 Nr. 1 BGB werden auch Fernunterrichtsverträge vom Anwendungsbereich der fernabsatzrechtlichen Bestimmungen ausgenommen. In *Dänemark*: Part 4 § 10c (1), 3) Consumer Contracts Act. In *Finnland*: Chapter 6 Section 6 par. 4 Consumer Protection Act. In *Großbritannien*: Regulation 6 par. 1 Consumer Protection Regulations 2000. In *Island:* Act 2000 No. 46 Chapter 1 Article 3 par. 3. Und auch das *liechtensteinische* Fernabsatzgesetz in Art. 2 a).

[29] § 10c Abs. 1 Nr. 4 des Verbrauchervertragsgesetzes.

mobilien nicht ausdrücklich vom Anwendungsbereich ausgenommen[30]. Nach *englischem* Recht sind Verträge über die Errichtung eines Gebäudes nur dann vom Anwendungsbereich des Fernabsatzrechts ausgeschlossen, wenn auch das Grundstück, auf dem das Gebäude errichtet werden soll, gekauft oder anderweitig Vertragsgegenstand werden soll[31].
Der Ausschluss von Versteigerungsverträgen vom Fernabsatzrecht durch Art. 3 Abs. 1 Nr. 5 wurde dadurch modifiziert, dass bestimmte Arten von Versteigerungen wieder in den Anwendungsbereich des nationalen Fernabsatzrechts aufgenommen wurden[32]. Das *finnische*, *schwedische* und *isländische* Recht machen die Anwendbarkeit ihres Fernabsatzrechts davon abhängig, ob an der fraglichen Auktion nur auf elektronischem Wege oder auch unter persönlicher Anwesenheit teilgenommen werden kann[33].

Die partiellen Ausnahmen vom Anwendungsbereich der Fernabsatzrichtlinie nach Art. 3 Abs. 2 waren bei der Umsetzung in den meisten Staaten Veränderungen unterworfen[34], während nur wenige Staaten die Vorgaben der Fernabsatzrichtlinie

---

[30] *Niederlande*: Art. 7.1.9A.9 Abs. 1 Nummer 2c. des siebten Buches des Burgerlijk Wetboek. *Schweden*: Section 3 No. 2 of the act on the protection of consumers in respect of distance contracts and home sales. Im *finnischen* Recht verhält es sich umgekehrt.

[31] Consumer Protection Regulations 2000, Regulation 5 (1) (b).

[32] Das *deutsche* Fernabsatzrecht ist auch auf Verträge anwendbar, die im Rahmen einer Versteigerung geschlossen wurden. In diesem Fall hat der Verbraucher jedoch kein Widerrufsrecht, § 312d Abs. 4 Nr. 5 BGB. Das *französische* Recht schließt die Anwendung der fernabsatzrechtlichen Normen nur für öffentliche Versteigerungen aus. Für Vertragsschlüsse bei nicht-öffentlichen Versteigerungen hingegen gilt das Fernabsatzrecht, Section 2, Article L 121-17 No. 5 Code de la Consommation.

[33] Das *finnische* Fernabsatzrecht findet nur dann keine Anwendung auf Verträge, die im Rahmen einer Auktion geschlossen wurden, wenn an der fraglichen Auktion auch ohne Verwendung eines Fernkommunikationsmittels teilgenommen werden kann, Chapter 6 Section 6 par. 7 Consumer Protection Act. Im *schwedischen* Fernabsatzrecht wird der Ausschluss von der Anwendbarkeit auf Auktionen beschränkt, bei denen die Abgabe von Geboten normalerweise nicht auf elektronischem Wege erfolgt, Section 3 par. 5 Act on the protection of consumers. Der Ausschluss des *isländischen* Fernabsatzgesetzes gilt nur für öffentliche Versteigerungen, bei denen eine große Zahl von Teilnehmern persönlich am Ort der Versteigerung anwesend ist, Chapter 1 Article 3 par.6 Act 2000 No 46.

[34] Das *schwedische* Fernabsatzrecht schließt in den genannten Fällen nur die Pflicht zur schriftlichen Bestätigung der Informationen und das Widerrufsrecht aus, nicht hingegen die Erfüllungsfrist von 30 Tagen für den Unternehmer, Section 6 and 7 of the Act on the protection of consumers. Nach dem *isländischen* Fernabsatzgesetz hat der Unternehmer in den Fällen des Art. 3 Abs. 2 Fernabsatzrichtlinie keine Informationspflichten. Das Widerrufsrecht des Verbrauchers und die Erfüllungsfrist des Unternehmers bleiben jedoch bestehen, Article 7 Act 2000 No 46. Veränderungen auch in den Rechtsordnungen von *Dänemark:* Part 4 §§ 10d,e, § 12 d (1) Consumer Protection Act. *Frankreich* Section 2 Article L 121-20-4, Article L 121-20-3 Code de la Consommation. *Spanien:* Articulo 38.4. ley 7/1996. Hauslieferungen betreffend sind die Regelungen der Fernabsatzrichtlinie in das *spanische* Recht übernommen worden. Auf Verträge über Freizeitdienstleis-

genau übernahmen[35]. Als Rückausnahme erklärt das *finnische* Fernabsatzrecht beide Vertragsgruppen des Art. 3 Abs. 2 Fernabsatzrichtlinie für anwendbar, wenn der Unternehmer den Kontakt zum Verbraucher im Wege des „cold calling" aufgenommen hatte[36].

III. Die fernabsatzrechtlichen Informationspflichten des Unternehmers

1. Der Inhalt der Informationspflichten

Die Liste der Informationspflichten des Unternehmers nach Art. 4 Abs. 1 Fernabsatzrichtlinie wurde in fast allen europäischen Staaten übernommen[37]. Dabei wurden jedoch folgende Modifikationen vorgenommen: nach den Rechtsordnungen einiger europäischer Staaten muss der Verbraucher nicht nur bei Verträgen, in denen eine Vorauszahlung erforderlich ist, vor Vertragsschluss auch über die Anschrift des Unternehmers verfügen[38]. Nach dem Wortlaut einiger europäischer Rechtsordnungen muss der Unternehmer nicht ausdrücklich auch über die zum

---

tungen aber ist das *spanische* Fernabsatzrecht vollumfänglich anwendbar. Bei der Implementierung in das *norwegische* Recht wurde Art. 3 Abs. 2 Gs. 1 gar nicht übernommen und Gs. 2 gilt nicht für Verträge, die über das Telefon geschlossen werden, § 19, 1b) Act No 105 of 21.12.2000.

[35] *Österreich, Italien, Niederlande, Portugal, Großbritannien.*

[36] Chapter 6 Section 7 par 1 und Chapter 6 Section 7 par 2 Consumer Protection Act. Außerdem ist das *finnische* Fernabsatzrecht auch auf Hauslieferungen anwendbar, wenn der Vertrag dauerhafte und wiederholte Lieferungen von Haushaltsgegenständen des täglichen Bedarfs betrifft. Chapter 6 Section 7 par 2 Consumer Protection Act.

[37] Die Informationspflichten aus Art. 4 Abs. 1 b) und d) bis i) Fernabsatzrichtlinie wurden von allen Mitgliedsstaaten ohne nennenswerte Veränderungen übernommen. Nach *isländischem* Fernabsatzrecht muss über die Mindestlaufzeit des Vertrages ohne die von der Fernabsatzrichtlinie gemachten Einschränkungen informiert werden. Chapter 1 Article 5 par.8 Act on door-to-door sales and distance contracts.

[38] Nur in folgenden Staaten muss der Verbraucher vor Abschluss eines Fernabsatzvertrages nicht über die Anschrift des Unternehmers informiert sein, wenn nach dem Vertrag keine Vorauszahlung erforderlich ist. *Italien*: Articolo 3 par. 1 a) Decreto Legislativo No. 185 del 22.5.1999; *Irland:* Schedule 3 Nr. 1 on Statutory Instrument No. 207 of 2001; *Niederlande:* Art. 7.1.9A.3 par. 1 a); *Portugal:* Capitulo II Art. 4 Abs. 1 a) Decreto-lei No. 143/2001; *Großbritannien:* Regulation 7 (1) (a) (i) of Statutory Instrument 2000 No. 2334. Das *französische* Recht weitet diese Informationspflicht dahingehend aus, dass der Verbraucher spätestens in Verbindung mit dem Vertragsangebot auch die Telefonnummer des Lieferers erfahren muss (Section 2, Article L 121-18 Code de la Consommation).

Preis hinzukommenden Steuern informieren[39]. Einige Mitgliedsstaaten haben die Liste der Informationspflichten über die Vorgaben von Art. 4 hinaus erweitert[40]. So ist der Unternehmer nach dem Fernabsatzrecht einiger Staaten verpflichtet, den Verbraucher, falls dieser den Vertrag widerruft, über die Modalitäten der Rückgabe der Waren und die Verteilung dabei entstehender Kosten zu informieren[41].
Als zeitliche Vorgabe müssen die Art. 4 Abs. 1 Fernabsatzrichtlinie entsprechenden Informationspflichten nach den Rechtsordnungen fast aller untersuchter Staaten rechtzeitig vor Abschluss des Vertrages erfüllt werden[42].

---

[39] *Finnland:* Chapter 6 Section 13 par. 1 No.1 Consumer Protection Act; *Frankreich:* Section 2 Article L 121-18 Code de la consommation; *Belgien:* Chapitre VI Section 9 Article 78 No. 1 Loi du 14 juillet 1991 sur les practiques du commerce.

[40] Das *dänische* Recht regelt Verkaufsgespräche zwischen Unternehmern und Verbrauchern über das Telefon deutlich ausführlicher als die Fernabsatzrichtlinie (§ 6a Market Practices Act). Nach *deutschem* Recht muss der Unternehmer den Verbraucher darüber unterrichten, wie der Vertrag zustande kommt (Abschnitt 1 § 1 Nr. 5 InfVO). Nach *italienischem* Recht müssen die fernabsatzrechtlichen Informationen auf Nachfrage des Verbrauchers in italienischer Sprache zur Verfügung gestellt werden (Articolo 3 par. 4 Decreto Legislativo No. 185 del 22.5.1999). Nach Art. 4 § 9 des *griechischen* Verbraucherschutzgesetzes muss der Fernabsatzvertrag in der Sprache abgefasst sein, in der auch das Angebot erging. Nach Art. 47 der *spanischen* Ley 7/1996, de 15 de enero muss der Fernabsatzvertrag in der Sprache abgefasst sein, in der auch das Angebot unterbreitet wurde. Auch über den Wunsch nach außergerichtlicher Streitbeilegung muss ausdrücklich informiert werden (Articulo 40 1 k) Ley 7/96). *Rauscher*, RIW 1998, 26, 31; *Rott*, ZVglRWiss, 98 (1999), 383, 386.

[41] *Belgien*: Article 78 No. 7 Loi du 14 juillet 1991 sur les practiques du commerce; *Italien*: Articolo 3, 1, g); *Großbritannien*: Regulation 7 (1) (c) Statutory Instrument; *Luxemburg*: Loi du 16 avril 2003, Art. 3 f).

[42] Nur das *belgische* Recht regelt nicht eindeutig, bis zu welchem Zeitpunkt die Informationen gewährt werden müssen, Kapitel 4 Section 9 Art. 78 Loi du 14 juillet 1991 sur les practiques du commerce. Nach *französischem* Recht muss über die Eigenschaften des Vertragsgegenstandes vor Abschluss des Vertrages und über die sonstigen in Art. 4 Abs. 1 Fernabsatzrichtlinie genannten Aspekte zusammen mit dem Angebot zum Vertragsschluss informiert werden, Art. L 111-1 und Art. L 121-18 Code de la Consommation.

2. *Die Pflicht zur schriftlichen Bestätigung der erteilten Informationen*

Während nur wenige EG-Staaten die Vorgaben des Art. 5 Fernabsatzrichtlinie über die schriftliche Bestätigung der erteilten Informationen unverändert übernahmen[43], sind die Mitgliedstaaten überwiegend zugunsten des Verbrauchers dadurch von diesen abgewichen, dass sie die schriftliche Erteilung weiter gehender Informationen fordern[44]. Auch bei der Umsetzung von Art. 5 in den EWR-Staaten wurde von den Vorgaben der Richtlinie abgewichen[45].

---

[43] *Österreich*: § 5d Konsumentenschutzgesetz. *Frankreich*: Article L121-19 Code de la Consommation. *Portugal*: Artigo 5 Decreto-lei No. 143/2001. *Schweden*: Section 10 Act on the protection of consumers in respect of distance contracts and home sales).

[44] Nach *belgischem* Recht muss auch über die Mindestlaufzeit des Vertrages schriftlich informiert werden (Article 79 und 78 No. 10 des *belgischen* Loi du 14 juillet 1991 sur les practiques du commerce; Art. 4 Abs. 1 i) Fernabsatzrichtlinie). Die Ausübung des Widerrufsrecht betreffend wird eine Klausel vorformuliert, die der Unternehmer verwenden muss (Art. 79 Abs. 1 Nr. 2 und 3). *Dänisches* Recht: Der Verbraucher muss davon unterrichtet werden, dass er beim Kauf von Audio- und Videoaufzeichnungen und von Software ein Widerrufsrecht nur solange hat, wie er die Verpackung noch nicht geöffnet hat (Part 4 § 11 a (1) 3), § 12 (3) Consumer Contracts Act). *Finnisches* Recht: Der Verbraucher muss zusätzlich die Mindestlaufzeit des Vertrages schriftlich bestätigt bekommen (Chapter 6 Section 14 (1), Section 13 (1)(5) Consumer Protection Act). *Griechisches* Recht: Die Pflicht zur schriftlichen Bestätigung erstreckt sich auf alle Informationen, die schon vor Abschluss des Vertrages erteilt werden müssen (Art. 4 Abs. 1 g) bis h) Fernabsatzrichtlinie). Zusätzlich muss über mögliche Zahlungsmittel oder Kreditbedingungen unterrichtet werden (Article 4 (9) c) Consumer Protection Act). *Deutsches* Recht: Mindestlaufzeit des Vertrages und eventueller Vorbehalt des Unternehmers, eine gleichwertige oder bei Nichtverfügbarkeit gar keine Leistung zu erbringen (Abschnitt 1 § 1 Abs. 2 InfVO). *Irisches* Recht: Verlängerung der Widerrufsfrist auf 3 Monate, wenn der Unternehmer seinen Informationspflichten nicht nachkommt (Regulation 5 (2) (a) mit Verweis auf Regulation 6 (3)(a) Statutory Instrument No. 207 of 2001). *Italienisches* Recht: Die Pflicht zur schriftlichen Bestätigung besteht bezüglich aller Informationen, die schon vor Vertragsschluss erteilt werden müssen. Modalitäten der Rückgabe der Ware bei Widerruf des Vertrages; eventuelle Kosten für die Nutzung bestimmter Fernkommunikationsmittel; Gültigkeitsdauer des Angebotes und Mindestlaufzeit des Vertrages. Zusätzlich muss schriftlich darüber informiert werden, unter welchen Umständen sich die Widerrufsfrist auf drei Monate verlängert (Article 4 Decree No. 185 of 22.5.1999). *Holländisches* Recht: Umstände, unter denen sich die Widerrufsfrist auf drei Monate verlängert (Chapter 9A Article 7.1.9A.3.2. Bürgerliches Gesetzbuch). *Spanisches* Recht: Alle Informationen, die schon vor Abschluss des Vertrages erteilt werden. (Titulo III, Capítulo II Articulo 47 Ley 7/1996). *Englisches* Recht: Der Verbraucher muss schriftlich informiert werden, ob er im Falle eines Widerrufes die Ware selbst zurückschicken muss und darüber, wer in diesem Fall die Rücksendekosten trägt (Regulation 8 (2) (b) (i), (ii) Statutory Instrument 2000 No. 2334).

[45] Die schriftliche Bestätigung der Informationen muss nach *isländischem* Recht sogar noch vor der Erfüllung und spätestens bei der Erfüllung erfolgen (Chapter 1 Article 6 Act 2000 No 46). Ferner muss nach *isländischem* Recht immer darüber informiert werden, wenn das Widerrufsrecht aufgrund einer gesetzlichen Ausnahme nicht besteht (Chapter 1 Article 6 par 1Act 2000 No 46). Entgegen der Vorgaben der Fernabsatzrichtlinie muss auch die Information über die Kosten für den Einsatz einer Fernkommunikationstechnik, die nicht nach dem Grundtarif berechnet wird,

IV. Das fernabsatzrechtliche Widerrufsrecht

Die meisten europäischen Staaten haben die Widerrufsfrist von 7 Werktagen nach Art. 6 Abs. 1 Fernabsatzrichtlinie übernommen[46]. Alleine im *italienischen* Implementierungsgesetz wird die Widerrufsfrist auf zehn Werktage erweitert. In den übrigen Staaten ist die Widerrufsfrist bis auf vierzehn Kalendertage ausgedehnt worden[47]. Die tatsächliche Dauer der Widerrufsfristen in den verschiedenen europäischen Staaten variiert jedoch auch aus dem Grunde, dass Samstage in einigen Staaten als Werktage zählen und in anderen nicht[48].

Die Regelungen der Fernabsatzrichtlinie betreffend den Zeitpunkt, in dem die Widerrufsfrist zu laufen beginnt, wurde von den Mitgliedstaaten unverändert übernommen[49]. Europaweit läuft die Frist daher erst nach Vertragsschluss, schriftlicher Bestätigung der Informationen und bei Verträgen über Warenlieferungen, dem Eingang der Ware beim Verbraucher[50].

Auch bezüglich der Verlängerung der Widerrufsfrist, wenn der Unternehmer die Informationen nicht ordnungsgemäß schriftlich bestätigt, variieren die Umsetzungen der Fernabsatzrichtlinie[51]. Insbesondere hat der Unternehmer nach dem Fern-

---

schriftlich bestätigt werden. Nach dem *liechtensteinischen* Fernabsatzgesetz muss der Verbraucher auch über die Mindestlaufzeit des Vertrages noch einmal schriftlich informiert werden (Art. 4 Abs. 2b) Fernabsatzgesetz).

46 So in *Belgien, Frankreich, Irland, Niederlande, Spanien, Vereinigtes Königreich, Österreich, Luxemburg*. Außerdem *Liechtenstein*.

47 So in *Finnland, Deutschland, Portugal, Schweden*. Des weiteren in *Island*.

48 *Frankreich, Finnland, Österreich, Liechtenstein*: Wenn die Frist an einem Samstag, Sonntag oder einem Feiertag endet, so verlängert sich die Frist bis zum nächsten Werktag. Der Begriff des Werktages wird innerhalb der Europäischen Gemeinschaft nicht einheitlich verstanden. Teilweise wird traditionell der Samstag als Werktag gesehen und teilweise nicht. *Grabitz/Hilf-Micklitz*, Das Recht der Europäischen Union, Kommentar Band III, A 3 Rn. 69. Nach Titulo III, Capitulo II, 44. 1. des *spanischen* Ley 7/1996 soll die Einteilung der Wochentage als Werktage im Einzelfall nach dem Recht des Staates erfolgen, in dem die Ware geliefert wurde.

49 Sprachliche Veränderungen im *finnischen* Fernabsatzrecht: Section 15 par 1; Bemerkenswert ist insbesondere auch die *englische* Implementierung, nach der die Widerrufsfrist immer mit dem Vertragsschluss beginnt (Statutory Instrument 2000 No.2334, Regulation 11 par 1). Im *liechtensteinischen* Fernabsatzgesetz wird deutlich zwischen der Dauer der Widerrufsfrist und des Widerrufsrechts unterschieden. Aus dem Aufbau ergibt sich, dass auch das Widerrufsrecht nach einer gewissen Frist endet, selbst wenn die Widerrufsfrist nie zu laufen begann, Art. 8 Fernabsatzgesetz.

50 Die meisten Mitgliedstaaten sind dem Wortlaut der Richtlinie auch insoweit gefolgt, als dass der Tag, an dem das für den Fristanfang maßgebliche Ereignis liegt, als der erste Tag des Fristlaufes gerechnet wird. Ausnahmen hiervon machen das *englische* Statutory Instrument 2000 No. 2334, Regulation 11 par 2, 3, 4 and Regulation 12 par 2, 3, 4 und das *belgische* Loi du 14 juillet 1991 sur les practiques du commerce de 14.7.1991, Art. 80 § 1.

51 Nach dem *finnischen* Fernabsatzrecht verlängert sich die Widerrufsfrist nur dann auf drei Monate, wenn der Unternehmer dem Verbraucher zwar eine schriftliche Bestätigung zuschickt, diese jedoch nicht den gesetzlichen Anforderungen entspricht. Unternimmt der Unternehmer gar keine Maßnahmen, dem Verbraucher eine schriftliche Bestätigung zukommen zu lassen, verlängert sich

absatzrecht einiger Staaten keinen vertraglichen Anspruch auf die Gegenleistung gegen den Verbraucher, wenn er diesem die Informationen nicht in der geschuldeten Weise zur Verfügung stellt[52].

Auch bei der Umsetzung der Vorschriften über die Ausnahmen vom Widerrufsrecht des Verbrauchers haben sich weniger als die Hälfte der Mitgliedstaaten streng an die Vorgaben der Richtlinie gehalten[53]. Nach *isländischem*, *österreichischem* und *finnischen* Fernabsatzrecht besteht das Widerrufsrecht entgegen der Ausnahme nach Art. 6 Abs. 3 Nr. 5 Fernabsatzrichtlinie auch bei bestimmten Verträgen zur Lieferung von Zeitungen, Zeitschriften und Illustrierten[54]. Das Widerrufsrecht des *italienischen* Fernabsatzrechts ist ausgeschlossen, wenn innerhalb der ersten sieben Tage der zehntägigen Widerrufsfrist auf Wunsch des Verbrauchers mit der Erfüllung der Dienstleistung begonnen wurde[55]. Nach *schwedischem* Fernabsatzrecht besteht ein Widerrufsrecht auch bei Verträgen zur Lieferung von Waren, die nach Kundenspezifikation angefertigt wurden oder eindeutig auf des-

---

die Möglichkeit des Verbrauchers sich von dem Vertrag zu lösen auf ein ganzes Jahr (Consumer Protection Act Chapter 6 Section 15 par 2 and Section 20 par 1). Teilweise verlängert sich nach dem *schwedischen* Fernabsatzrecht die Frist dadurch auf drei Monate und teilweise auf den Zeitraum eines Jahres ab Vertragsschluss bzw. ab Lieferung der Ware (Act on the protection of consumers in respect of distance contracts, Section 16). Nach dem *deutschen* Bürgerlichen Gesetzbuch verlängert sich die Widerrufsfrist wenn der Unternehmer den Verbraucher nicht ordnungsgemäß schriftlich informiert nicht auf drei, sondern auf sechs Monate (§§ 312 d Abs. 1, 355 Abs. 3 Bürgerliches Gesetzbuch). Dem *englischen* Recht zufolge verlängert sich die Widerrufsfrist in Abweichung von der Fernabsatzrichtlinie stets um drei Monate und sieben Werktage, wenn der Unternehmer der Pflicht zur schriftlichen Bestätigung seiner Informationen nicht nachkommt (Statutory Instrument 2000 No. 2334, Regulation 11 par 4 and Regulation 12 par 4).

[52] In *Griechenland:* Art. 4 Abs. 2 Consumer Protection Act. In *Irland*: Regulation 4 par. 1 Statutory Instrument No. 207 of 2001. In *Island*: Chapter 1 Article 6 Act 2000 No 46.

[53] So die Umsetzungen von *Frankreich*, *Italien*, *Irland*, *Portugal*, *Großbritannien*. Am meisten wurde bei der Umsetzung der Fernabsatzrichtlinie in das *norwegische* Recht von den Vorgaben des Art. 6 Abs. 3 abgewichen. Nach *norwegischem* Recht bleibt das Widerrufsrecht auch in den Fällen des Art. 6 Abs. 3 Gs. 4 und 6 Fernabsatzrichtlinie bestehen, wenn der Fernabsatzvertrag über das Telefon geschlossen wurde, §§ 12, 2, 19, 1a) Act No 105 of 21.12.2000.

[54] Anwendbarkeit auf die Lieferung „periodischer Druckschriften", § 5 f Nr. 5 *österreichisches* Konsumentenschutzgesetz. Anwendbarkeit, wenn das Angebot des Unternehmers im Wege des „cold-calling" ergeht nach *finnischem* Fernabsatzrecht, Chapter 6 of the Consumer Protection Act, Section 16 Nr. 6. Unter denselben Umständen besteht ein Widerrufsrecht bei Verträgen über „Hauslieferungen" und „Freizeitdienstleistungen". Die Ausnahme vom Anwendungsbereich nach Art. 6 Abs. 3 Gs. 5 Fernabsatzrichtlinie ist nicht in den *norwegischen* Act No 105 of 21.12.2000 übernommen worden.

[55] Art. 5 Abs. 3 (a) Decreto Legislativo No. 185 del 22.5.1999. Im *norwegischen* Recht wurde diese Ausnahme vom Anwendungsbereich des Fernabsatzrechts nach Art. 6 Abs. 3 Nr. 1 Fernabsatzrichtlinie nicht übernommen.

sen Bedürfnisse zugeschnitten sind[56]. Die Vertragsparteien können weiterhin schriftlich vereinbaren, dass die Widerrufsfrist bei Eingang der schriftlichen Bestätigung der Informationen beim Verbraucher zu laufen anfangen soll, selbst wenn der Verbraucher die Ware noch nicht erhalten hat. Der Verbraucher hat nach *isländischem* und *liechtensteinischem* Fernabsatzrecht auch bei Verträgen über Leistungen, deren Preis von den Entwicklungen auf den Finanzmärkten abhängt, ein Widerrufsrecht[57]. Von der Möglichkeit die Ausübung des Widerrufsrechts formell zu reglementieren machten nur wenige Mitgliedstaaten bei der Umsetzung der Fernabsatzrichtlinie Gebrauch[58].

V. Die Unabdingbarkeit des europäischen Fernabsatzrechts

Wie von Art. 12 Abs. 1 Fernabsatzrichtlinie vorgegeben, kann der Verbraucher nach dem Fernabsatzrecht aller europäischer Staaten nicht auf die Rechte verzichten, die ihm aufgrund der Umsetzung der Fernabsatzrichtlinie in innerstaatliches Recht zustehen. Die Umsetzungen der kollisionsrechtlichen Ausprägung des Unabdingbarkeitsgrundsatzes in Art. 12 Abs. 2 Fernabsatzrichtlinie in den europäischen Rechtsordnungen hingegen weichen teilweise merklich von einander ab[59].
Der Verbraucher darf den durch die Fernabsatzrichtlinie gewährten Schutz nicht verlieren, wenn das Recht eines Drittlandes als das auf den Vertrag anzuwendende Recht gewählt wurde. Das Bestehen eines engen Zusammenhangs mit dem Gebiet eines oder mehrere Mitgliedstaaten als Voraussetzung für diese Schutzgewährung

---

[56] Die Ausnahme für Waren, die nach Kundenspezifikation angefertigt wurden oder auf die persönlichen Bedürfnisse zugeschnitten sind, wurde nicht in das *norwegische* Recht übernommen, §§ 11,2,16 Act 105 of 21.12.2000.

[57] Die Ausnahme besteht auch im *norwegischen* Recht nicht vollumfänglich, § 2 h) Act No 105 of 21.12.2000.

[58] Nach *deutschem* Recht muss der Widerruf entweder in Textform (§ 126b BGB) oder durch Rücksendung der Ware erfolgen (§ 355 Abs. 1 BGB). Art. 5 Abs. 4. des *italienischen* Decreto Legislativo No. 185 del 22.5.1999 zufolge muss der Widerruf mittels Brief, Telegramm, Telex oder Telefax erfolgen. Der Verbraucher muss eine Bestätigung für die Versendung der Nachricht erhalten. Nach dem *schwedischen* Act on the protection of consumers in respect of distance contracts, Section 13, muss der Verbraucher dem Unternehmer eine Nachricht über den Widerruf des Vertrages zukommen lassen. Wobei davon auszugehen ist, dass diese mit der Rücksendung der Ware verbunden sein kann. Nach Regulation 10 par.4 des *englischen* Statutory Instrument 2000 No. 2334 muss der Verbraucher dem Unternehmer schriftlich oder auf einem anderen dauerhaften Nachrichtenträger den Widerruf vom Vertrag anzeigen.

[59] Zur Kritik daran *Vékás*, FS Siehr, 775, 787.

wurde überwiegend übernommen[60]. Andere europäische Rechtsordnungen setzen stattdessen voraus, dass bei objektiver Anknüpfung das Recht eines EG- oder EWR-Staates anwendbar sein müsste[61]. Häufig wurde die Bestimmung auch durch Einfügung eines Günstigkeitsvergleiches umgesetzt[62]. Wenn sich das gewählte Recht als ungünstiger für den Verbraucher erweist, als das objektiv anwendbare Recht, wird teilweise anstatt des Rechts des Staates, zu dem der enge Zusammenhang besteht, dasjenige Recht zur Anwendung berufen, das nach objektiver Anknüpfung anwendbar wäre[63]. Das *deutsche* Recht konkretisiert den Begriff des „engen Zusammenhangs" durch ein Regelbeispiel[64]. Art. 12 Abs. 2 Fernabsatzrichtlinie wurde überwiegend als allseitige und nur vereinzelt als einseitige Kollisionsnorm umgesetzt[65]. Da der offenen Formulierung der Umsetzun-

---

[60] *Belgien:* Art. 82 § 4; *Deutschland:* Art. 29a Abs. 1 EGBGB; *Irland:* Regulation 19 (1) Statutory Instrument No. 207 of 2001; *Spanien:* Titulo III Capitulo II Articulo 48 1. ley 7/ 1996; *Großbritannien:* Regulation 25 (5) Statutory Instrument 2000 No 2334. Nur vereinzelt wird auf einen solchen Nähebezug gänzlich verzichtet: *Italien:* Articolo 11 2. Decreto Legislativo No 185 del 22.5.1999; *Niederlande:* Artikel 7.1.9A.10 par. 3; *Island:* Article 16 Act 2000 No 46; *Liechtenstein:* Art. 13 Abs. 2 Fernabsatzgesetz.

[61] *Österreich:* § 13a Konsumentschutzgesetz; *Finnland:* Chapter 6 Section 19 Consumer Protection Act; *Schweden:* Section 23 Act on the protection of consumers in respect of distance contracts. Nach *luxemburgischem* Recht muss sich der Ort des gewöhnlichen Aufenthaltes des Verbrauchers in einem EU-Staat befinden (Art. 11, loi du 16 avril 2003).

[62] *Österreich*: § 13a Konsumentenschutzgesetz; *Belgien*: Art. 82 § 4 Loi du 14 juillet 1991 sur les practiques du commerce; *Dänemark*: Part 4 § 13 Consumer Contracts Act; *Finnland*: Chapter 6 Section 19 Consumer Protection Act; *Irland*: Regulation 19 (1) Statutory Instrument No 207 of 2001; *Schweden*: Section 23 Act on the protection of consumers in respect of distance contracts. U.a. folgende Staaten machten hingegen die Anwendbarkeit des Rechts eines EWR-Staates nicht von einem Günstigkeitsvergleich abhängig: *Irland*: Regulation 19 par. 1 statutory instrument No. 207 of 2001; *Italien*: Articolo 11 2. Decreto Legislativo No 185 del 22.5.1999.

[63] Wenn die Rechtswahl für unwirksam erklärt wird, ist davon auszugehen, dass das objektive Vertragsstatut für den Bereich des Fernabsatzrechts „auflebt". So im *englischen* Recht: Regulation 25 Statutory Instrument 2000 No. 2334. Und auch im *isländischen* Recht: Article 16 Act 2000 No 46. Das *französische* Recht beruft weder das objektive Vertragsstatut noch das Recht des Staates, zu dem ein enger Zusammenhang besteht, als vorrangig zur Anwendung, sondern das Recht des Staates, in dem der Verbraucher seinen gewöhnlichen Aufenthalt hat (Section 2 Article L 121-20-6 Code de la Consommation). Ebenso verhält es sich im *holländischen* Recht (Boek 7 Afdeling 9A Art. 7.1.9.A 10, 3. Burgerlijk Wetboek).

[64] Art. 29a Abs. 2 EGBGB.

[65] Wenn eine andere Rechtsordnung als die *italienische* gewählt wurde, so erklärt sich das *italienische* Recht selbst für anwendbar (Articolo 11 2. Decreto Legislativo No 185 del 22.5.1999). Eine vergleichbare Regelung trifft das *luxemburgische* Recht (Art. 11, loi du 16 avril 2003). Ein enger Bezug des Vertrages zum *italienischen* Recht ist nicht erforderlich. Dieser Vorrang des *italienischen* Rechts gilt wohl auch, wenn das Recht eines anderen EWR-Staates gewählt wurde. Dazu auch *Jayme/Kohler*, IPRax 2000, 454, 457. Auch im *spanischen* Recht und im *griechischen* Recht wurde eine einseitige Kollisionsnorm geschaffen. Das *spanische* und *griechische* Fernabsatzrecht sind auf einen Vertrag anzuwenden, wenn der Vertrag in einem engem Zusammenhang zu irgendeinem Staat der Europäischen Union steht (*Spanien*: Titulo III Capitulo II Articulo 48, 1. ley 7/

gen in das *niederländische* und das *spanische* Recht keine Beschränkung der Sonderanknüpfung auf Rechtswahlfälle entnommen werden kann, könnte diese dem Wortlaut nach auch bei der objektiven Anknüpfung gelten[66].

VI. Ergebnis des Rechtsvergleichs

Der Vergleich der verschiedenen Umsetzungen der Fernabsatzrichtlinie in Europa hat gezeigt, dass auch innerhalb von Europa zwischen den Normen zu Vertragsabschlüssen im Fernabsatz nennenswerte Unterschiede bestehen. Die umsetzenden Staaten haben in ganz unterschiedlicher Weise von der Möglichkeit Gebrauch gemacht, von den Vorgaben der Fernabsatzrichtlinie zugunsten des Verbrauchers abzuweichen. Auch bei einem Rechtsstreit mit rein innereuropäischen Bezügen kann die Verwirklichung der unternehmerischen oder der Verbraucherinteressen bezüglich eines Fernabsatzvertrages somit stark davon abhängen, welches Recht anwendbar ist[67].

Im deutschen Recht wurde das Fernabsatzrecht im Rahmen der Schuldrechtsmodernisierung in das System des Bürgerlichen Gesetzbuches integriert. Zwar besteht nun kein externes Fernabsatzrecht mehr, das zusätzlich zum BGB bei der Falllösung zu berücksichtigen wäre. Andererseits ist aber das erzielte Ergebnis ein verbraucherunfreundliches, kompliziertes Zusammenspiel verschiedener Normen. Im Vergleich der Umsetzung der Fernabsatzrichtlinie in den untersuchten Staaten kann das deutsche Fernabsatzrecht aber dennoch als überdurchschnittlich verbraucherfreundlich bezeichnet werden, da der deutsche Gesetzgeber an vielen Stellen über den von der Richtlinie vorgegebenen Verbraucherschutzstandard hinausgegangen ist.

1996. *Griechenland*: Article 4 (12) Consumer Protection Act). Siehe auch die Besonderheiten des *österreichischen* Rechts: § 13a Abs. 1 Konsumentenschutzgesetz.

[66] *Niederlande*: Boek 7 Afdeling 9A Art. 7.1.9A.10 Burgerlijk Wetboek; *Spanien*: Titulo III Capitulo II Articulo 48 1. Ley 7/ 1996.

[67] *Basedow*, FS Reichert-Facilides, 11 ff.; *Staudinger-Magnus*, Art. 29a EGBGB Rn. 10.

C. Qualifikationsfragen bei grenzübergreifenden Fernabsatzverträgen

I. Einleitung

Zur Beantwortung der Frage nach dem auf einen grenzübergreifenden Fernabsatzvertrag anwendbaren Recht muss zunächst die einschlägige Kollisionsnorm gefunden werden. Zur Bestimmung der anwendbaren Kollisionsnorm ist die Qualifikation erforderlich. Die Qualifikation ist Teil der kollisionsrechtlichen Subsumtion. Die Qualifikation erfolgt durch Auslegung des Kollisions- und des Sachrechts daraufhin, ob eine Kollisionsnorm eine bestimmte Rechtsfrage, einen Lebenssachverhalt oder eine materielle Rechtsnorm erfasst, bzw. ob sich eine bestimmte Rechtsnorm von der Verweisung durch die Kollisionsnorm „erfasst sieht". Die Qualifikation wird in den folgenden Schritten vorgenommen[68]. Im Rahmen der sog. *primären Qualifikation* ist zunächst zu bestimmen, ob der untersuchte Sachverhalt, bzw. die daraus entstehende Rechtsfrage unter den Tatbestand einer bestimmten Kollisionsnorm fällt. Sodann ist zu untersuchen, welche Bestimmungen der ausländischen Rechtsordnung, auf die verwiesen wird, von der Verweisung erfasst sind. Als *sekundäre Qualifikation* folgt nun, soweit erforderlich, die Auslegung des ausländischen Rechts im Hinblick darauf, inwieweit es im Einzelnen von der Verweisung erfasst ist. Namentlich sind Tatbestand und Rechtsfolge der ausländischen Kollisionsnormen und der betreffenden Bestimmungen des ausländischen Sachrechts auszulegen. Durch die Auslegung des Kollisions- und des Sachrechts wird der Anwendungswillen beider Regelungskomplexe berücksichtigt. Unter dem Begriff der Qualifikation soll im Folgenden allein die Qualifikation bei der Subsumtion unter das deutsche Kollisionsrecht verstanden werden. Auf eine gegebenenfalls in Folge einer Weiter- oder Rückverweisung erforderlich werdende erneute Qualifikation wird nicht eingegangen.

Welcher Teil der Subsumtion genau als Qualifikation zu bezeichnen ist und was Gegenstand der Qualifikation ist, Rechtsfragen, Sachverhalte oder Sachnormen, wird unterschiedlich beantwortet[69]. Die Frage nach der überzeugenden Qualifikationstheorie wird entschärft, wenn man die Qualifikation als einen Gesamtprozess begreift, der die unterschiedlichen in Frage kommenden Qualifikationsgegenstände erfasst und allen Qualifikationsgegenständen eine begrenzte Berechtigung zuspricht[70]. Der Qualifikationsvorgang kann jedoch je nach der Ausgangsfrage un-

---

[68] *MünchKomm-Sonnenberger*, Einl.IPR, Rn. 496; *Wendehorst*, in FS Sonnenberger, 743, 744.
[69] Siehe den Literaturüberblick bei *MünchKomm-Sonnenberger*, Einl IPR Rn. 498 Fn. 1648.
[70] *MünchKomm-Sonnenberger*, EinlIPR Rn. 497 ff.; *Wendehorst*, in FS Sonnenberger, 743, 744 und 750.

terschiedlich erfolgen[71]. Zur Beantwortung einer Rechtsfrage, z.B. der Frage der Parteien eines grenzübergreifenden Fernabsatzvertrages nach der Geltung fernabsatzrechtlicher Rechte und Pflichten in ihrem Vertragsverhältnis, muss zunächst die einschlägige Kollisionsnorm bestimmt werden, d.h. die Rechtsfrage muss qualifiziert werden[72]. Bei der Bestimmung der Reichweite eines kollisionsrechtlichen Statuts sind Rechtsfragen die Gegenstände der Qualifikation[73].

Im Folgenden soll die Frage nach der Geltung fernabsatzrechtlicher Rechte und Pflichten auf einen grenzübergreifenden Vertrag qualifiziert werden, mit dem besonderen Augenmerk auf der primären Qualifikation. Dies erfolgt durch Auslegung des internationalen Privatrechts daraufhin, welche kollisionsrechtliche Bestimmung auf die fernabsatzrechtlichen Normen der europäischen Rechtsordnungen verweist. Für die Frage nach der Geltung fernabsatzrechtlicher Rechte und Pflichten in einem Vertragsverhältnis liegt zunächst eine vertragsrechtliche Qualifikation nahe, da es sich dabei um Pflichten aus einem Vertragsverhältnis handelt. Fernabsatzrechtliche Bestimmungen kämen danach nur als Teil des nach den Art. 27 ff. EGBGB zu bestimmenden Vertragsstatuts zur Anwendung. Da die Erfüllung der Informationspflichten und die Wirksamkeit der Ausübung des Widerrufsrechts nach dem Fernabsatzrecht aller europäischer Rechtsordnungen an die Einhaltung von Formerfordernissen gebunden sind, kommt eine Qualifikation der Frage nach dem Bestehen von Informationspflichten und eines Widerrufsrechts als Formfrage in Betracht. Die Formgültigkeit eines Rechtsgeschäfts ist grundsätzlich nach dem über Art. 11 EGBGB zu bestimmenden Recht zu beurteilen. Nach Art. 29 Abs. 3 S. 1 EGBGB könnte sich die Formgültigkeit von Fernabsatzverträgen zudem nach dem Recht des Staates des gewöhnlichen Aufenthaltes des Verbrauchers richten, sodass ein Verbraucher auch hinsichtlich der Form auf die Geltung des ihm bekannten Rechts vertrauen könnte. Dieselbe Frage einer formalen Qualifikation stellt sich im Übrigen auch dann, wenn die Anwendbarkeit bestimmter fernabsatzrechtlicher Bestimmungen einer europäischen Rechtsordnung auf einen grenzübergreifenden Fernabsatzvertrag untersucht wird.

Zur Beantwortung der Frage, nach den Maßstäben welcher Rechtsordnung die Auslegung des Kollisionsrechts erfolgen muss, werden verschiedene methodische Ansätze herangezogen[74]. Um dem tatsächlichen Anwendungswillen der zur Anwendung berufenen Rechtsordnung Rechnung zu tragen, könnte die Qualifikation

---

[71] Siehe hierzu *Wendehorst*, FS Sonnenberger, 743, 752 ff.
[72] *v.Hoffmann*, IPR, § 6 Rn. 1; *Staudinger-Magnus*, Vorbem. zu Art 27-37 Rn. 41; *Rauscher*, IPR, 95; *Kropholler*, IPR, § 15 II. 3., § 17 II; *v.Bar/Mankowski*, IPR I, § 7 Rn. 138, 637.
[73] *Wendehorst*, in FS Sonnenberger, 743, 750.
[74] *Kropholler*, IPR, § 15 I. 3., 113.

nach den Maßstäben der *lex causae* durchgeführt werden[75]. Nach dieser Vorgehensweise trägt jedoch die gesuchte Rechtsordnung zur Suche nach sich selbst bei und bestimmt ihren Anwendungsbereich selbst, anstatt durch kollisionsrechtliche Verweisung berufen zu werden[76]. Da das Internationale Privatrecht in die eigene Rechtsordnung eingebettet ist und auf diese aufbaut, ist stattdessen die Auslegung einer Kollisionsnorm nach der *lex fori* am sachgerechtesten. Um jedoch der international privatrechtlichen Gerechtigkeit Rechnung zu tragen, wird die lex-fori-Qualifikation durch Einbeziehung *rechtsvergleichender* Überlegungen in die Auslegung der untersuchten Kollisionsnorm ergänzt[77]. Hierbei ist insbesondere unter *teleologischen* Gesichtspunkten zu untersuchen, ob die Funktion des Systembegriffs der untersuchten Kollisionsnorm und die Funktion der zu qualifizierenden Rechtsnorm einander entsprechen[78].

II. Einheitliche vertragsrechtliche Qualifikation fernabsatzrechtlicher Rechtsfragen aufgrund der Wertungen des Art. 29a EGBGB ?

In der Literatur wird die Ansicht vertreten, dass das Fernabsatzrecht einer europäischen Rechtsordnung immer einheitlich als Teil des Vertragsstatuts zur Anwendung berufen werden sollte und sich eine gesonderte Qualifikation fernabsatzrechtlicher Formerfordernisse verbiete[79]. Dem ist zwar im Ergebnis zuzustimmen. Dies wird jedoch teilweise damit begründet, dass die Sonderanknüpfung des Art. 29a EGBGB die *„Bestimmungen zur Umsetzung der Verbraucherschutzrichtlinien"* erfasse, ohne in diesen enthaltene Formerfordernisse auszunehmen. Art. 29a EGBGB begreife das Richtlinienrecht als ein verbraucherschützendes Gesamtkonzept, das als einheitlicher Regelungskomplex zur Anwendung berufen werden soll. Zudem sei Art. 29a EGBGB die Nachfolgenorm exklusiver verbraucherschützender Kollisionsnormen, die ebenfalls verbraucherschützende Regelungskomplexe einheitlich zur Anwendung beriefen.

Die einheitliche Sonderanknüpfung verbraucherschützender Regelungskomplexe über Art. 29a EGBGB ist jedoch an spezielle Voraussetzungen geknüpft, bei deren Nichtvorliegen die Wertungen des Art. 29a EGBGB nicht ohne weiteres für

---

[75] *Wolff*, Das Internationale Privatrecht Deutschlands, 54.

[76] Zur Kritik an der lex-causae-Qualifikation bei *Kropholler*, IPR, § 16 II 1., 122; *MünchKomm-Sonnenberger*, Einl.IPR Rn. 508 ff..

[77] *v.Bar/Mankowski*, IPR I, § 7 Rn. 591 ff., 649 ff.

[78] BGHZ 29, 137, 139; BGH NJW 1967, 1177; BGHZ 47, 324, 332; *Kropholler*, IPR, § 15 II. 4. a), 115; *MünchKomm-Sonnenberger*, Einl IPR Rn. 473.

[79] *Bamberger/Roth-Mäsch,* Art. 11 EGBGB Rn. 6; dieser Ansicht wohl auch *Palandt-Heldrich*, Art. 11 EGBGB Rn. 1; *Staudinger-Magnus*, Art. 29a EGBGB Rn. 51; *Rauscher*, IPR, 230.

die Qualifikation des fernabsatzrechtlicher Rechtsfragen schlechthin verallgemeinert werden können. Die Auslegung von Art. 29a EGBGB muss sich zudem primär an der zugrunde liegenden Richtlinie orientieren anstatt an ihren Vorgängernormen. Und die Konformität mit der Fernabsatzrichtlinie zwingt nicht dazu, die fernabsatzrechtlichen Normen einer Rechtsordnung stets einheitlich über das Vertragsstatut zur Anwendung zu berufen[80]. Ferner bringt Art. 29 Abs. 3 EGBGB zum Ausdruck, dass das kollisionsrechtliche System der vom Vertragsstatut getrennten Anknüpfung kollisionsrechtlich eigenständiger Teilaspekte eines Sachverhaltes auch bei Verbraucherverträgen beizubehalten ist. Die einheitliche Sonderanknüpfung des gesamten Fernabsatzrechts nach Art. 29a EGBGB ist somit kein zwingendes Argument für eine einheitliche vertragsrechtliche Qualifikation der Frage nach der Geltung fernabsatzrechtlicher Regelungen für einen grenzübergreifenden Vertrag.

III. Die Qualifikation der fernabsatzrechtlichen Rechte und Pflichten

1. Die Qualifikation von Bestehen und Umfang der Informationspflichten des Unternehmers

a) Bestehen und Umfang der fernabsatzrechtlichen Informationspflichten als Formfragen i.S.d. Art. 11, bzw. Art. 29 Abs. 3 EGBGB ?

Nach Art. 4 Abs. 2 Fernabsatzrichtlinie müssen die fernabsatzrechtlichen Informationen in einer *„klar und verständlich auf jedwede der verwendeten Fernkommunikationstechnik angepassten Weise"* vermittelt werden. Im weiteren Verlauf der Vertragsbeziehung müssen sie *„schriftlich oder auf einem anderen für den Verbraucher verfügbaren dauerhaften Datenträger"* bestätigt werden[81]. Diese

[80] Art. 29a EGBGB beruft einheitlich die Bestimmungen zur Umsetzung der Fernabsatzrichtlinie zur Anwendung. Art. 12 Abs. 2 Fernabsatzrichtlinie hingegen fordert nur, dass der durch sie gewährte Schutzstandard nicht verloren gehen dürfe. Dem steht es jedoch nicht entgegen, wenn sich bei getrennter Anknüpfung von Formfragen diese nach einer anderen Rechtsordnung als dem Vertragsstatut richten, solange der Schutzstandard nur gewahrt bleibt.

[81] Art. 5 Abs. 1 S. 1 Fernabsatzrichtlinie. Diese formellen Erfordernisse wurden in den nationalen Bestimmungen zum Vertragsschluss im Fernabsatz in den Mitgliedstaaten kaum verändert. Vgl. beispielhaft für *Dänemark*: Part 4 § 11 (2), 11a Consumer Contracts Act. Für *Finnland*: Chapter 6 Section 13 and 14 Consumer Protection Act. Für *Italien*: Articolo 3, 2. und Articolo 4, 1. Decreto

Formerfordernisse sind Teil der Informationspflichten, da sie die Art und Weise der Informationsvermittlung betreffen. Für die Frage, ob diese Formerfordernisse von der Verweisung durch Art. 11 und Art. 29 Abs. 3 EGBGB erfasst werden, ist entscheidend, dass Art. 11 und 29 Abs. 3 EGBGB nur die Anwendbarkeit von solchen Formvorschriften betreffen, bei deren Nichteinhaltung eine rechtsgeschäftliche Willenserklärung unwirksam ist[82].
Die Einhaltung der fernabsatzrechtlichen Informationspflichten hat jedoch nach der Fernabsatzrichtlinie ebenso wie in den europäischen Rechtsordnungen keinen Einfluss auf die Wirksamkeit eines Fernabsatzvertrages[83]. Daher kommt als „Rechtsgeschäft" im Sinne von Art. 11 Abs. 1 EGBGB nur die Erteilung der Informationen selbst in Betracht[84]. Die Informationserteilung entfaltet nicht ihre fernabsatzrechtliche Wirkung, wenn die Formanforderungen an die Erteilung der Informationen nicht eingehalten werden. Zudem dienen die formellen Anforderungen an die Erteilung der Informationen auch dem Übereilungsschutz und der Beweissicherung als typischen Zwecken von Formvorschriften[85].
Bei der Erteilung der fernabsatzrechtlichen Informationen handelt es sich jedoch um eine einseitige, aus dem Vertrag entstehende Pflicht und nicht um ein eigenständiges Rechtsgeschäft. Art. 29 Abs. 3 EGBGB sieht unmissverständlich vor, dass allein die Formanforderungen an den Verbrauchervertrag selbst Anknüpfungsgegenstand sind und nicht Formanforderungen an durch diesen begründete Pflichten.

Legislativo No 185 del 22.5.1999. Für *Liechtenstein*: Art. 4 Abs. 1 und 5 Abs. 1 Fernabsatzgesetz. Für *Norwegen*: § 7, 2 und § 9, 1 a) und e) und § 9, 2 Act No 105 of 21.12.2000.

[82] Nach dem Bericht *Giuliano/Lagarde* versteht man unter Form *„jedes äußere Verhalten, das dem Autor einer rechtlich erheblichen Willenserklärung vorgeschrieben wird, ohne dass diese Willenserklärung nicht voll wirksam ist"*, *Giuliano/Lagarde*, BT-Drs. 10/503, 29. Zu den von Art. 11 EGBGB erfassten Formvorschriften siehe *MünchKomm-Spellenberg*, Art. 11 EGBGB Rn. 105 ff.; *Kropholler*, IPR, § 41 III, 302; *v.Hoffmann*, IPR, 221 Rn. 44.

[83] Nach wenigen Rechtsordnungen hat der Unternehmer bei Nichterfüllung der Informationspflichten keinen Anspruch gegen den Verbraucher. Die Wirksamkeit des Vertrages hängt jedoch nach keiner europäischen Rechtsordnung von der Erfüllung der Informationspflichten ab. Siehe hierzu 1. Teil:B.III.1, Seite 36.

[84] Der Begriff des Rechtsgeschäfts nach Art. 11 EGBGB ist grundsätzlich weit zu verstehen. *Erman-Hohloch*, Art. 11 EGBGB Rn. 11; *MünchKomm-Spellenberg*, Art. 11 EGBGB Rn. 11.

[85] Dazu *Czernich/Heiss-Heiss*, Art 9 Rn. 6, 7.

b) Vertragsrechtliche Qualifikation von Bestehen und Umfang der fernabsatzrechtlichen Informationspflichten

Bei der Auslegung der schuldvertraglichen Kollisionsnormen der Art. 27 ff. EGBGB sind vordringlich die Artt. 31 bis 37 EGBGB zu berücksichtigen. Diese geben bedeutende Anhaltspunkte dafür, welche Rechtsfragen als dem Vertragsstatut zugehörig zu qualifizieren sind[86]. Art. 31 Abs. 1 EGBGB scheidet jedoch als Argument für eine vertragsrechtliche Qualifikation der fernabsatzrechtlichen Informationspflichten des Unternehmers aus dem eben genannten Grunde aus, dass ihre Nichteinhaltung keine Auswirkungen auf Zustandekommen und Wirksamkeit des Fernabsatzvertrages oder einer seiner Bestimmungen hat[87].
Nach Art. 32 Abs. 1 Nr. 2 EGBGB ist das Vertragsstatut für die „*Erfüllung der durch den Vertrag begründeten Pflichten*“ maßgeblich. Die vertraglichen Informationspflichten sind gesetzlich normierte, i.S.d. Art. 32 Abs. 1 Nr. 2 EGBGB durch den Abschluss des Fernabsatzvertrages begründete Pflichten. Erörterungsbedürftig ist jedoch die Anwendbarkeit von Art. 32 Abs. 1 Nr. 2 EGBGB auf die Informationspflichten, die das Fernabsatzrecht den Unternehmern für den Zeitraum vor Vertragsschluss auferlegt[88]. Vertragliche Pflichten entstehen grundsätzlich im Moment des Vertragsschlusses. Gesetzlich können auch für den vorvertraglichen Bereich solche Pflichten begründet werden, deren Bestehen davon abhängt, dass im Folgenden ein Vertrag geschlossen wird. Aufgrund dieses Kausalitätsverhältnisses sind auch die vorvertraglichen Pflichten „*durch den Vertragsschluss begründet*“.
Für eine vertragsrechtliche Qualifikation der Informationspflichten spricht zudem ihre Vergleichbarkeit mit der Haftung im deutschen Recht nach §§ 311 Abs. 2, 241 Abs. 2, 280 Abs. 1 BGB bei Verletzung vorvertraglicher Aufklärungspflichten[89]. Die vertragsrechtliche Qualifikation wird ferner durch die Vergleichbarkeit der Formanforderungen an die Erteilung der fernabsatzrechtlichen Informationen mit den Formanforderungen an die wirksame Einbeziehung von allgemeinen Geschäftsbedingungen in einen Vertrag nach § 305 Abs. 2 BGB gestützt[90].

---

[86] *v.Bar*, IPR II, § 4 Rn. 533 und 539.
[87] So im Ergebnis auch *MünchKomm-Wendehorst*, Vor § 312 b Rn. 23.
[88] Dazu *MünchKomm-Spellenberg*, Art. 32 EGBGB Rn. 59; *Staudinger-Magnus*, Art. 32 EGBGB Rn. 116 ff.; *Mäsch*, IPRax 1995, 371, 372.
[89] *MünchKomm-Wendehorst*, Vor § 312b Rn. 23. Zur vertragsrechtlichen Qualifikation vorvertraglicher Aufklärungspflichten: *MünchKomm-Spellenberg*, Art. 32 EGBGB Rn. 59; *Staudinger-Magnus*, Art 32 EGBGB Rn. 117.
[90] *MünchKomm-Wendehorst*, Vor § 312b Rn. 23. Zur vertragsrechtlichen Qualifikation der Einbeziehung von AGB in einen Vertrag: *MünchKomm-Spellenberg*, Art. 31 EGBGB Rn. 13 ff.

2. *Die Qualifikation von Bestehen und Ausübung des fernabsatzrechtlichen Widerrufsrechts des Verbrauchers*

a) Bestehen und Ausübung des fernabsatzrechtlichen Widerrufsrechts als Formfrage i.S.d. Art. 11 EGBGB, bzw. Art. 29 Abs. 3 EGBGB ?

Die Fernabsatzrichtlinie enthält keine formellen Anforderungen an die Ausübung des Widerrufsrechts. Stattdessen weist Erwägungsgrund 14 der Fernabsatzrichtlinie die Regelung solcher Anforderungen den Mitgliedstaaten bei der Umsetzung zu. Von der Möglichkeit, die Ausübung des Widerrufsrechts formell zu reglementieren, haben einige Mitgliedstaaten bei der Umsetzung der Fernabsatzrichtlinie Gebrauch gemacht[91].

Soweit Formerfordernisse an die Ausübung des Widerrufsrechts bestehen, hat deren Nichteinhaltung die Unwirksamkeit des Widerrufs zur Folge[92]. Bestehen und Ausübung des Widerrufsrechts können daraufhin aber allenfalls dann dem Formstatut unterliegen, wenn der Widerruf ein Rechtsgeschäft i.S.d. Art. 11 EGBGB ist. Für eine Qualifikation der Bestimmungen zum Widerrufsrecht als Teil des Formstatuts spricht, dass auch einseitige Rechtsgeschäfte und geschäftsähnliche Handlungen Rechtsgeschäfte i.S.d. Art. 11 EGBGB sein können und der Widerruf als einseitiger Gestaltungsakt diesen zumindest ähnlich ist[93].

Die Schwäche daran, das Widerrufsrecht dem Formstatut zu unterstellen, zeigt sich schon an folgendem Beispiel: wenn ein grenzübergreifender Fernabsatzvertrag, an dem ein Verbraucher mit gewöhnlichem Aufenthalt in einem außereuropäischen Staat beteiligt ist, einer europäischen Rechtsordnung als Vertragsstatut unterstellt wird, ginge die Verweisung über Art. 29 Abs. 3 EGBGB auf Regelungen zum Widerrufsrecht bei Fernabsatzverträgen möglicherweise ins Leere. Zu-

---

[91] Nach *deutschem* Recht muss der Widerruf entweder in Textform (§ 126b BGB) oder durch Rücksendung der Ware erfolgen (§ 355 Abs. 1 BGB). Art. 5 Abs. 4 des *italienischen* Decreto Legislativo No. 185 del 22.5.1999 zufolge muss der Widerruf mittels Brief, Telegramm, Telex oder Telefax erfolgen. Der Verbraucher muss eine Bestätigung für die Versendung der Nachricht erhalten. Nach dem *schwedischen* Act on the protection of consumers in respect of distance contracts, Section 13, muss der Verbraucher dem Unternehmer eine Nachricht über den Widerruf des Vertrages zukommen lassen. Wobei davon auszugehen ist, dass diese mit der Rücksendung der Ware verbunden sein kann. Nach Regulation 10 par.4 des *englischen* Statutory Instrument 2000 No. 2334 muss der Verbraucher dem Unternehmer schriftlich oder auf einem anderen dauerhaften Nachrichtenträger den Widerruf vom Vertrag anzeigen.

[92] Im *deutschen* Recht folgt dies aus der analogen Anwendung von § 125 BGB.

[93] Zu einseitigen Erklärungen als Rechtsgeschäft i.S.d. Art. 11 EGBGB: *Czernich/Heiss-Heiss*, Art 9 EVÜ Rn. 2; *Giuliano/Lagarde*, BT-Drs. 10/503, 29; *MünchKomm-Spellenberg*, Art. 11 EGBGB Rn. 11; *Erman-Hohloch*, Art. 11 EGBGB Rn. 11; auch Kündigungen sind erfasst nach *Bamberger/Roth-Mäsch*, Art. 11 EGBGB Rn. 17.

dem sind die fernabsatzrechtlichen Bestimmungen zu Informationspflichten und Widerrufsrecht in den europäischen Rechtsordnungen zum Teil aufeinander abgestimmt und miteinander verwoben. Eine getrennte Anknüpfung würde den einheitlichen Regelungskomplex des Fernabsatzrechts auseinander reißen[94]. Eine einheitliche Qualifikation würde auch die kollisionsrechtlichen Vertragsverhältnisse bei Verbraucherverträgen vereinfachen[95]. Sofern sich eine vertragsrechtliche Qualifikation vertreten ließe, spräche dies somit ebenfalls gegen die Qualifikation als Formfrage.

b) Vertragsrechtliche Qualifikation von Bestehen und Ausübung des fernabsatzrechtlichen Widerrufsrechts

Eine vertragsrechtliche Qualifikation des fernabsatzrechtlichen Widerrufsrechts des Verbrauchers könnte sich zum einen aus einer entsprechenden Auslegung von Art. 31 Abs. 1 EGBGB ergeben, da der Widerruf die Wirksamkeit des Fernabsatzvertrages beseitigt und die Wirksamkeit des Vertrages Regelungsgegenstand von Art. 31 Abs. 1 EGBGB ist. „*Zustandekommen und Wirksamkeit des Vertrages*" i.S.d. Art. 31 Abs. 1 EGBGB betreffen jedoch ausschließlich den Abschluss des Vertrages, während der fernabsatzrechtliche Widerruf ein nach Vertragsschluss auftretendes Wirksamkeitshindernis ist. Gründe, die einen Vertrag im Nachhinein unwirksam werden lassen, sind von Art. 31 Abs. 1 EGBGB nicht erfasst[96].

Nach Art. 32 Abs. 1 Nr. 4 EGBGB unterliegen die „*Arten des Erlöschens der Verpflichtungen*" dem Vertragsstatut. Da die Ausübung des fernabsatzrechtlichen Widerrufsrechts das Erlöschen der vertraglichen Verpflichtungen zur Folge hat, ist Art. 31 Abs. 1 Nr. 4 EGBGB das überzeugende Argument für eine vertragsrechtliche Qualifikation des fernabsatzrechtlichen Widerrufsbestimmungen[97].

---

[94] Dazu allgemein *v.Hoffmann*, IPR, 222 Rn. 44, 45;; *Bamberger/Roth-Mäsch*, Art. 11 EGBGB Rn. 6.

[95] *v.Hoffmann*, IPR, 395 Rn. 84, 85; *MünchKomm-Spellenberg*, Art. 31 EGBGB Rn. 1, Art. 32 EGBGB Rn. 1; *Staudinger-Magnus*, Art. 32 EGBGB Rn. 1; *Czernich/Heiss-Helmberg*, Art. 8 EVÜ Rn. 1, Art. 10 EVÜ Rn. 2.

[96] Vor der Ausübung des fernabsatzrechtlichen Widerrufsrechts kommt ein Fernabsatzvertrag „schwebend" wirksam zustande. Begründung zum Entwurf des Fernabsatzgesetzes, BT-Drs. 14/2658, 47; *Bülow/Artz*, Verbraucherprivatrecht, 28. A.A.: *Staudinger-Spellenberg*, Art. 31 EGBGB Rn. 21. Nach dessen Ansicht sind verbraucherschutzrechtliche Widerrufsrechte auch noch vom Wirksamkeitsbegriff des Art. 31 Abs. 1 EGBGB erfasst.

[97] *MünchKomm-Wendehorst*, Vor § 1 FernAbsG Rn. 21; *Bamberger/Roth-Spickhoff*, Art. 32 EGBGB Rn. 9; *Palandt-Heldrich* Art. 32 EGBGB Rn. 6.

Neben der Beseitigung der vertraglichen Verpflichtungen als unmittelbare Folge des Widerrufs hat dieser mittelbar die Anwendung fernabsatzrechtlicher Bestimmungen über die Rückabwicklung des Vertrages zur Folge, wie Bestimmungen über Fristen zur Rücksendung erhaltener Leistungen oder zur Kostentragungspflicht bei der Rücksendung. Diesbezüglich kommt eine vertragsrechtliche Qualifikation über die spezielle Norm Art. 32 Abs. 1 Nr. 5 EGBGB in Betracht. Art. 32 Abs. 1 Nr. 5 EGBGB hat den Zweck zum Ausdruck zu bringen, dass der vertragliche Charakter des Rechtsverhältnisses auch auf die Qualifikation der Folgen der Nichtigkeit des Vertrages fortwirkt.
Im *deutschen* Recht hat jedoch die Ausübung des fernabsatzrechtlichen Widerrufsrechts nicht direkt die Nichtigkeit des Vertrages, sondern vielmehr die Umwandlung desselben in ein Rückgewährschuldverhältnis zur Folge. Obwohl der Wortlaut nicht exakt passt, ist Art. 32 Abs. 1 Nr. 5 EGBGB auch in diesem Fall einschlägig[98]. Die vertragsrechtliche Qualifikation der mittelbaren Folgen der Ausübung des Widerrufsrechts durch den Verbraucher ergibt sich daher aus Art. 32 Abs. 1 Nr. 5 EGBGB.

IV. Ergebnis

Im Ergebnis werden die fernabsatzrechtlichen Bestimmungen der europäischen Rechtsordnungen insgesamt als Teil des Vertragsstatuts zur Anwendung berufen. Daher beurteilen sich auch die Fragen der Parteien eines grenzübergreifenden nach dem Bestehen fernabsatzrechtlicher Informationspflichten und nach dem Vorliegen eines fernabsatzrechtlichen Widerrufsrechts nach den Art. 27 ff. EGBGB. Dies ergibt sich für die Informationspflichten aus Art. 32 Abs. 1 Nr. 2 EGBGB und für das Widerrufsrecht aus Art. 32 Abs. 1 Nr. 4 EGBGB. Im materiellen Fernabsatzrecht enthaltene Vermutungen und Beweislastregelungen kommen im Übrigen nach Art. 32 Abs. 3 S. 1 EGBGB ebenfalls als Teil des Vertragsstatuts zur Anwendung[99].

---

[98] Siehe hierzu *Staudinger-Magnus*, Art. 32 EGBGB Rn. 77; *Czernich/Heiss-Czernich*, Art. 10 EVÜ Rn. 37; *Bamberger/Roth-Spickhoff*, Art. 32 EGBGB Rn. 16; *MünchKomm-Spellenberg*, Art. 32 EGBGB Rn. 128; *Erman-Hohloch*, Art. 32 EGBGB Rn. 15.
[99] *Giuliano/Lagarde*, BT-Drs. 10/503, 68; *MünchKomm-Wendehorst*, Vor § 312b Rn. 23; *Reithmann/Martiny-Martiny*, Internationales Vertragsrecht, Rn. 286; *Staudinger-Magnus*, Art. 29 EGBGB Rn. 99.

D. Die Sprachenfrage bei grenzübergreifenden Fernabsatzverträgen

Das Vertragsstatut sollte auch für ein weiteres, in der Literatur jedoch unterschiedlich behandeltes Problemfeld maßgeblich sein. Ebenso wie beim Abschluss grenzübergreifender Fernabsatzverträge können bei der Erfüllung der Informationspflichten und der Ausübung des Widerrufsrechts leicht sprachliche Missverständnisse auftreten. Für Unternehmer und Verbraucher stellt sich die Frage, in welcher Sprache sie diese Erklärungen abgeben sollten. Zu wessen Lasten sprachliche Missverständnisse gehen, hängt davon ab, ob die verwendete Sprache beim Vertragspartner als bekannt vorausgesetzt werden kann.
Teilweise wird befürwortet, jedem Vertrag mit Auslandsbezug eine „Vertragssprache", ein „Sprachenstatut" zuzuordnen, deren Kenntnis von den Parteien vorausgesetzt werden könne[100]. Ein Missverständnis bei der Verwendung einer anderen Sprache gehe zu Lasten des Verwenders. In Anlehnung an die kollisionsrechtliche Bestimmung des Vertragsstatuts könne auch die Vertragssprache von den Parteien vertraglich vereinbart werden. Anderenfalls sei in einer „abgeleiteten Anknüpfung" die Sprache desjenigen Staates Vertragssprache, deren Rechtsordnung das Vertragsstatut bilde. Diesem Ansatz ist entgegen zu halten, dass in vielen Fällen das Vertragsstatut auch die Verwendung anderer Sprachen zulässt und dabei nicht zwingend das Risiko eines Missverständnisses dem Verwender auferlegt[101].
Jedenfalls solange kein gesetzlicher Zwang zur Verwendung einer bestimmten Sprache bei einer Erklärung besteht, sind die sachrechtlichen Bestimmungen über die Folgen sprachlicher Missverständnisse auch nicht als Formfrage nach Art. 11 bzw. Art. 29 Abs. 3 EGBGB zu qualifizieren[102]. Nur sofern nationales Sachrecht die Verwendung einer bestimmten Sprache vorschreibt, wie bspw. das *italienische* Recht die Verwendung italienischer Sprache bei der Erfüllung der fernabsatzrechtlichen Informationspflichten gegenüber einem italienischen Verbraucher vorschreibt, werden diese Normen als Formvorschriften nach Art. 11 und Art. 29 III EGBGB qualifiziert[103].
Da die Folgen eines sprachlichen Missverständnisses beim Abschluss eines Vertrages das Zustandekommen des Vertrages betreffen, beurteilen sie sich im Übrigen nach herrschender Ansicht gemäß Art. 31 Abs. 1 EGBGB nach dem Vertrags-

---

[100] Siehe hierzu nur *Beckmann/Sandrock*, in: Sandrock, Handbuch der internationalen Vertragsgestaltung, Band 1, Abschnitt B § 9, Rn. 183 ff; *Beckmann*, RIW 1981, 79, 81; *Jayme*, FS Bärmann, 509, 512 ff.
[101] *MünchKomm-Spellenberg*, Vor Art. 11 EGBGB Rn. 104.
[102] *MünchKomm-Spellenberg*, Vor Art. 11 EGBGB Rn. 101; So aber *Rott*, ZVglRWiss, 98 (1999), 383, 393; *Schütze*, DB 1978, 2301, 2304; *Reinhart*, IPRax 1982, 226-229.
[103] *MünchKomm-Spellenberg*, Vor Art. 11 EGBGB Rn. 93 ff. Articolo 3 par. 4 Decreto Legislativo No. 185 del 22.5.1999.

statut[104]. Die Vermeidung der Geltung unterschiedlicher Statute für dieselbe Willenserklärung ist für den Rechtsanwender praktikabel und vorzugswürdig. Aus denselben Gründen sollten auch die Anforderungen an die Vertragssprache und die Folgen sprachenbedingter Missverständnisse bezüglich der fernabsatzrechtlichen Informationspflichten und des Widerrufsrechts in Anlehnung an Art. 32 Abs. 1 Nr. 2 und Nr. 4 EGBGB nach dem Vertragsstatut beurteilt werden.

---

[104] *Staudinger-Winkler v.Mohrenfels*, Art. 11 EGBGB Rn. 147; *MünchKomm-Spellenberg*, Vor Art. 11 EGBGB Rn. 102; *Palandt-Heldrich*, Art. 31 EGBGB Rn. 3; *Bamberger/Roth-Mäsch*, Art. 11 EGBGB Rn. 20.

2. Teil: Das Vertragsstatut bei grenzübergreifenden Fernabsatzverträgen

A. Die Rechtswahl bei Vertragsabschlüssen im grenzübergreifenden Fernabsatz

I. Die Möglichkeit der Rechtswahl und ihre Ausgestaltung in der Praxis bei grenzübergreifenden Fernabsatzverträgen

1. Die Möglichkeit der Rechtswahl für Fernabsatzverträge

Im deutschen internationalen Vertragsrecht gilt der in Art. 27 Abs. 1 EGBGB manifestierte Grundsatz der Parteiautonomie, nach dem die Vertragsparteien selbst wählen können, welches Recht als Vertragsstatut auf ihren Vertrag Anwendung finden soll. Diese Rechtswahlmöglichkeit setzt keinen Bezug des Sachverhaltes zu dem Staat voraus, dessen Recht gewählt werden soll, noch muss sie durch ein sonstiges spezielles Interesse begründet sein[105]. Obwohl beim Abschluss eines Fernabsatzvertrages ein Verbraucher einem unter Umständen aufgrund seiner beruflichen Erfahrung beim Aushandeln von Verträgen weitaus versierteren Unternehmer vertraglich gegenüber steht, gilt die Möglichkeit das anwendbare Recht zu wählen auch für Verträge, die zwischen einem Unternehmer und einem Verbraucher geschlossen werden und besteht folglich auch beim Abschluss von Verträgen im grenzübergreifenden Fernabsatz[106]. Die Rechtswahlfreiheit gilt auch für solche Fernabsatzverträge, die über das Internet abgeschlossen werden[107].

---

[105] *Simtis*, JUS 1966, 209, 212; *v.Bar*, IPR II, Rn. 412; *Lorenz*, RIW 1987, 569, 570; *Junker*, IPRax 1993, 1, 7; *v. Hoffmann*, IPR, 368; *Soergel-v.Hoffmann*, Vor Art. 27 EGBGB Rn. 20; *MünchKomm/ Martiny*, Art. 27 EGBGB Rn. 19; *Staudinger-Magnus*, Art. 27 EGBGB Rn. 25.
[106] *Staudinger-Magnus*, Art. 27 EGBGB Rn. 9; *Bachmann*, in: Rechtsgeschäfte im Netz- Electronic Commerce, 205, 212; *Horn*, MMR 2002, 209, 212; *Palandt-Heldrich*, Art. 29 EGBGB Rn. 4; *Dilger*, Verbraucherschutz bei Vertragsabschlüssen im Internet, 196; *Pützhoven*, Europäischer Verbraucherschutz im Fernabsatz, 184; *Grabitz/ Hilf-Micklitz*, Das Recht der Europäischen Union, Band III, A 3 Rn. 187; *Bülow/Artz*, Verbraucherprivatrecht, 145.
[107] *Köhler/Arndt*, Recht des Internet, 264.

2. *Die Ausgestaltung der Rechtswahl in der Praxis bei grenzübergreifenden Vertragsabschlüssen im Fernabsatz*

Beim Abschluss grenzübergreifender Fernabsatzverträge wird in der Regel nicht über das anwendbare Recht verhandelt. Gemessen an dem Zeitaufwand, dem organisatorischen Aufwand und letztlich dem finanziellen Aufwand hat insbesondere der Unternehmer wenig Interesse an den Vertragsabschluss verzögernden Verhandlungen über das anwendbare Recht. Unternehmern ist jedoch aus Gründen der Planungssicherheit daran gelegen, durch eine Rechtswahlvereinbarung Klarheit über das anwendbare Recht zu bekommen. Daher enthalten häufig schon die Angebote zum Abschluss grenzübergreifender Fernabsatzverträge Vereinbarungen über das anwendbare Recht[108]. In der Praxis machen Unternehmer den Abschluss eines grenzübergreifenden Verbrauchervertrages häufig davon abhängig, dass der Verbraucher eine verbindliche Erklärung über seinen Wohnsitzstaat abgibt. Dadurch können sie sich auf das anwendbare Recht einstellen und gegebenenfalls noch einen Vertragsschluss je nach Herkunftsland des Verbrauchers ablehnen.

Um die eigenen Interessen zu wahren, berufen die vom Unternehmer vorbereiteten Rechtswahlvereinbarungen häufig das Recht am Niederlassungsort des Unternehmers zur Anwendung[109]. Eine vertragliche Wahl des Rechts am Ort des gewöhnlichen Aufenthaltes des Verbrauchers kann jedoch die strategische Funktion haben, die Attraktivität des Vertragsschlusses mit einem bestimmten Unternehmer für Verbraucher zu erhöhen. Die Rechtswahl in grenzübergreifenden Fernabsatzverträgen verläuft zumeist in der Weise, dass der Unternehmer eine vorbereitete Rechtswahlklausel, eingebettet in seine Allgemeinen Geschäftsbedingungen, in den Vertragstext einbringt und der Verbraucher mit der Annahme des Vertrages insgesamt auch den unternehmerischen AGB und dem darin enthaltenen Rechtswahlvorschlag zustimmt[110].

---

[108] *Borges*, ZIP 1999, 565, 566; *Mankowski*, RabelsZ 63 (1999), 203, 213.

[109] *Dilger*, Verbraucherschutz bei Vertragsabschlüssen in Internet, 196.

[110] *Backert*, Kollisionsrechtlicher Verbraucherschutz, 29 ff.; *Mankowski* RabelsZ 63 (1999), 203, 213; *Rott*, ZVglRWiss, 98 (1999), 383, 394; *Taupitz*, BB 1990, 642, 643; *Terlau*, in: Rechts-Handbuch zum E-Commerce, 338, Rn. 37 ff.

II. Die Rechtswahl für Fernabsatzverträge in allgemeinen Geschäftsbedingungen

Gegen die Zulässigkeit der Rechtswahl in AGB können bei grenzübergreifenden Fernabsatzverträgen Bedenken bestehen, da die Überschaubarkeit der Vertragsverhältnisse und die Kenntnisnahme vom Inhalt der AGB aufgrund der ausschließlichen Nutzung von Fernkommunikationsmitteln bei der Verhandlung über den Vertragsschluss zusätzlich erschwert wird[111].Der kollisionsrechtliche Verweisungsvertrag hat den Charakter eines eigenständigen Vertrages sui generis, dessen Wirksamkeit von derjenigen des Hauptvertrages getrennt zu beurteilen ist[112]. Das Internationale Privatrecht enthält selbst keine speziellen Anforderungen an die Zulässigkeit und die Wirksamkeit einer Rechtswahlvereinbarung[113]. Eine Rechtswahl in AGB ist vom deutschen IPR auch bei Verbraucherverträgen nicht von vorneherein ausgeschlossen[114]. Stattdessen ist die Zulässigkeit einer Rechtswahl in AGB eine Frage von Zustandekommen und Wirksamkeit der Rechtswahl. In Literatur und Rechtsprechung werden verschiedene Ansichten dazu vertreten, nach welchen Kollisionsnormen das auf die Wirksamkeit einer Rechtswahlvereinbarung anzuwendende Recht zu bestimmen ist, wenn diese einen Verbrauchervertrag betrifft und in den AGB des Unternehmers enthalten ist. Da die in den europäischen Rechtsordnungen geltenden Bestimmungen über allgemeine Geschäftsbedingungen insbesondere Verbraucher vor der missbräuchlichen Verwendung von AGB durch Unternehmer schützen[115], entstanden diese Ansichten teilweise in Diskussionen um die Anwendbarkeit europäischer AGB-Bestimmungen auf Rechtswahlvereinbarungen in AGB, die Verbraucherverträge betrafen.

---

[111] Ausführlich *Rühl*, Rechtswahlfreiheit und Rechtswahlklauseln in AGB, 32 ff.; *Simtis*, JUS 1966, 209, 214; *Grabitz/ Hilf-Micklitz*, Das Recht der Europäischen Union, Band III, A 3 Rn. 187; *Offermann*, IPR-EG-HLP, 5, 10.

[112] *v.Bar*, IPR II, Rn. 416; *MünchKomm-Martiny*, Art. 27 EGBGB Rn. 14; RGZ 108, 241, 243; BGH, JZ 1963, 167, 168. Die Nichtigkeit des Hauptvertrages aufgrund der Ausübung des fernabsatzrechtlichen Widerrufsrechts hat keinen Einfluss auf die Wirksamkeit einer im Hauptvertrag enthaltenen Rechtswahlvereinbarung. Siehe hierzu *Soergel-v.Hoffmann*, Art. 27 EGBGB Rn. 11; *Simitis*, JUS 1966, 209, 216; *Staudinger-Magnus*, Art. 27 EGBGB Rn. 30; *Kropholler*, IPR, § 52 II 2.

[113] *Junker*, IPRax 1993, 1, 8; *Staudinger-Magnus*, Art. 27 EGBGB Rn. 2; *v.Bar*, IPR II, Rn. 420 ff.

[114] *MünchKomm-Spellenberg*, Art. 31 EGBGB Rn. 20; *Rühl*, Rechtswahlfreiheit und Rechtswahlklauseln, 101.

[115] Diese Bestimmungen setzen die europäische Richtlinie 93/13/EWG des Rates vom 5. April 1993 über missbräuchliche Klauseln in Verbraucherverträgen um (ABl. EG Nr. L 95, 29).

Dem Ziel, das deutsche Recht der allgemeinen Geschäftsbedingungen zur Anwendung zu bringen, wäre es förderlich, die Wirksamkeit einer Rechtswahlklausel stets nach der deutschen *lex fori* zu bestimmen[116]. Dagegen spricht jedoch, dass Art. 27 Abs. 1 EGBGB selbst Anforderungen an das Vorliegen einer Rechtswahl enthält, die nicht umgangen werden dürfen, und dass eine unmittelbare Anwendung der lex fori die kollisionsrechtliche Anknüpfung des Verweisungsvertrages nach Art. 27 Abs. 4 EGBGB außer acht ließe[117].

Ferner wird die Ansicht vertreten, dass Rechtswahlklauseln in AGB in Verbraucherverträgen iSd Klauselrichtlinie, die das Recht eines EG- oder EWR- Staates zur Anwendung berufen, ausnahmsweise einer Inhaltskontrolle nach den Umsetzungsvorschriften von Art. 3 Abs. 1 der Klauselrichtlinie unterzogen werden könnten[118]. Dies wird mit dem Vorrang der Umsetzungen der Klauselrichtlinie vor den Art. 27 ff. EGBGB nach Art. 3 Abs. 2 S. 2 EGBGB begründet.
Diese Ansicht ist jedoch aufgrund der überzeugenden Gegenargumente *Spellenbergs* abzulehnen[119]. Die Klauselrichtlinie zwingt nicht zu einer solchen Inhaltskontrolle, da sie keine konkreten Vorgaben für die Inhaltskontrolle von AGB nach den Umsetzungsvorschriften macht. Eine Kontrolle von Rechtswahlklauseln in AGB kommt nach deutschem Recht nicht in Betracht, seitdem der deutsche Gesetzgeber das Verbot von Rechtswahlklauseln in AGB im ehemaligen § 10 Nr. 8 AGBG gestrichen hat. Aus Art. 6 Abs. 2 der Klauselrichtlinie ergibt sich zudem, dass der europäische Gesetzgeber den bestehenden Verbraucherschutz nach Art. 29 EGBGB nur im Verhältnis zu Drittstaaten für ergänzungsbedürftig hielt. In Ermangelung einer dahingehenden ausdrücklichen Regelung kann der Wille, den Verbraucher auch im innergemeinschaftlichen Verkehr über Art. 29 EGBGB hinausgehend schützen zu wollen, nicht angenommen werden.

Eine andere Ansicht versteht Art. 27 Abs. 4 i.V.m. Art. 31 Abs. 1 EGBGB dahingehend, dass eine Rechtswahlklausel stets dem auf den Hauptvertrag anwendbaren Recht unterliegen soll[120]. Dies hätte den Vorteil der Gleichbehandlung von Verweisungs- und Hauptvertrag. Im Falle der Anwendbarkeit von Art. 29 oder

---

116 OLG Düsseldorf, Urt. v. 14.1.1994, RIW 1994, 420; OLG Frankfurt, Urt. v. 1.6.1989, RIW 1989, 646; LG Stuttgart, Urt. v. 23.5.1990, NJW-RR 1990, 1394.

117 *Lüderitz*, IPRax 1990, 216, 217. Zudem steht die lex fori bei Vertragsschluss noch nicht fest. Die lex fori hat zudem nicht unbedingt einen Bezug zum Vertrag, *MünchKomm-Spellenberg*, Art. 31 EGBGB Rn. 21.

118 *Grabitz/Hilf/Wolff-Pfeiffer*, Kommentar zum Vertrag über die EG, A 5 (AGB-RL)Anh. Rd-Nr. 157 ff.

119 *MünchKomm-Spellenberg*, Art. 31 EGBGB Rn. 29; ablehnend auch *Rühl*, Rechtswahlfreiheit und Rechtswahlklauseln, 235 ff.

120 *Wolf*, ZHR 153 (1989), 300, 302; *Meyer-Sparenberg*, RIW 1989, 347, 350; *Baumert*, RIW 1997, 805, 806.

Art. 29a EGBGB auf den Hauptvertrag würde diese auch auf den Rechtswahlvertrag übertragen[121]. Einer quasi akzessorischen Anwendung des auf den Hauptvertrag anwendbaren Rechts auf den Verweisungsvertrag steht jedoch entgegen, dass der Verweisungsvertrag ein vom Hauptvertrag getrennt zu beurteilender, eigenständiger Vertrag ist.

Nach überzeugender Ansicht sind Zustandekommen und Wirksamkeit einer in AGB getroffenen Rechtswahl aufgrund des Wortlauts von Art. 27 Abs. 4 EGBGB zunächst nach dem über Art. 27 Abs. 4 i.V.m. Artt. 11, 12, 29 Abs. 3 und 31 EGBGB zu bestimmenden Recht zu beurteilen. Das Zustandekommen und die Wirksamkeit der Rechtswahl hängen nach Art. 27 Abs. 4 i.V.m. Art. 31 Abs. 1 EGBGB davon ab, ob die AGB nach der gewählten Rechtsordnung wirksam in den Hauptvertrag einbezogen wurden[122].

Auf den isolierten Verweisungsvertrag ist Art. 29 EGBGB sachlich nicht anwendbar, da Art. 29 EGBGB nur Verträge über die Lieferung von Waren und die Erbringung von Dienstleistungen betrifft[123]. Dafür spricht ferner, dass Art. 27 Abs. 4 EGBGB zur Beurteilung des Rechtswahlvertrages ausdrücklich nur auf Art. 29 Abs. 3 EGBGB und nicht auf Art. 29 Abs. 1 EGBGB verweist. Art. 29 Abs. 1 kann zudem nicht zur Beurteilung der Wirksamkeit einer Rechtswahl herangezogen werden, da seine Anwendbarkeit gerade das Vorliegen einer wirksamen Rechtswahl voraussetzt.

Ebenso wenig kann Art. 29a EGBGB direkt auf den Rechtswahlvertrag angewendet werden. Zwar ist Art. 29a EGBGB unabhängig von der Wertung des Art. 29 EGBGB auszulegen. Aber auch der Wortlaut von Art. 29a EGBGB setzt bereits das Vorliegen einer wirksamen Rechtswahl für dessen Anwendbarkeit voraus[124]. Art. 29a EGBGB setzt jedoch auch Art. 6 Abs. 2 der Klauselrichtlinie um. Möglicherweise zwingt die richtlinienkonforme Auslegung von Art. 29a EGBGB dazu, diesen direkt auf den Verweisungsvertrag anzuwenden.

---

[121] *Taupitz*, BB 1990, 642, 644; *Meyer-Sparenberg*, RIW 1989, 347, 350.

[122] BGH, Urt. v. 25.1.2005, ZIP 2005, 478, 479; *MünchKomm-Spellenberg*, Art. 31 EGBGB Rn. 21.

[123] *Rühl*, Rechtswahlfreiheit und Rechtswahlklauseln, 168; *Backert*, Kollisionsrechtlicher Verbraucherschutz, 44-54; *Erman-Hohloch*, Art. 31 EGBGB Rn. 4; *Taupitz*, BB 1990, 462, 644; *Meyer-Sparenberg*, RIW 1989, 347, 350; *Grabitz/ Hilf-Micklitz*, Das Recht der Europäischen Union, Band III, A 3 Rn. 187; *Wagner*, WM 1995, 1129, 1136; *Ernst*, VuR 1997, 259, 259; *Ernst*, JUS 1997, 776, 777; *Rüßmann*, in: Deutschlands Weg in die Informationsgesellschaft, 709, 734; *Terlau*, in: Rechts-Handbuch zum E-Commerce, 412, Rn. 249. A.A.: *Palandt/Heldrich* Art. 29 EGBGB Rn. 6.

[124] *Freitag/Leible*, EWS 2000, 346; *Staudinger-Magnus*, Art. 29a EGBGB Rn. 33; *Reithmann/Martiny-Martiny*, Internationales Vertragsrecht, Rn. 211.

Neben der Binnenmarktvereinheitlichung ist es nach den Entscheidungsgründen der Klauselrichtlinie und ihrem Art. 6 Abs. 2 ihr Ziel, den Verbraucher auch davor zu schützen, dass ihm der (Mindest-)Schutz der Richtlinie durch die Wahl eines Drittstaatenrechts entzogen wird. Dieser Schutz müsste schon bei der Kontrolle einer Rechtswahl in AGB ansetzen, wenn diese zur Folge hätte, dass der Schutz der Richtlinie nach der Ermittlung des Vertragsstatuts für das Vertragsverhältnis nicht mehr zum Tragen käme. Dies ist wegen Art. 29a EGBGB jedoch nicht der Fall. Entscheidend ist, ob Art. 6 Abs. 2 der Klauselrichtlinie vor jeglichen Folgen missbräuchlicher Klauselverwendung schützen will, also auch vor einer negativen Rechtswahlklausel, oder ob der Schutz lediglich missbräuchliche materiellrechtliche Klauseln erfasst.
Der Wortlaut von Art. 6 Abs. 2 der Klauselrichtlinie deutet daraufhin, dass auch sie eine wirksame Rechtswahl und das wirksame Zustandekommen des betreffenden Verweisungsvertrages voraussetzt. Auch die Entscheidungsgründe sind dahingehend zu verstehen, dass die Richtlinie die Aufweichung ihres Schutzes durch eine Drittstaatenrechtswahl verhindern soll, nicht aber die Rechtswahl an sich. Die Anwendung von Art. 29a EGBGB auf den Rechtswahlvertrag hätte eine so weitreichende Einschränkung der Parteiautonomie zu Folge, wie sie von der Klauselrichtlinie nicht gewollt sein kann. Im systematischen Vergleich mit den entsprechenden Klauseln der anderen in Art. 29a Abs. 4 EGBGB genannten Verbraucherschutzrichtlinien ist auch Art. 6 Abs. 2 der Klauselrichtlinie so zu verstehen, dass er nur bei der Anwendung materiellen Rechts auf den Hauptvertrag einen Schutzstandard sichern soll. Hinzu kommt, dass sich die Vertragsstaaten des EVÜ in Art. 4 EVÜ (Art. 27 EGBGB) grundsätzlich zu einem Verbot der Inhaltskontrolle einer Rechtswahl bekannt haben und ein Wille der EG-Staaten zur Aufhebung dieses Bekenntnisses durch die Klauselrichtlinie einer eindeutigeren Regelung bedurft hätte.
Art. 29 und Art. 29a EGBGB schützen den Verbraucher vor den negativen Folgen einer durch den Unternehmer beeinflussten Rechtswahl. Der Verbraucher wird davor geschützt, dass die Rechtswahl durch eine überlegene Verhandlungsposition des Unternehmers bestimmt wird. Der Verbraucher wird aber auch schon von Art. 29, 29a EGBGB vor einer „Überrumpelung“ durch eine Rechtswahl, die er nicht bewusst mitgestaltet hat, geschützt. Insofern schützen auch Art. 29, 29a EGBGB vor den Gefahren einer Rechtswahl in AGB des Unternehmers.

Bei der Bestimmung des anwendbaren Rechts zur Beurteilung der Frage, ob die AGB des Unternehmers und die darin enthaltene Rechtswahlklausel wirksam Vertragsbestandteil geworden sind, ist eine Sonderanknüpfung nach

Art. 31 Abs. 2 EGBGB generell möglich[125]. Spezielle Bestimmungen über die wirksame Einbeziehung von AGB in einen Vertrag können jedoch über Art. 31 Abs. 2 EGBGB nur dann zur Anwendung kommen, wenn diese den Konsens über die Einbeziehung der AGB betreffen[126]. Über Art. 31 Abs. 2 EGBGB können nämlich nur solche Bestimmungen zur Anwendung kommen, nach denen eine Partei keine wirksame Willenserklärung abgegeben hat[127]. Die Richtlinie über missbräuchliche Klauseln in Verbraucherverträgen enthält keine Vorgaben bezüglich der Einbeziehungsvoraussetzungen[128]. Die Anwendbarkeit von Art. 31 Abs. 2 EGBGB auf einzelstaatliche Bestimmungen, die die wirksame Einbeziehung von AGB in einen Vertrag betreffen und die auf der Richtlinie basieren, hängt also von ihrer jeweiligen Ausgestaltung ab.

Auch Art. 34 EGBGB ist auf den Rechtswahlvertrag anwendbar[129]. Die Öffnungsklausel des Art. 34 EGBGB beschränkt den Geltungsanspruch international zwingender Bestimmungen nicht auf Hauptverträge. Die Wirksamkeit der Einbeziehung von AGB, die eine Rechtswahl enthalten, unterliegt daher der Kontrolle der Bestimmungen des deutschen Rechts der allgemeinen Geschäftsbedingungen, soweit diese international zwingend sind[130].

Auf der materiellrechtlichen Ebene kann bei der Beurteilung der Frage, ob die AGB wirksam in den Vertrag einbezogen wurden, der Tatsache Rechnung getragen werden, dass die Vertragsparteien beim Abschluss eines grenzübergreifenden Fernabsatzvertrages ausschließlich über Fernkommunikationsmittel verhandeln. Die wirksame Einbeziehung von AGB in einen Verbrauchervertrag setzt nach dem Recht der allgemeinen Geschäftsbedingungen der Eu-Staaten die Zumutbarkeit der Kenntnisnahme von den AGB für den Verbraucher voraus. Das Kriterium der Zumutbarkeit der Kenntnisnahme verlangt, dass dem Verbraucher durch einen hervorgehobenen Hinweis auf die Geltung der AGB seitens des Unternehmers die Wahrnehmung dieser Tatsache erleichtert wird[131].

---

[125] *Rühl*, Rechtswahlfreiheit und Rechtswahlklauseln in AGB, 158; *Reithmann/Martiny-Martiny*, Internationales Vertragsrecht, Rn. 210; *Kropholler*, IPR, § 52 II, 454; *Taupitz*, BB 1990, 642, 643; *Meyer-Sparenberg*, RIW 1989, 347, 350.

[126] Siehe zu dieser Frage *Mankowski*, RIW 1996, 382, 385; *Mankowski*, RIW 1993, 435, 455. *Kropholler*, IPR, § 52 II, 454, Fn. 28; *Baumert*, RIW 1997, 805, 809. Zuletzt offengelassen von BGH, Urt. v. 25.1.2005, ZIP 2005, 478, 479.

[127] *Mankowski*, RIW 1996, 382, 385; *MünchKomm-Spellenberg*, Art. 31 Rn. 61.

[128] Richtlinie 93/13/EWG des Rates vom 5. April 1993 über missbräuchliche Klauseln in Verbraucherverträgen (ABl. EG Nr. L 95 S. 29).

[129] *Rühl*, Rechtswahlfreiheit und Rechtswahlklauseln, 176.

[130] *Pfeiffer*, NJW 1997, 1207, 1211; siehe auch *Backert*, Kollisionsrechtlicher Verbraucherschutz, 57-58.

[131] Zu AGB-rechtlichen Problemen der Einbeziehung von AGB in Fernabsatzverträge, die über das Internet abgeschlossen werden, siehe *Borges*, ZIP 1999, 565, 566; *Mankowski*, RabelsZ 63 (1999),

III. Geltungserstreckung des fernabsatzrechtlichen Widerrufsrechts auf den Verweisungsvertrag über Art. 27 Abs. 4; 31 EGBGB ?

Wenn für einen grenzübergreifenden Fernabsatzvertrag eine Rechtsordnung als Vertragsstatut gewählt wurde, die dem Verbraucher ein fernabsatzrechtliches Widerrufsrecht einräumt, und sich das objektiv anwendbare Recht für den Verbraucher dennoch als noch günstiger erweist, kann er ein Interesse an der Beseitigung der Rechtswahl haben. Dies führt zu der Überlegung, ob durch die Ausübung des im gewählten Vertragsstatut enthaltenen fernabsatzrechtlichen Widerrufsrechts nur der Hauptvertrag widerrufen werden kann oder ob sich das Widerrufsrecht auch auf den Verweisungsvertrag beziehen kann.

Nach Sinn und Zweck des Fernabsatzrechts soll der Verbraucher vor den Nachteilen geschützt werden, die für ihn daraus resultieren, dass er einen Vertrag im Fernabsatz abschließt. Der Verbraucher soll so gestellt werden, wie wenn er den Vertrag nach Begutachtung des Kaufgegenstandes und im persönlichen Kontakt mit dem Unternehmer geschlossen hätte. Ein Nachteil kann sich aber nicht nur aus Absprachen des Hauptvertrages ergeben, sondern auch aus der Rechtswahlvereinbarung. Denn auch Absprachen über das anwendbare Recht werden für den Verbraucher unübersichtlicher, wenn er nicht im persönlichen Gespräch auf diese hingewiesen wird, sondern sie nur Teil einer Fülle schriftlicher Informationen sind.

Gegen die Erstreckung der Wirkung des Widerrufs auf den Verweisungsvertrag spricht jedoch, dass es nach Art. 12 Fernabsatzrichtlinie das Ziel der Richtlinie ist, bei grenzübergreifenden Fernabsatzverträgen den eigenen Mindestschutzstandard zu sichern. Ist aufgrund der Rechtswahl also die Rechtsordnung eines europäischen Mitgliedstaates oder EWR-Staates anwendbar, so wird der Mindeststandard der Richtlinien schon gewährt. Zudem würde der Widerruf des Verweisungsvertrages verhindern, dass das Recht zur Anwendung berufen wird, das das Widerrufsrecht einräumte, also quasi der Geltung des Widerrufsrechts den Boden entziehen. Schließlich ist der Verweisungsvertrag schon begrifflich kein Vertrag über die Lieferung von Waren oder die Erbringung von Dienstleistungen.

203, 210-211; *Taupitz*, BB 1990, 643, 644; *Micklitz/Tonner-Micklitz*, Vertriebsrecht, 73 Rn. 59; *Terlau*, in: Rechts-Handbuch zum E-Commerce, 338, Rn. 37; OLG Karlsruhe, Urt. v. 27.3.2002, CR 2002, 682 ff.

IV. Vorschlag zur Einführung einer zusätzlichen fernabsatzrechtlichen Informationspflicht über eine im Vertrag enthaltene Rechtswahlklausel

Da Verbraucher in der Regel nicht alle von ihnen geschlossenen Verträge zur Gänze durchlesen, insbesondere die AGB, nehmen sie häufig von Rechtswahlklauseln in Fernabsatzverträgen keine Kenntnis. Da die Vertragsparteien beim Abschluss eines grenzübergreifenden Fernabsatzvertrages auch nicht in persönlichem Kontakt verhandeln, kann die Einführung einer Rechtswahlklausel in den Vertrag durch den Unternehmer die Geltung einer verbraucherungünstigen Rechtsordnung zur Folge haben, ohne dass sich der Verbraucher darauf eingestellt hätte. Bei grenzübergreifenden Fernabsatzverträgen kann über das Instrument der Informationspflichten des Unternehmers in noch effektiverer Weise erreicht werden, dass der Verbraucher vom Bestehen einer Rechtswahlklausel Kenntnis nimmt, als es über erhöhte Anforderungen an das Vorliegen einer Rechtswahl im Rahmen des Art. 27 Abs. 1 EGBGB oder an die Einbeziehung von AGB in einen Verbrauchervertrag nach dem europäischen Recht der allgemeinen Geschäftsbedingungen möglich ist: Es empfiehlt sich die Einführung einer fernabsatzrechtlichen Regelung, durch die der an einem grenzübergreifenden Fernabsatzvertrag beteiligte Unternehmer verpflichtet wird, in der nach der Fernabsatzrichtlinie vorgesehenen Form über das anwendbare Recht zu informieren, wenn er eine Rechtswahlklausel in den Vertrag einbringen möchte, die vom objektiv anwendbaren Recht abweicht. Dies entspräche dem Zweck der fernabsatzrechtlichen Informationspflichten, wichtige Aspekte des Vertrages für den Verbraucher transparent zu machen und ihn vor nachteiligen Überraschungen zu bewahren[132]. Auch in der Richtlinie über den Fernabsatz von Finanzdienstleistungen ist die Informierung über das anwendbare Recht in den Katalog der unternehmerischen Informationspflichten aufgenommen worden[133]. Der durch eine solche Informationspflicht erhöhte Verwaltungsaufwand für den Unternehmer ist jedoch zum einen gering und zum anderen dadurch gerechtfertigt, dass der Unternehmer in der Regel von einer selbst vorgeschlagenen Rechtswahl profitiert.

---

[132] *Kronke*, RIW 1996, 985, 991.

[133] Art. 3 Abs. 1 Nummer 3f) der Richtlinie 2002/65/EG des Europäischen Parlaments und des Rates vom 23. September 2002, ABL EG L 271, 16, 20. Dazu *Härting/Schirmbacher*, CR 2002, 809, 812. Diese Pflicht war hingegen noch nicht in dem dazu gehörigen Richtlinienvorschlag enthalten. KOM (1998), 468 endg., ABl EG C 385, 10, v. 11.12.1998.

B. Die objektive Anknüpfung grenzübergreifender Fernabsatzverträge nach Art. 29 Abs. 2 EGBGB

I. Die Systematik des kollisionsrechtlichen Verbraucherschutzes durch Art. 29 Abs. 2 EGBGB

Die verbraucherschützende Wirkung des Art. 29 Abs. 2 EGBGB besteht darin, dass er das Recht desjenigen Staates als Vertragsstatut zur Anwendung beruft, in dem der Verbraucher seinen gewöhnlichen Aufenthalt hat[134]. Dieser Verweisung liegt die Annahme zugrunde, dass das Vertragsrecht der Rechtsordnung des Staates seines gewöhnlichen Aufenthaltes dem Verbraucher am besten bekannt ist und der Verbraucherschutz in einer generell-abstrakten Regelung durch die Anwendbarkeit der Rechtsordnung, die er am besten kennt, am größten ist[135]. Der Verbraucher soll nicht unter Geltung einer ihm fremden Rechtsordnung der wirtschaftlichen Verhandlungsübermacht des Unternehmers ausgesetzt sein.
Art. 29 EGBGB gewährt jedoch nur dem passiven Verbraucher, auf den der Unternehmer zukommt, Schutz und nicht dem aktiven, der sich seinerseits auf den Markt des Unternehmers begibt[136]. Denn der Verbraucher soll nicht auf die Geltung seines Heimatrechts vertrauen können, wenn er sich aktiv auf einen fremden Markt begibt. Der Schutz des Verbrauchers setzt voraus, dass sich der Unternehmer des Verbrauchermarktes bedient und auch schon die Vertraganbahnung im Aufenthaltsstaat des Verbrauchers vornimmt[137]. Seine Absatztätigkeit muss so sehr auf den Verbrauchermarkt ausgerichtet sein, dass sich der Vertrag für den Verbraucher quasi als Inlandsgeschäft darstellt[138]. Die Gewährung des europäi-

---

[134] Der von der europäischen Gruppe für Internationales Privatrecht unterbreitete Änderungsvorschlag für Art. 5 EVÜ sieht auch bei der objektiven Anknüpfung von Verbraucherverträgen nur eine Sonderanknüpfung von verbrauchergünstigen Normen des Aufenthaltsstaates des Verbrauchers vor und verweist nicht auf diese Rechtsordnung als Vertragsstatut. Siehe 4. Teil:E, Seite 196.

[135] Siehe dazu *Keller*, FS Vischer, 175, 183; *v.Hoffmann*, IPR, 388 Rn. 72; Begründung des Entwurfes des Gesetzes zur Neuregelung des IPR, BT-Drs. 10/ 504, 80.

[136] *Van Meenen*, Lauterkeitsrecht und Verbraucherschutz, 72; *Vischer/Huber/Oser*, Internationales Vertragsrecht, Rn. 737; *v.Hoffmann*, IPR, 387 Rn. 70; *Dilger*, Verbraucherschutz bei Vertragsabschlüssen im Internet, 200; *Kroeger*, Der Schutz der „marktschwächeren Partei", 177; *Mankowski*, RIW 1993, 453, 458. Dieser Gedanke manifestiert sich auch in einem Ausschlusstatbestand für den kollisionsrechtlichen Verbraucherschutz nach dem von der europäischen Gruppe für Internationales Privatrecht unterbreiteten Änderungsvorschlag für Art. 5 EVÜ. Siehe 4. Teil:E, Seite 196.

[137] *Czernich/ Heiss-Heiss*, Art. 5 EVÜ Rn. 28; *v.Hoffmann*, IPRax 1989, 261, 263.

[138] *Taupitz*, BB 1990, 642, 648; *Boehme-Neßler*, Cyberlaw, 63; *v.Bar*, IPR II, Rn. 437; Denkschrift der Bundesregierung zum EVÜ, BT-Drs. 10/503, 26.

schen fernabsatzrechtlichen Verbraucherschutzes ist hingegen nicht von einem passiven Verhalten des Verbrauchers abhängig.
Entgegen einer teilweise in der Literatur vertretenen Ansicht ist die erforderliche Passivität des Verbrauchers im Sinne von Art. 29 EGBGB auch dann gegeben, wenn der erste Kontakt zum Unternehmer durch das Aufrufen seiner Internetseite durch den Verbraucher entsteht[139]. Denn durch die Präsentation seiner Leistungen auf einer Internetseite geht der Unternehmer schon den ersten kommerziellen Schritt auf den Verbraucher zu und entwickelt damit die Initiativaktivität. An diesem Ergebnis ändert auch das Wissen des Verbrauchers um die weltweite Abrufbarkeit einer Internetseite nichts[140].

II. Der Staat des gewöhnlichen Aufenthaltes des Verbrauchers als zentrales Anknüpfungsmoment des Art. 29 EGBGB

Das zentrale Anknüpfungsmoment der Absätze 1 bis 3 des Art. 29 EGBGB ist der Staat des gewöhnlichen Aufenthaltes des Verbrauchers. Der gewöhnliche Aufenthaltsort einer Person wird an dem Ort begründet, an dem sie ihren Lebensmittelpunkt hat und sozial integriert ist[141]. Die Begründung des Lebensmittelpunktes und die Vermutung der sozialen Integration an einem Ort sind von den beiden Faktoren der Aufenthaltsdauer und dem Aufenthaltswillen abhängig[142]. Hinter der Verwendung des Anknüpfungsmomentes des gewöhnlichen Aufenthaltes steht die Absicht, eine Rechtsfrage mit dem Recht der sozialen Umwelt einer Person zu verknüpfen. Insofern baut dieses Merkmal auf dem kollisionsrechtlichen Prinzip der „engsten Verbindung“ auf[143].

---

[139] *Junker*, RIW 1999, 809, 815; *Rüßmann*, in: Deutschlands Weg in die Informationsgesellschaft, 709, 710 ff.; *Spindler*, MMR 2000, 18, 20; *Köhler/Arndt*, Recht des Internet, 267; *Papathoma-Baetge/Nehrenberg/Finke*, in: Rechtshandbuch E-Business, 74 Rn. 88; *Mankowski*, RabelsZ 63 (1999), 203, 240-242; *Terlau*, in: Rechts-Handbuch zum E-Commerce, 408 Rn. 238; *Mankowski*, MMR-Beilage 2000, 22, 25. A.A.: *Härting*, Internetrecht, 12 Rn. 11; *Buchner*, EWS 2000, 147, 152.

[140] *Mankowski*, RabelsZ 63 (1999), 203, 242-243; *Böhm*, Verbraucherschutz im Internationalen Privatrecht, 111; *Wienand*, JurPC Web-Dok. 21/1997, Abs. 47; *Mankowski*, MMR-Beilage 2000, 22, 24; *Thorn*, IPRax 1999, 1, 4.

[141] *v.Hoffmann*, IPR, 193 Rn. 73; *Staudinger-Magnus*, Art. 29 EGBGB Rn. 101; BGH Urt. v. 5.2.1975, NJW 1975, 1068= IPRspr. 1975 Nr. 83; BGH, IPRax 1983, 72; *Junker*, RIW 1999, 809, 815.

[142] *Kropholler*, IPR, 278; *Kegel/ Schurig*, IPR, 298; *v.Bar/Mankowski*, IPR I, § 7 Rn. 22 ff., 563 ff.; *Gruber*, DB 1999, 1437, 1437.

[143] *Kropholler*, IPR, 277 ff.

In der Literatur wird erwogen, das Gebiet der Europäischen Union kollisionsrechtlich als ein einheitliches Rechtsgebiet zu behandeln[144]. Diese Ansicht basiert darauf, dass die durch europäische Richtlinien angeglichenen Bestimmungen zum Schutz der schwächeren Vertragspartei einen wesentlichen Anteil der zwingenden Bestimmungen eines Staates ausmachen[145]. Diese Sichtweise soll es ermöglichen, das Gebiet der EU als den Staat des gewöhnlichen Aufenthaltes ihrer Bewohner zu verstehen und Art. 29 EGBGB analog auf Fälle mit EU- Bezug anstatt mit Bezug zum konkreten Aufenthaltsstaat des Verbrauchers anzuwenden[146].
Zwar kam es durch den Mindeststandard der europäischen Verbraucherschutzrichtlinien zu einer partiellen Rechtsvereinheitlichung innerhalb der Europäischen Union. Der größte Teil des Zivilrechts ist hingegen nicht vereinheitlicht. Aufgrund des bei der Umsetzung der Verbraucherschutzrichtlinien bestehenden Spielraumes der Mitgliedstaaten, kann auch bei den richtlinienbasierten national zwingenden Verbraucherschutznormen von einer europäischen Rechtseinheit keine Rede sein[147]. Der einleitend vorgenommene Rechtsvergleich der Umsetzungen der Fernabsatzrichtlinie zeigt am Beispiel des europäischen Fernabsatzrechts, dass noch nennenswerte Unterschiede zwischen den Rechtsordnungen der Mitgliedstaaten auch auf den Gebieten bestehen, auf denen europäische Richtlinienvorgaben gemacht wurden[148]. Zudem würde sich, auch wenn man das Gebiet der Europäischen Union als den gewöhnlichen Aufenthaltsort einer Person begriffe, im Weiteren die Frage stellen, welche nationale europäische Rechtsordnung zur Anwendung berufen würde. Die Europäische Union kann daher nicht „*Staat des gewöhnlichen Aufenthaltes einer Person*" im Sinne von Art. 29 EGBGB sein.

---

[144] *Lando*, RabelsZ 57 (1993), 155, 163; *Bröderman/Iversen-Iversen*, Europäisches Gemeinschaftsrecht und Internationales Privatrecht, 336 ff., Rn. 713 ff., 983; *Kropholler*, IPR, § 40 IV 3a), 292; *Michaels/Kamann*, JZ 1997, 601, 603 ff.; *Nemeth*, Kollisionsrechtlicher Verbraucherschutz in Europa, 56, 90; *Grundmann*, RabelsZ 64 (2000), 466 ff., 471 ff. Siehe auch den Vorschlag zur Änderung des Art. 3 Abs. 3 EVÜ seitens der Europäischen Gruppe für Internationales Privatrecht. Abgedruckt bei *Staudinger-Magnus*, Vorbem. zu Artt 27-37 EGBGB Rn. 32; IPRax 2001, 64.
[145] *Kegel/Schurig*, IPR, § 18 I 1c), 571.
[146] *ECLG*, Reports and Opinions, 10.
[147] *Rühl*, Rechtswahlfreiheit und Rechtswahlklauseln in Allgemeinen Geschäftsbedingungen, 190; *Staudinger-Magnus*, Art. 27 EGBGB Rn. 127.
[148] Siehe oben 1. Teil:B, Seite 32.

III. Grenzübergreifende Fernabsatzverträge und die Anknüpfungsvoraussetzungen des Art. 29 EGBGB

1. Grenzübergreifende Fernabsatzverträge als Verbraucherverträge i.S.d. Art. 29 Abs. 1 EGBGB

Anknüpfungsgegenstand von Art. 29 EGBGB sind ausschließlich Verbraucherverträge im Sinne des Art. 29 Abs. 1 EGBGB, also „*Verträge über die Lieferung beweglicher Sachen oder die Erbringung von Dienstleistungen zu einem Zweck, der nicht der beruflichen oder gewerblichen Tätigkeit des Berechtigten (Verbrauchers) zugerechnet werden kann, sowie Verträge zur Finanzierung eines solchen Geschäfts*".

a) Die personelle Anwendbarkeit von Art. 29 EGBGB auf grenzübergreifende Fernabsatzverträge

Sowohl ein Verbrauchervertrag i.S.d. Art. 29 Abs. 1 EGBGB als auch ein Fernabsatzvertrag i.S.d. europäischen Fernabsatzrichtlinie setzen in personeller Hinsicht die Beteiligung eines Verbrauchers auf der einen und eines Unternehmers auf der anderen Seite voraus. Dabei schließen sich Verbraucher- und Unternehmereigenschaft gegenseitig aus.

Das Fernabsatzrecht der europäischen Rechtsordnungen ist nur anwendbar, wenn der Verbraucher der Empfänger und der Unternehmer der Anbieter der Waren oder Dienstleistungen ist[149]. Diese Personenkonstellation erfüllt auch die personellen Anforderungen an einen Verbrauchervertrag i.S.d. Art. 29 EGBGB. Im Folgenden sollen die problematischen Fälle der Abgrenzung zwischen Verbraucher- und Unternehmereigenschaft im Kollisionsrecht und im materiellen europäischen Verbraucherschutzrecht mit dem Ziel einer einheitlichen Lösung erörtert werden. Dies wird auch Unterschiede zwischen dem europaweit einheitlichen Verbraucherbegriff im Kollisionsrecht und den divergierenden Verbraucherdefinitionen im europäischen Sachrecht aufzeigen.

[149] *MünchKomm-Wendehorst*, § 312 b Rn. 34; *Palandt-Heinrichs*, § 312 b Rn. 10; *Lütcke*, § 312 b Rn. 55, 71 ff.

aa) Die Verbrauchereigenschaft in Art. 29 EGBGB und im europäischen Fernabsatzrecht

Die Verbrauchereigenschaft ist im deutschen Kollisionsrecht und im europäischen Fernabsatzrecht[150] davon abhängig, dass *„der Zweck des Vertragsschlusses nicht der beruflichen oder gewerblichen Tätigkeit der betreffenden Person zugerechnet werden kann*". Der Begriff *„Zweck*" meint den Verwendungszweck für die erbrachte Leistung[151]. Die Verbrauchereigenschaft ist abhängig von den Umständen des Vertragsschlusses und ist unabhängig von der ökonomischen Stärke einer Person[152].

(1) Personenmehrheiten als Verbraucher

Nach den meisten europäischen Rechtsordnungen können nur natürliche Personen als Verbraucher an einem grenzübergreifenden Fernabsatzvertrag beteiligt sein[153]. Auch die Verbrauchereigenschaft i.S.d. Art. 29 Abs. 1 EGBGB ist nach überwiegender Ansicht auf natürliche Personen beschränkt[154]. Da auch Personengesellschaften, die zu nicht-beruflichen Zwecken handeln, schutzbedürftig sein können[155], sollte der Verbraucherbegriff jedoch nach einer vielfach in der Literatur

---

[150] Die meisten Mitgliedstaaten der EG haben die in Art. 2 Fernabsatzrichtlinie enthaltenen Definitionen der Begriffe „Lieferer" und „Verbraucher" übernommen. Siehe oben 1. Teil:B.II.1, Seite 33.

[151] *MünchKomm-Martiny*, Art. 29 EGBGB Rn. 13; *Soergel-v.Hoffmann*, Art. 29 EGBGB Rn. 14; *Staudinger-Magnus*, Art. 29 EGBGB Rn. 38; *Thorn*, IPRax 1999, 1, 4. Diese Verbraucherdefinition ist auf solche Akzeptanz gestoßen, dass sie auch bei der Novellierung von Art. 13 EuGVÜ durch Art. 15 EuGVO beibehalten wurde. Nach dem Wortlaut des Art. 15 EuGVO werden allerdings nur Verbraucher geschützt, deren Wohnsitz sich in einem Mitgliedstaat der EG befindet. Siehe 4. Teil:E, Seite 196.

[152] *Zweigert*, Schlussbemerkungen zum Kolloquium über den Schutz des Schwächeren im Recht, RabelsZ 40 (1976), 789, 790; *Hommelhoff*, Verbraucherschutz im System des deutschen und europäischen Privatrechts, 5 und 6 ff.

[153] Siehe Art. 2 Nr. 2 Fernabsatzrichtlinie. *MünchKomm-Micklitz*, § 13 Rn. 11; *Härting*, FernAbsG, Einl. Rn. 50; *Nemeth*, Kollisionsrechtlicher Verbraucherschutz in Europa, 32. Nur natürliche Personen als Verbraucher beispielsweise im *deutschen, englischen, finnischen* Recht. Auch juristische Personen als Verbraucher beispielsweise im *belgischen, spanischen, norwegischen* Recht.

[154] *ECLG*, Reports and Opinions, 5; *MünchKomm-Martiny*, Art. 29 EGBGB Rn. 7; *Reinhart*, FS Trinkner, 657, 662 ff; *Nemeth*, Kollisionsrechtlicher Verbraucherschutz in Europa, 32-33; *MünchKomm-Wendehorst*, § 312b Rn. 12 Fn. 15; *Staudinger-Magnus*, Art. 29 EGBGB Rn. 44; EuGH, NJW 2002, 205; *Lüderitz*, IPR, Rn. 274. A.A.: *Faber*, ZEuP 1998, 854, 864; *Roth*, JZ 2000, 1013, 1014.

[155] Beispiele: Gesellschaften bürgerlichen Rechts, Erbengemeinschaften, Gesamthandsgemeinschaften.

vertretenen Ansicht nicht auf Einzelpersonen beschränkt werden[156]. Der Verbraucherbegriff des Art. 29 Abs. 1 EGBGB ist jedoch nach der Rechtsprechung des EuGH auf Einzelpersonen beschränkt[157].

(2) Die Vertragsschlussmotivation einer Vertragspartei

Weder das europäische Fernabsatzrecht noch das deutsche Kollisionsrecht enthalten Vorgaben dazu, wie die Vertragsschlussmotivation einer Person zu bestimmen ist. In der Literatur zum Kollisionsrecht und zum materiellen Recht wurden jedoch diesbezüglich einige im Kollisionsrecht und im materiellen Recht parallele Grundsätze entwickelt.

-Zu welchem Zweck eine Person einen Vertrag abschließt, ist demnach aus einer ex-ante Sicht bei Vertragsschluss nach dem objektivierten Horizont des Vertragspartners zu bestimmen[158]. Dadurch, dass Fernabsatzverträge unter ausschließlicher Verwendung von Fernkommunikationsmitteln geschlossen werden müssen und sich die Vertragsparteien daher bis zur Leistungserbringung in der Regel nicht persönlich sehen, wird die objektive Erkennbarkeit der Motivation des jeweils anderen Vertragspartners zum Vertragsschluss erschwert und werden Missverständnisse begünstigt. Zur Vorbeugung von Missverständnissen empfiehlt es sich daher, beim Abschluss des Vertrages auch den Zweck des Vertragsschlusses zu vereinbaren, z.B. durch Erweiterung des Bestellformulars des Unternehmers um die Frage nach dem Verwendungszweck.

Da der Verbraucher auch dann kollisionsrechtlich und fernabsatzrechtlich geschützt wird, wenn er den Vertrag entgegen dem beruflichen Anschein tatsächlich zu nicht-beruflichen Zwecken geschlossen hat, liegt es im Interesse des Unternehmers der Klarheit über das anwendbare Recht, den Verbraucher zu einer Erklärung über dessen Vertragsschlussmotivation aufzufordern.

---

[156] *Palandt-Heinrichs*, § 13 Rn. 2; *MünchKomm-Micklitz*, § 13 Rn. 16; *Bülow/Artz*, Verbraucherprivatrecht, 24; *Staudinger-Magnus*, Art. 29 EGBGB Rn. 32, 44; *Micklitz/Tonner-Micklitz*, Vertriebsrecht, 52 Rn. 13 ff.. *ECLG*, Reports and Opinions, 5; *Reinhart*, FS Trinkner, 657, 662 ff; *Nemeth*, Kollisionsrechtlicher Verbraucherschutz in Europa, 32-33; EuGH, NJW 2002, 205; *Lüderitz*, IPR, Rn. 274. A.A.: *Faber*, ZEuP 1998, 854, 864; *Roth*, JZ 2000, 1013, 1014. Juristische Personen als Verbraucher bei *Köhler/Arndt*, Recht des Internet, 267.

[157] Art. 29 EGBGB erfasse nur Verträge, die „eine Einzelperson zur Deckung ihres Eigenbedarfs bei privatem Verbrauch schließt", EuGH Slg 1997 I, 3767; BGHZ 123, 380, 387; *Giuliano/ Lagarde*, BT-Drs. 10/503, 55; *Ende/Klein*, Grundzüge des Vertriebsrechts im Internet, 121.

[158] So die allgemeine Ansicht. Siehe hierzu beispielhaft *Wendehorst*, DStR 2000, 1311, 1311; *Staudinger-Magnus*, Art. 29 EGBGB Rn. 43; *Reithmann/ Martiny-Martiny*, Internationales Vertragsrecht, Rn. 803; *Palandt-Heinrichs*, § 13 BGB Rn. 3; *MünchKomm-Micklitz*, § 13 BGB Rn. 29; Bericht *Giuliano/Lagarde*, BT-Drs. 10/503, 55; Denkschrift der Bundesregierung zum EVÜ, BT-Drs. 10/503, 26; Bundesregierungsentwurf zur Neuregelung des IPR, BT-Drs. 10/504, 79.

Wenn der Unternehmer die tatsächliche private Vertragsschlussmotivation seines Vertragspartners nicht kannte oder kennen musste, wird sein guter Glaube an dessen berufliche oder gewerbliche Motivation hinsichtlich des Vertragsschlusses geschützt[159]. Gibt ein Verbraucher berufliche Zwecke für den Vertragsschluss an, oder ergeben sich solche unzweifelhaft aus den Umständen, so sind das kollisionsrechtliche Verbraucherschutzrecht und das europäische Fernabsatzrecht nicht anwendbar. Gibt umgekehrt ein Unternehmer fälschlich private Vertragsschlusszwecke an, oder ergeben sich solche zunächst aus den Umständen, so hat er keinen Anspruch auf die Anwendung von Verbraucherschutzrecht[160].
Wenn objektiv nicht eindeutig erkennbar ist, ob eine Vertragspartei einen Vertrag zu beruflichen oder privaten Zweck geschlossen hat, sollte im Zweifel Unternehmereigenschaft angenommen werden. Die Anwendbarkeit des Sonderprivatrechts für Verbraucher sollte nicht in Zweifelsfällen vorsorglich mit einkalkuliert werden müssen, sondern nur, wenn die Verbrauchereigenschaft eines Unternehmers für diesen eindeutig ist.

bb) Problemfälle der Abgrenzung zwischen Verbraucher- und Unternehmereigenschaft

(1) Die Verbrauchereigenschaft beim Vertragsschluss zu „*abhängig-beruflichen*“ Zwecken

Ob auch zu abhängig-beruflichen Zwecken handelnde Personen als Verbraucher nach dem Sachrecht eines Staates einen Fernabsatzvertrag schließen können und als Verbraucher i.S.d. Art. 29 Abs. 1 EGBGB gelten, wird in den europäischen Rechtsordnungen nicht einheitlich beurteilt. Gegen die Verbrauchereigenschaft eines zu beruflichen Zwecken handelnden Angestellten spricht zum einen, dass der Wortlaut der Fernabsatzrichtlinie und von Art. 29 Abs. 1 EGBGB nicht zwischen abhängiger und selbständiger Beruflichkeit differenziert[161]. Hinzu kommt, dass die Verbrauchereigenschaft in europäischen Rechtsakten im Allgemeinen durch jegliche berufliche Motivation ausgeschlossen wird[162]. Diese europarechtli-

[159] *Giuliano/ Lagarde*, BT-Drs. 10/503, 23; *MünchKomm-Martiny*, Art. 29 EGBGB Rn. 11; *Reithmann/ Martiny-Martiny*, Internationales Vertragsrecht, Rn. 803; *Soergel- v.Hoffmann*, Art. 29 EGBGB Rn. 14; *Terlau*, in: Rechts-Handbuch zum E-Commerce, 406 Rn. 233.
[160] *Czernich/ Heiss- Heiss*, Art. 5 EVÜ Rn. 8; *Nemeth*, Kollisionsrechtlicher Verbraucherschutz in Europa, 32.
[161] *Nemeth*, Kollisionsrechtlicher Verbraucherschutz in Europa, 31; *Medicus*, FS Kitagawa, 471, 483; *Bülow/Artz*, Verbraucherprivatrecht, 146.
[162] *MünchKomm-Wendehorst*, Vor § 1 FernAbsG Rn. 26; *Palandt-Heinrichs*, § 13 Rn. 3.

chen Vorgaben wurden auch bei der Umsetzung der Fernabsatzrichtlinie in einige europäische Rechtsordnungen übernommen[163]. Eine strenge Orientierung am Wortlaut gewährleistet zudem eine einheitliche Anwendung des EVÜ und des Fernabsatzrechts in allen europäischen Mitgliedstaaten.

Aufgrund des Mindestschutzprinzips der Verbraucherschutzrichtlinien konnten die Mitgliedstaaten den Verbraucherschutz durch Erweiterung des Verbraucherbegriffes erhöhen. Neben anderen hat auch die *deutsche* Rechtsordnung den Verbraucherbegriff im Verhältnis zu dem der Fernabsatzrichtlinie in der Weise erweitert, dass auch zu abhängig-beruflichen Zwecken handelnde Personen Verbrauchereigenschaft haben können[164]. Ob ein Verbraucher, der einen Fernabsatzvertrag zu abhängig-beruflichen Zwecken abgeschlossen hat, von Art. 29 EGBGB kollisionsrechtlich geschützt wird, ist fraglich. Da seit dem Aufkommen des Verbraucherschutzbewusstseins in Europa in den europäischen Staaten divergierende Verbraucherdefinitionen gelten, wurde der Verbraucherbegriff, um Widersprüche zu vermeiden, im EVÜ nicht näher definiert[165]. Der Begriff der Beruflichkeit umfasst jedoch nach einem Großteil der kollisionsrechtlichen Literatur nicht die abhängig-berufliche Tätigkeit, sodass zu beruflichen Zwecken handelnde Angestellte Verbrauchereigenschaft haben können[166]. Da ein Verbraucher und ein abhängig-beruflich Tätiger bei einem Vertrag mit einem Unternehmer ähnlich schutzbedürftig sind und eine vergleichbare Interessenslage besteht, sprechen auch der Sinn und Zweck des Verbraucherschutzrechts für die Verbraucher-

---

[163] Zur Umsetzung des Verbraucherbegriffes der Fernabsatzrichtlinie beispielhaft: *Belgien:* Art. 1 Abs. 7 Loi du 14 juillet 1991 sur les practiques du commerce. *Irland:* Regulation 2 par.1 Statutory Instrument 207 of 2001. *Italien:* Articolo 1, 1 (b) Decreto Legislativo 185 del 22.5.1999. *Portugal:* Capitulo 1 Artigo 1 par. 3a) Decreto-Lei 143/ 2001. *Schweden:* Section 2 Act on the protectino of consumers. Nach *schwedischem* Recht muss ein Verbraucher zu "hauptsächlich außerberuflichen Zwecken" handeln. *Großbritannien:* Regulation 3 Statutory Instrument 2000 No. 2334. *Liechtenstein:* Art. 1 Gesetz zum Schutz der Konsumenten, vom 23.10.2002, Liechtensteinisches Gesetzblatt Nr. 164 v. 17.12.2002.

[164] *Deutschland:* § 13 BGB; *Wendehorst*, DStR 2000, 1311, 1311; *Bülow/Artz*, Verbraucherprivatrecht, 20. *Österreich:* § 1 Abs. 1 Konsumentenschutzgesetz; *Schweden:* Section 2 Act on the protection of consumers in respect of distance contracts and home sales; *Spanien:* Articulo 1 par. 2, 3 Ley Defensa de los Consumidores y Usuarios; *Liechtenstein:* Art. 1 Gesetz zum Schutz der Konsumenten, vom 23.10.2002. *Ende/Klein*, Grundzüge des Vertriebsrechts im Internet, 122.

[165] *Giuliano/Lagarde*, BT-Drs. 10/503, 55-56.

[166] *Staudinger-Magnus*, Art. 29 EGBGB Rn. 34; *MünchKomm-Martiny*, Art. 29 EGBGB Rn. 7; *Micklitz/Tonner-Micklitz*, Vertriebsrecht, 58 Rn. 26; *Lorenz*, RIW 1987, 569, 576; *Erman-Hohloch*, Art. 29 EGBGB Rn. 22; *Lüderitz*, FS Riesenfeld, 147, 154; *Van Meenen*, Lauterkeitsrecht und Verbraucherschutz, 71, 72; OLG Düsseldorf, RIW 1995, 769; *Meents*, Verbraucherschutz bei Rechtsgeschäften im Internet, 177; *Faber* ZEuP 1998, 854, 871 ff.; *Vischer/ Huber/ Oser*, Internationales Vertragsrecht, Rn. 719 Fn. 4; *Wendehorst*, Vor § 312b Rn. 27 Fn. 37. Diese Ansicht bezieht sich auf *Giuliano/ Lagarde*, BT-Drs. 10/503, 55.

eigenschaft eines abhängig-beruflich Tätigen[167]. Wenn eine zu abhängig-beruflichen Zwecken handelnde Person nach dem Vertragsstatut oder ihrem Heimatrecht als Verbraucher einen Fernabsatzvertrag schließen kann, wird sie auch von Art. 29 EGBGB geschützt.

(2) Die Verbrauchereigenschaft beim Vertragsschluss zu gemischten Zwecken (dual use)

Eine Person, die einen Vertrag nach außen für den Vertragspartner objektiv erkennbar sowohl zu beruflichen als auch zu privaten Zwecken schließt, hat eigentlich Verbraucher- und Unternehmercharakter nach Art. 29 Abs. 1 EGBGB und nach Art. 2 Nr. 2 und 3 Fernabsatzrichtlinie. Die auch-berufliche Motivation einer Person aufgrund ihrer berufsspezifischen Kenntnisse und einer professionellen Einstellung spricht gegen ihre Schutzwürdigkeit[168]. Diese Sichtweise manifestiert sich in der ausschließlich nicht beruflichen Motivation als Bedingung für die Verbrauchereigenschaft im *belgischen* Recht[169]. Der Wortlaut der Fernabsatzrichtlinie und das Ziel effektiven Verbraucherschutzes hingegen sprechen wiederum für die Berücksichtigung des Verbrauchercharakters, da der Vertrag (auch) Zwecken dient, die nicht der beruflichen Tätigkeit zuzuordnen sind[170]. Nach dem von der herrschenden Meinung beschrittenen und überzeugenden Mittelweg entscheidet über die Verbrauchereigenschaft bei Art. 29 EGBGB wie im Sachrecht, ob die beruflichen oder die privaten Zwecke überwiegen[171]. Dieser wurde im *finnischen* und im *schwedischen* Fernabsatzrecht gesetzlich verankert[172].

---

[167] Dieses restriktive Verständnis der Beruflichkeit wird zudem durch die EuGH-Rechtsprechung gestützt. Siehe *ECLG*, Reports and Opinions, 4.

[168] *Pfeiffer*, NJW 1999, 169, 173.

[169] Kapitel 1 Art. 1 Abs. 7 Loi du 14 juillet 1991 sur les practiques du commerce.

[170] *Bodewig*, DZWiR 1997, 447, 449; *v.Westphalen*, BB 1996, 2101, 2101.

[171] Für das IPR: *Giuliano/ Lagarde*, BT-Drs. 10/503, 55; Begründung des Gesetzentwurfes zur Neuregelung des IPR, BT-Drs. 19/504, 79; Denkschrift der Bundesregierung zum EVÜ, BT-Drs. 10/ 503, 26; *Kropholler*, IPR, § 52 V; *Erman-Hohloch*, Art. 29 EGBGB Rn. 22; *Lorenz*, RIW 1987, 569, 576; *Reithmann/ Martiny-Martiny*, Internationales Vertragsrecht, Rn. 803; *Soergel/ v.Hoffmann*, Art. 29 EGBGB Rn. 14. Für das Fernabsatzrecht:; *Palandt-Heinrichs*, § 312 b Rn. 9; *Wendehorst*, DStR 2000, 1311, 1311; *v.Westphalen*, BB 1996, 2101, 2101; *Pfeiffer*, NJW 1999, 169, 173; *Lüderitz*, FS Riesenfeld, 147, 156; *Rudisch*, FS Reichert-Facilides, 191, 216; *Pfeiffer*, in: Europäische Rechtsangleichung und nationale Privatrechte, 21, 38; *Meents*, Verbraucherschutz bei Rechtsgeschäften im Internet, 180; *Bülow/Artz*, Verbraucherprivatrecht, 22; *Schaltinat*, Internationale Verbraucherstreitigkeiten, 51; *Micklitz/Tonner-Micklitz*, Vertriebsrecht, 54 Rn. 18.

[172] Dem *schwedischen* Act on the protection of consumers in respect of distance contracts, Section 2 Par. 1 zufolge und dem *finnischen* Consumer Protection Act, Chapter 1 Section 4 zufolge müs-

(3) Verbrauchereigenschaft beim Vertragsschluss zur Vorbereitung eines zukünftigen beruflichen Betriebes

Auch wenn ein Existenzgründer einen Fernabsatzvertrag in der Absicht schließt, die erhaltene Ware oder Dienstleistung für seine zukünftige Berufsausübung zu nutzen, entstehen Unklarheiten bei der Beurteilung der Verbrauchereigenschaft nach Kollisionsrecht ebenso wie im Sachrecht, die im Wege der Auslegung des Verbraucherbegriffes geklärt werden müssen. Einerseits ist die Vorbereitung einer beruflichen Tätigkeit noch nicht die Tätigkeit selbst und könnte daher als privat eingeordnet werden, wie es das *österreichische* und das *liechtensteinische* Recht ausdrücklich tun[173]. Der Wortlaut von Art. 2 Nr. 2 Fernabsatzrichtlinie und von Art. 29 Abs. 1 EGBGB sprechen allerdings gegen die Verbrauchereigenschaft eines Existenzgründers, da auch die Vorbereitung der Berufsausübung letztlich beruflichen Zwecken dient[174]. Diese Wertung spiegelt sich auch im *belgischen, finnischen* und *spanischen* Recht wider[175]. Die Beurteilung, ob eine Tätigkeit der Vorbereitung beruflicher Tätigkeit dient oder nicht, kann sich jedoch als schwierig herausstellen. Wie eng die Finalität des Vertragsschlusses zur Berufsausübung sein muss, ist letztlich eine Wertungsfrage des Einzelfalles, sie muss jedenfalls bei Vertragsschluss vorgelegen haben.

---

sen "überwiegend private Zwecke" verfolgt werden. Anders wohl das *englische* Recht, siehe *Pfeiffer*, in: Europäische Rechtsangleichung und nationale Privatrechte, 21, 38.

[173] *MünchKomm-Micklitz*, § 13 BGB Rn. 41. *Österreich* § 1 Abs. 1 Konsumentenschutzgesetz; *Liechtenstein* Art. 1 Abs. 1 Gesetz zum Schutz der Konsumenten; *Pfeiffer*, in: Europäische Rechtsangleichung und nationale Privatrechte, 21, 34; *Meents*, Verbraucherschutz bei Rechtsgeschäften im Internet, 178.

[174] *Nemeth*, Kollisionsrechtlicher Verbraucherschutz in Europa, 32; *Spindler*, MMR 2000, 18, 18; EuGH, Urt. v. 3.7.1997 Rs. C-369/95 Benincasa/Dentalkit Slg. 1997 I 3788, 3795= RIW 1997, 775. Der EuGH stellt darauf ab, ob die Tätigkeit schon in den Rahmen und Zusammenhang der unternehmerischen Tätigkeit fällt. Auch in EuGH, 14.3.1991, Rs.C-361/89 (di Pinto), Slg. 1991, I-1189 für den *Verkauf* eines Unternehmens. Für das deutsche Fernabsatzrecht: *Lütcke*, § 312 b BGB Rn. 19; *Härting*, § 1 FernAbsG Rn. 13; *Micklitz*, ZEuP 1999, 875, 878; *Bülow/Artz*, Verbraucherprivatrecht, 22 und 146. A.A.: *Micklitz/Tonner-Micklitz*, Vertriebsrecht, 54 Rn. 19.

[175] Kapitel 1 Art. 1 Abs. 7 des *belgischen* Loi du 14 juillet 1991 sur les practiques du commerce; Chapter 1 Section 4 *finnischer* Consumer Protection Act; Capitulo 1 Articulo 1 par. 2, 3 *spanische* Ley Defensa de los Consumidores y Usuarios. Nach diesen Rechtsordnungen darf auch die Verwendung des Leistungsgegenstandes nicht beruflichen Zwecken dienen.

cc) Ergebnis zur personellen Anwendbarkeit von Art. 29 EGBGB auf grenzübergreifende Fernabsatzverträge

Im Ergebnis ist Art. 29 EGBGB in personeller Hinsicht nahezu uneingeschränkt auf grenzübergreifende Fernabsatzverträge anwendbar. Ob die Verweisung durch Art. 29 EGBGB auch zur Anwendbarkeit der fernabsatzrechtlichen Bestimmungen des Verbrauchervertragsstatuts führt hängt vom Verbraucherbegriff des anwendbaren Sachrechts ab, der innerhalb der EG und des EWR divergiert. Der Verbraucherbegriff des deutschen Sachrechts deckt sich weitgehend mit dem des Art. 29 EGBGB. Der kollisionsrechtliche Verbraucherschutz des Art. 29 EGBGB ist jedoch nach derzeit herrschender Auslegung des EuGH lückenhaft, sofern nach dem Vertragsstatut oder dem Recht des Staates des gewöhnlichen Aufenthaltes der „Verbraucherpartei" Personengesellschaften als Verbraucher an einem grenzübergreifenden Fernabsatzvertrag beteiligt sein können.

b) Die sachliche Anwendbarkeit von Art. 29 EGBGB auf grenzübergreifende Fernabsatzverträge

Leistungsgegenstand eines Fernabsatzvertrages ist eine Ware oder eine Dienstleistung[176]. Verbraucherverträge i.S.d. Art. 29 Abs. 1 EGBGB haben die *„Lieferung beweglicher Sachen"*, die *„Erbringung von Dienstleistungen"* oder die *„Finanzierung eines solchen Verbrauchervertrages"* zum Inhalt[177]. Im Folgenden soll untersucht werden, ob grenzübergreifende Fernabsatzverträge mit nach dem Verbrauchervertragsstatut zulässigem Vertragsgegenstand für einen Fernabsatzvertrag auch stets sachlich im sachlichen Anwendungsbereich von Art. 29 EGBGB liegen.

---

[176] Im *österreichischen* Recht wird die Anwendung der fernabsatzrechtlichen Normen hingegen nicht auf bestimmte Leistungsgegenstände beschränkt (§ 5a Abs. 1 Konsumentenschutzgesetz). Gleiches gilt für das *spanische* Recht (Titulo III Capítulo II Art. 38.1. Ley 7/ 1996). Im *finnischen* Recht wird in der Definition des Fernabsatzvertrages nur vom Angebot von „Konsumentenware" und nicht von Dienstleistungen gesprochen (Chapter 6 Section 4 Abs. 1 Consumer Protection Act). Aus Chapter 6 Section 7 Consumer Protection Act ergibt sich jedoch eine Differenzierung zwischen Waren und Dienstleistungen. Das *niederländische* Recht enthält separate Definitionen für Fernabsatzverträge über Waren und über Dienstleistungen (Art. 7.1.9A.1 b and c Burgerlijk Wetboek).

[177] Die prozessrechtliche Parallelnorm zu Art. 29 EGBGB, Art. 15 EuGVO verzichtet auf eine Differenzierung von Vertragsgegenständen und ist allgemein auf *Ansprüche aus einem Vertrag* anwendbar, während der von der europäischen Gruppe für Internationales Privatrecht unterbreitete Änderungsvorschlag für Art. 5 EVÜ die erfassten Leistungsgegenstände ausdrücklich aufführt. Siehe 4. Teil:E, Seite 196. *Junker*, RIW 2002, 569, 573.

aa) Grenzübergreifende Fernabsatzverträge über die Lieferung beweglicher Sachen

Bewegliche Sachen und Waren sind inhaltlich korrespondierende Leistungsgegenstände. Dem Wortlaut nach ist das Spektrum möglicher Leistungsgegenstände grenzübergreifender Fernabsatzverträge jedoch deshalb größer als das des Art. 29 Abs. 1 EGBGB, weil dieser die Beweglichkeit der vertragsgegenständlichen Sache voraussetzt[178]. Der europarechtliche Warenbegriff ist sehr weit und erfasst *„jedes Erzeugnis, das Geldwert besitzt und Gegenstand des Handelsverkehrs sein kann“*[179]. Dieses Verständnis hätte zur Folge, dass Art. 29 Abs. 1 EGBGB auf all jene Fernabsatzverträge unanwendbar wäre, die unbewegliche Waren zum Gegenstand haben.
In der deutschen Literatur wird auch der sachrechtliche Warenbegriff jedoch mitunter durch restriktive Auslegung auf *„körperliche Sachen des Handelsverkehrs“* beschränkt[180]. Diese Sichtweise schränkt wiederum den Anwendungsbereich des materiellen Verbraucherschutzrechts ein, führt jedoch zur Übereinstimmung des materiellrechtlichen und des kollisionsrechtlichen Warenbegriffes. Abgesehen von elektrischem Strom, Gas, Wasser, Fernwärme sowie landwirtschaftlichen Erzeugnissen, führt das Beweglichkeits- und Körperlichkeitserfordernis zum Ausschluss einer Reihe von Gegenständen vom fernabsatzrechtlichen Waren- und dem kollisionsrechtlichen Sachbegriff[181]. Weder Waren noch bewegliche Sachen sind daher Grundstücke, Grundstücksrechte und Nutzungsrechte an Grundstücken[182]. Aus demselben Grunde wird der Verbraucher auch bei Verträgen über

178 *Kronke*, RIW 1996, 985, 987 ff.

179 Siehe hierzu *MünchKomm-Wendehorst*, § 312b Rn. 22, 23; *Pützhoven*, Europäischer Verbraucherschutz im Fernabsatz, 44; *Härting*, § 1 FernAbsG Rn. 52-55; *Lütcke*, § 312b Rn. 51; *Palandt-Heinrichs*, § 312 b Rn. 10; *Ring*, Fernabsatzgesetz, Rn. 16; *Schmitt*, CR 2001, 842-843; EuGH, Rs. 7/68, Slg. 1968, 633, 642. Art. 15 Abs. 1c) der EuGVO, der Art. 13 EuGVÜ ersetzte, und der von der Europäischen Gruppe für Internationales Privatrecht vorgelegte Revisionsentwurf für Art. 5 EVÜ verzichten auf das Erfordernis der Beweglichkeit der vertragsgegenständlichen Sache. Der Reformvorschlag findet sich bei *Staudinger-Magnus*, Vorbem. zu Art. 27-37 EGBGB Rn. 32; IPRax 2001, 64 ff.

180 *Palandt-Heinrichs*, § 312 b Rn. 10; *Lütcke*, § 312 b Rn. 47; *Lorenz*, JUS 2000, 833, 839; *Papathoma-Baetge/Nehrenberg/Finke*, in: Rechtshandbuch E-Business, 71 Rn. 84.

181 *Staudinger-Magnus*, Art. 29 EGBGB Rn. 51; *Micklitz/Tonner-Micklitz*, 59 Rn. 29; *Härting*, FernAbsG § 1 Rn. 52; *Palandt-Heinrichs*, § 312 b Rn. 10; *Thorn*, IPRax 1999, 1, 5; RG 16.12.1907, RGZ 67, 229, 232; *MünchKomm-Wendehorst*, § 312b Rn. 32.

182 Siehe hierzu für das IPR: *MünchKomm-Martiny*, Art. 29 EGBGB Rn. 15; *Staudinger-Magnus*, Art. 29 EGBGB Rn. 50. Siehe für das Fernabsatzrecht: *Lorenz*, JUS 2000, 833, 839; *Palandt-Heinrichs*, § 312 b Rn. 10; *Härting*, FernAbsG § 1 Rn. 52; *Micklitz/Tonner-Micklitz*, Vertriebsrecht, 82 Rn. 78; *Lütcke*, § 312 b Rn. 48. Auch die Einräumung eines Teilzeitnutzungsrechtes an Wohnraum kann nicht Vertragsinhalt eines Fernabsatzvertrages oder eines Verbrauchervertrages i.S.d. Art. 29 EGBGB sein. Im *deutschen* Recht s. § 312 b Abs. 3 Nr. 2 BGB.

den Kauf von Rechten grundsätzlich nicht durch das europäische Kollisionsrecht oder das europäische Fernabsatzrecht geschützt[183].
Auch wenn man mit letzterer Ansicht das Beweglichkeits- und Körperlichkeitskriterium einer Ware aufrecht erhält, kann als Ware auch die Lieferung (auch online) von Software Gegenstand eines grenzübergreifenden Fernabsatzvertrages und eines Verbrauchervertrages i.S.d. Art. 29 Abs. 1 EGBGB sein[184]. Die Waren- und Sacheigenschaft von Software lässt sich unter dem Gesichtspunkt bejahen, dass diese zum Zwecke der Nutzung und Handelbarkeit immer als individualisierbare, abgegrenzte Einheit auf einem körperlichen Medium gespeichert sein muss[185]. Da beim Erwerb von im Einzelfall individuell hergestellter Software nicht der Eigentumserwerb, sondern die Herstellung im Vordergrund steht, ist Leistungsgegenstand eines solchen Vertrages die Erbringung einer Dienstleistung[186].
Nach dem Verständnis der genannten Literaturansicht zum Sach- bzw. Warenbegriff ist Art. 29 EGBGB also in der Regel auf grenzübergreifende Fernabsatzverträge anwendbar, die eine Lieferung von Waren zum Gegenstand haben[187].

---

[183] Für das IPR: *MünchKomm-Martiny*, Art. 29 EGBGB Rn. 15; *Soergel-v.Hoffmann*, Art. 29 EGBGB Rn. 5; *v.Bar*, IPR II Rn. 431; *Staudinger-Magnus*, Art. 29 EGBGB Rn. 50; LG Darmstadt IPRax 1995, 294; Für das Fernabsatzrecht: *Lorenz*, JUS 2000, 833, 839; *Lütcke*, § 312 b Rn. 48.
[184] Diese Frage der Einordnung der Lieferung von Software als Ware oder als Erbringung einer Dienstleistung ist im Kollisionsrecht, wie dem materiellen Recht äußerst umstritten. Siehe hierzu nur beispielhaft *Meents*, CR 2000, 610, 612; *Schmitt*, CR 2001, 838, 843; *Thorn*, IPRax 1999, 1, 3. Entgegen einer teilweise vertretenen Ansicht ist die Lieferung von Software auf einem körperlichen Datenträger für deren Wareneigenschaft unmaßgeblich, und diese ist losgelöst davon in Bezug auf die Software selbst zu beurteilen. Siehe *Czernich/ Heiss-Heiss*, Art. 5 EVÜ Rn. 16; *Koch*, Internetrecht, 53; *Micklitz/Tonner-Micklitz*, Vertriebsrecht, 59 Rn. 28.
[185] Siehe hierzu nur beispielhaft *Mankowski*, CR 1999, 512, 515; *Härting*, § 1 FernAbsG Rn. 54; *Scherer/Butt*, DB 2000, 1009, 1011; *Dilger*, Verbraucherschutz bei Vertragabschlüssen im Internet, 200; *Mankowski*, RabelsZ 63 (1999), 203, 232.
[186] Siehe hierzu nur beispielhaft *Bamberger/Roth-Schmidt-Räntsch*, § 312b Rn. 8; BGHZ 102, 135, 144; BGHZ 109, 97, 100; BGH WM 2000, 485, 486; *Staudinger-Magnus*, Art. 29 EGBGB Rn. 50; *Busse*, CR 1996, 389, 389; *Härting*, § 1 FernAbsG Rn. 53; *Lütcke*, § 312 b Rn. 49; *Schmitt*, CR 2001, 838, 843. Nach der Umsetzung der Fernabsatzrichtlinie in das *schwedische* Recht können der Verbraucher und der Unternehmer schriftlich vereinbaren, dass die Widerrufsfrist auch dann bei Eingang der schriftlichen Bestätigung der Informationen beim Verbraucher zu laufen anfangen soll, wenn er die Ware noch nicht erhalten hat; §§ 11,2,16 Act 105 of 21.12.2000. Siehe zum Ausschluss des Widerrufsrechts hierzu die Entscheidung OLG Frankfurt, Urt. v. 28. 11. 2001, CR 2002, 638 ff.
[187] Dies gilt auch für Werklieferungsverträge. Siehe beispielhaft *MünchKomm-Wendehorst*, § 312b Rn. 27; *MünchKomm-Martiny*, Art. 29 EGBGB Rn. 15.

bb) Grenzübergreifende Fernabsatzverträge über die Erbringung von Dienstleistungen

(1) Die Anwendbarkeit von Art. 29 EGBGB auf grenzübergreifende Fernabsatzverträge über die Erbringung von Dienstleistungen

Aufgrund des richtlinienrechtlichen Ursprungs empfiehlt sich für das Fernabsatzrecht eine europarechtsnahe Auslegung des Dienstleistungsbegriffes. Diese sollte sich an den Vorgaben von Art. 50 EG orientieren, der Dienstleistungen als solche Leistungen definiert, *„die in der Regel gegen Entgelt erbracht werden, soweit sie nicht den Vorschriften über den freien Waren- und Kapitalverkehr und über die Freizügigkeit der Personen unterliegen“*[188]. Art. 29 EGBGB liegt ein davon unabhängiger eigenständiger Dienstleistungsbegriff zugrunde, der zwar einerseits weit verstanden wird, andererseits aber eine „tätigkeitsbezogene“ Leistung“ voraussetzt[189]. Die Auslegung muss in Übereinstimmung mit dem Dienstleistungsverständnis in Art. 15 EuGVO erfolgen. Art. 29 EGBGB ist sachlich in der Regel auf grenzübergreifende Fernabsatzverträge anwendbar, die die Erbringung einer Dienstleistung zum Gegenstand haben. Beispielsweise wird der Verbraucher nach Art. 29 EGBGB kollisionsrechtlich geschützt, wenn folgende Verträge im grenzübergreifenden Fernabsatz geschlossen werden: Dienstverträge[190], Werkverträge[191], Geschäftsbesorgungsverträge[192], Makler- und Partnerschaftsvermittlungsverträge[193], Verwahrungs- und Treuhandverträge[194].

---

[188] Siehe hierzu nur beispielhaft: *Staudinger-Magnus*, Art. 29 EGBGB Rn. 52; *Kroeger*, Der Schutz der „marktschwächeren“ Partei im Internationalen Privatrecht, 48 ff.; *Junker*, IPRax 1998, 65-74; *Mankowski*, RIW 1995, 364, 367; *MünchKomm-Wendehorst*, § 312b Rn. 25, 28; *Palandt-Heinrichs*, § 312 b Rn. 10; enger: *Ring* § 1 FernAbsG Rn. 16; *Pützhoven*, Europäischer Verbraucherschutz im Fernabsatz, 44. Nach dem BGH ist der Begriff weit auszulegen und umfasst die „Erbringung von tätigkeitsbezogenen Leistungen an den Verbraucher aufgrund von Dienst- (nicht Arbeits-) Verträgen, Werk-, Werklieferungs- und Geschäftsbesorgungsverträgen soweit sie regelmäßig gegen Entgelt erbracht werden und keine Veräußerung oder Gebrauchsüberlassung zum Gegenstand haben“. BGHZ 123, 380, 385, 387; BGHZ 135, 124, 130.

[189] BGH, Urt. v. 13.12.2005, NJW 762, 762; *Thorn*, IPRax 1999, 1, 5. *Czernich/ Heiss-Heiss*, Art. 5 EVÜ Rn. 17; *MünchKomm-Martiny*, Art. 29 EGBGB Rn. 17.

[190] *Ring*, § 1 FernAbsG Rn. 16; *Vischer/Huber/Oser*, Internationales Vertragsrecht, Rn. 731; *v.Bar*, IPR II, Rn. 432; *Czernich/Heiss-Heiss*, Art. 5 EVÜ Rn. 18; *Erman-Hohloch*, Art. 29 EGBGB Rn. 24. Art. 29 Abs. 1 EGBGB ist grundsätzlich auch bei Verträgen mit freiberuflichen Dienstleistern (Rechtsanwälte, Ärzte, Architekten, Steuerberater) sachlich anwendbar. *Henssler*, JZ 1994, 178, 185; *Raiser*, NJW 1991, 2049, 2057; *Baum /Trafkowski*, CR 2001, 459, 461; *Soergel-v.Hoffmann*, Art. 29 EGBGB Rn. 8; *Micklitz/Tonner-Micklitz*, Vertriebsrecht, 60 Rn. 32.

[191] *Ring*, § 1 FernAbsG Rn. 16; *Vischer/Huber/Oser*, Internationales Vertragsrecht, Rn. 731; *v.Bar* IPR II, Rn. 432; *Czernich/ Heiss-Heiss*, Art. 5 EVÜ Rn. 18; *Erman-Hohloch*, Art. 29 EGBGB Rn. 24; *Baum/Trafkowski*, CR 2001, 459, 460. Zu Art. 13 EuGVÜ *Spindler*, MMR 2000, 18, 19.

Auf Timesharing-Verträge und Arbeitsverträge ist weder das europäische Fernabsatzrecht anwendbar noch Art. 29 Abs. 2, Abs. 1 EGBGB[195]. Bei Gastwirt- und Beherbergungsverträgen[196] sowie Fernunterrichtsverträgen[197] wird der Verbraucher kollisionsrechtlich, in der Regel aber nicht fernabsatzrechtlich geschützt. Im Bereich der Dienstleistungsverträge resultiert eine Schutzlücke im kollisionsrechtlichen Verbraucherschutz des Art. 29 EGBGB aus dessen Unanwendbarkeit auf im grenzübergreifenden Fernabsatz geschlossene Mietverträge, Leihverträge oder Pachtverträge.

(2) Im grenzübergreifenden Fernabsatz geschlossene Beförderungsverträge

Art. 29 EGBGB ist nach Art. 29 Abs. 4 S. 1 EGBGB ausnahmsweise nicht auf Beförderungsverträge anwendbar. Eine Rückausnahme nach Art. 29 Abs. 4 S. 2 EGBGB erklärt Art. 29 EGBGB jedoch auf im Rahmen einer Pauschalreise

---

[192] Begründung zum Entwurf des Fernabsatzgesetzes, BT-Drs. 14/ 2658, 30; *Ring*, § 1 FernAbsG Rn. 16; *v.Bar*, IPR II, Rn. 432; *Palandt-Heldrich*, Art. 29 EGBGB Rn. 2; BGHZ 123, 380, 380; *Czernich/ Heiss-Heiss*, Art. 5 EVÜ Rn. 18; *Baum/Trafkowski*, CR 2001, 459, 460.
[193] *Soergel-v.Hoffmann*, Art. 29 EGBGB Rn. 7; *v.Bar*, IPR II, Rn. 432; *Czernich/ Heiss-Heiss*, Art. 5 EVÜ Rn. 18; *Micklitz-Tonner/Micklitz*, Vertriebsrecht, 60 Rn. 32.
[194] *Palandt-Heldrich*, Art. 28 EGBGB Rn. 17; LG Aachen, RIW 1999, 304.
[195] Für das IPR: *MünchKomm-Martiny*, Art. 29 EGBGB Rn. 19; *Staudinger-Magnus*, Art. 29 EGBGB Rn. 50; *Erman-Hohloch*, Art. 29 EGBGB Rn. 24; *v.Hoffmann*, IPR, 386, Rn. 67; LG Düsseldorf 12.4.1994, RIW 1995, 415; VuR 1994, 262. Im *deutschen* Sachrecht explizit § 312 b Abs. 3 Nr. 2 BGB. Nichtanwendbarkeit des Fernabsatzrechts auf Timesharing-Verträge in *Dänemark*: Part 4 § 10c (1), 3) Consumer Contracts Act. In *Finnland*: Chapter 6 Section 6 par. 4 Consumer Protection Act. In *Großbritannien*: Regulation 6 par. 1 Consumer Protection Regulations 2000. So auch das *isländische* Recht: Act 2000 No. 46 Chapter 1 Article 3 par. 3. Und auch das *liechtensteinische* Fernabsatzgesetz: Art. 2 a).
[196] Für das IPR: *MünchKomm-Martiny*, Art. 29 EGBGB Rn. 18; *Soergel-v.Hoffmann*, Art. 29 EGBGB Rn. 9; *Erman-Hohloch*, Art. 29 EGBGB Rn. 24; Für das deutsche Fernabsatzrecht: *Lütcke*, § 312 b Rn. 130. Das *finnische* Fernabsatzrecht ist jedoch ebenfalls anwendbar, wenn der Unternehmer den Kontakt zum Verbraucher im Wege des „cold-calling" aufnahm. Chapter 6 Section 7 par 2 Consumer Protection Act. Im *isländischen* Fernabsatzrecht sind die Vorschriften zum Widerrufsrecht anwendbar, Article 7 Act 2000 No 46.
[197] *MünchKomm-Martiny*, Art. 29 EGBGB Rn. 18; *Droste*, Der Begriff der „zwingenden Bestimmungen" in Art. 27 ff. EGBGB, 214; *v.Bar*, IPR II, Rn. 432; *Czernich/ Heiss-Heiss*, Art. 5 EVÜ Rn. 18; *Soergel-v.Hoffmann*, Art. 29 EGBGB Rn. 9, 52. Nach Art. 13 Fernabsatzrichtlinie ist das Fernabsatzrecht subsidiär zu gemeinschaftsrechtlichen Bestimmungen, die speziell Fernunterrichtsverträge zum Gegenstand haben. Im *deutschen Recht* ausdrücklich in § 312 b Abs. 3 Nr. 1 BGB umgesetzt.

durchgeführte Beförderungen wieder für anwendbar[198]. Art. 29 Abs. 4 EGBGB gilt für die Beförderung von Personen und von Sachen[199].

Zentrale fernabsatzrechtliche Vorschriften, darunter diejenigen zu den Informationspflichten und dem Widerrufsrecht, sind nach Art. 3 Abs. 2 Nr. 2 Fernabsatzrichtlinie nicht auf „*Verträge über die Erbringung von Dienstleistungen im Bereich der Beförderung anwendbar, wenn sich der Lieferer verpflichtet, diese zu einem bestimmten Zeitpunkt oder innerhalb eines bestimmten Zeitraumes zu erbringen*"[200]. Das Fernabsatzrecht bleibt nach dieser Bestimmung auch dann unanwendbar, wenn die Beförderungsleistung im Rahmen eines Pauschalreisevertrages erbracht wird. Da Art. 3 Abs. 2 Nr. 2 Fernabsatzrichtlinie auf touristische Freizeitdienstleistungen ausgerichtet ist, die direkt an den Verbraucher entrichtet werden und bei denen das Bestehen von Informationspflichten und einem Widerrufsrecht nicht zweckmäßig erscheinen, ist seine Anwendbarkeit auf die Beförderung von Sachen umstritten[201]. Nach dem Ausschlusszweck des Fernabsatzrechts nach Art. 3 Abs. 2, Gs. 2 Fernabsatzrichtlinie sollte das Fernabsatzrecht auch auf Sachtransporte zu Freizeitzwecken unanwendbar sein. Das Fernabsatzrecht der europäischen Rechtsordnungen gilt daher auch für grenzübergreifende Fernabsatzverträge, die Sachtransporte zum Gegenstand haben, die nicht der Freizeitgestaltung dienen, beispielsweise auf Sachtransporte im Rahmen eines Umzuges. Bei diesen wird der Verbraucher aber kollisionsrechtlich nicht von Art. 29 EGBGB geschützt.

---

[198] Zu dem Verhältnis von Art. 29 Abs. 4 EGBGB zum Anwendungsbereich der Fernabsatzrichtlinie *Grabitz/Hilf-Micklitz*, Das Recht der Europäischen Union, Band III, A 3 Rn. 192; *Kronke*, RIW 1996, 985, 989. Diese Art der Regelung findet sich auch in Art. 15 EuGVO wieder. Dazu *Junker*, RIW 2002, 569, 573.

[199] *Staudinger-Magnus*, Art. 29 EGBGB Rn. 58.

[200] *Palandt-Heinrichs*, § 312 b Rn. 16; Begründung zum Entwurf des Fernabsatzgesetzes, BT-Drs. 14/ 2658, 92; *Tonner*, BB 2000, 1413, 1416; *Meents*, Verbraucherschutz bei Rechtsgeschäften im Internet, 217. Zur Umsetzung dieser Ausnahme vom Anwendungsbereich fernabsatzrechtlicher Vorschriften siehe 1. Teil:B.II.2, Seite 34 und 2. Teil:C.3, Seite 114.

[201] *Grabitz/Hilf-Micklitz*, Das Recht der Europäischen Union, Band III, A 3 Rn. 26. Für das *deutsche* Recht, Begründung zum Fernabsatzgesetz, BT-Drs. 14/2658, 32; *MünchKomm-Wendehorst*, § 312b Rn. 87. A.A.: *Härting*, FernAbsG § 1 Rn. 150; *Lütcke*, § 312b Rn. 128, 129; *Micklitz/Tonner-Micklitz*, Vertriebsrecht, 86 Rn. 89.

(3) Grenzübergreifende Fernabsatzverträge über die Erbringung von Dienstleistungen im Ausland

Während im Ausland zu erbringende Dienstleistungen auch Vertragsgegenstand von Fernabsatzverträgen sein können, ist Art. 29 EGBGB ausnahmsweise nicht auf *„Verträge über die Erbringung von Dienstleistungen anwendbar, wenn die dem Verbraucher geschuldeten Dienstleistungen ausschließlich in einem anderen als dem Staat erbracht werden müssen, in dem der Verbraucher seinen gewöhnlichen Aufenthalt hat“* (Art. 29 Abs. 4 S. 1 Nr. 2 EGBGB)[202]. Infolge einer Rückausnahme in Art. 29 Abs. 4 S. 2 EGBGB gilt dieser Ausschluss nicht, wenn die ausschließlich im Ausland zu erbringende Dienstleistung als Teil eines Pauschalreisevertrages über Beförderungs- und Unterbringungsleistungen geschuldet wird. Nach Art. 3 Abs. 2 Gs. 2 Fernabsatzrichtlinie und dessen Umsetzung gelten jedoch Teile des europäischen Fernabsatzrechts nicht für Fernabsatzverträge diesen Inhalts[203].

Art. 29 Abs. 4 EGBGB ist daraufhin konzipiert, dass der Verbraucher die Dienstleistung auch im Ausland persönlich entgegennimmt[204]. In der Absicht, den Verbraucherschutz zu erweitern, wird daher in der Literatur bei grenzübergreifenden Fernabsatzverträgen die Ausschließlichkeit der Erbringung der Dienstleistung im Ausland verneint, wenn ein Verbraucher das Ergebnis einer im Ausland erbrachten Dienstleistung in seinem Heimatstaat erhält[205]. Diese Ansicht überzeugt hingegen nur, wenn die körperliche Lieferung der Ergebnisse der Dienstleistung ins Inland Teil der unternehmerischen Vertragsschuld ist, da so die geschuldete Dienstleistung einen deutlichen Inlandsbezug erhält. Alleine die Abrufbarkeit der Ergebnisse vom Inland aus, z.B. auf einer Internetseite des Unternehmers, vermag einen solchen Inlandsbezug nicht zu begründen.

---

202 Nach dem von der europäischen Gruppe für Internationales Privatrecht unterbreiteten Änderungsvorschlag für Art. 5 EVÜ ist der Verbraucherschutz ausnahmsweise ausgeschlossen, wenn die Leistung im Staat des Lieferunternehmens der vertraglichen Leistung erbracht werden sollte und der Verbraucher nicht vom Lieferer veranlasst wurde, zum Zwecke des Vertragsschlusses in diesen Staat zu reisen. Siehe 4. Teil:E, Seite 196.

203 Zur Umsetzung von Art. 3 in den europäischen Rechtsordnungen siehe 1. Teil:B.II.2, Seite 34.

204 *MünchKomm-Martiny*, Art. 29 EGBGB Rn. 27; *Mankowski*, RabelsZ 63 (1999), 203, 255; BGH zuletzt in Urt. v. 25.1.2005, ZIP 2005, 478, 480.

205 *Lorenz*, FS Kegel, 303, 320; *Raiser*, NJW 1991, 2049, 2057; *Henssler*, JZ 1994, 178, 185; *Papathoma-Baetge/Nehrenberg/Finke*, in: Rechtshandbuch E-Business, 72 Rn. 85; *Mankowski*, RabelsZ 63 (1999), 203, 254-255; *Schu*, Int.J.L & Informat. Technology 5 (1997), 192, 217 ff. Keine ausschließliche Erfüllung im Ausland wird auch angenommen, wenn Auskunfts-, Rechnungslegungs- und Herausgabepflichten an den Verbraucher in dessen Aufenthaltsstaat bestehen. *Lorenz*, IPRax 1994, 429, 430; *Fischer, Gerfried*, JZ 1994, 367, 368; *Soergel-v.Hoffmann*, Art. 29 EGBGB Rn. 25; *Terlau*, in: Rechts-Handbuch zum E-Commerce, 413, 252.

Eine Schutzlücke des kollisionsrechtlichen Verbraucherschutzes durch Art. 29 EGBGB besteht mithin auch bei solchen grenzübergreifenden Fernabsatzverträgen, bei denen der Unternehmer Dienstleistungen ausschließlich im Ausland erbringt, außer der Unternehmer ist verpflichtet, die Ergebnisse seiner Arbeit in körperlicher Form in den Aufenthaltsstaat des Verbrauchers zu liefern.

cc) Verträge zur Finanzierung eines Vertrages über die Lieferung von Waren oder die Erbringung von Dienstleistungen

Kollisionsrechtlicher Verbraucherschutz wird nach Art. 29 Abs. 1 EGBGB auch bei *„Verträgen zur Finanzierung von Verbraucherverträgen"* gewährt. Diese Variante von Art. 29 Abs. 1 EGBGB setzt eine vom zu finanzierenden Vertrag getrennte Abrede voraus und ist somit nicht Gegenstand der vorliegenden Untersuchung.
Wird ein Verbrauchervertrag im Sinne des Art. 29 Abs. 1 EGBGB durch den Unternehmer aufgrund einer im Hauptvertrag integrierten Abrede finanziert, z.B. beim Finanzierungsleasing oder durch Gewährung eines Darlehens zur Finanzierung der Hauptleistung, so ist die Finanzierungsklausel nicht als „Vertrag zur Finanzierung eines Verbrauchervertrages", sondern nach der deutschen lex fori als untergeordneter Teil des „Vertrages über die Lieferung einer beweglichen Sache oder der Erbringung einer Dienstleistung" zu qualifizieren[206]. Denn bei einer engen Verbindung zwischen dem Kauf- und dem Finanzierungselement steht ersteres als Hauptzweck des einheitlichen Vertrages im Vordergrund[207]. Aus demselben Grunde ist auf einen solchen Fernabsatzvertrag, der eine Finanzierungsabrede enthält, auch das allgemeine Fernabsatzrecht anwendbar anstatt der spezielleren Bestimmungen über den Fernabsatz von Finanzdienstleistungen[208]. Letztere sind nur dann zusätzlich anwendbar, wenn der Vertrag eine über die Finanzierung des Hauptvertrages hinausgehende eigenständige Finanzdienstleistung vorsieht. Sofern die Finanzierungsabrede ausschließlich der Finanzierung des Hauptvertrages dient, erstreckt sich die Ungültigkeit des Fernabsatzvertrages infolge der Ausübung des Widerrufsrechts nach Art. 6 Abs. 4 Fernabsatzrichtlinie und dessen Umsetzung in den Mitgliedstaaten auch auf die Finanzierungsabsprache, wenn diese ausdrücklich mit dem Fernabsatzvertrag final verbunden ist.

---

[206] Statt vieler siehe nur *Palandt-Heldrich*, Art. 29 EGBGB Rn. 2; *MünchKomm-Martiny*, Art. 29 EGBGB Rn. 21; *Staudinger-Magnus*, Art. 29 EGBGB Rn. 47; *Giuliano/ Lagarde*, BT-Drs. 10/503, 55.

[207] *Papathoma-Baetge/Nehrenberg/Finke*, in: Rechtshandbuch E-Business, 71 Rn. 84.

[208] *Palandt-Heinrichs*, § 312 b Rn. 13; *MünchKomm-Wendehorst*, § 312b Rn. 75; *Härting*, § 1 FernAbsG Rn. 111; *Riehm*, JURA 2000, 505, 509.

dd) Ergebnis zur Untersuchung der sachlichen Anwendbarkeit von Art. 29 EGBGB auf grenzübergreifende Fernabsatzverträge

Sachlich ist Art. 29 EGBGB weitgehend auf grenzübergreifende Fernabsatzverträge anwendbar. Dies gilt sogar für eine Reihe von Vertragsgegenständen, bei denen das Fernabsatzrecht des Verbrauchervertragsstatuts regelmäßig ausgeschlossen ist. Auf Fernabsatzverträge, die eine Miete, eine Leihe, eine ausschließlich im Ausland zu erbringende Dienstleistung oder einen Sachtransport, der nicht der Freizeitgestaltung dient, zum Gegenstand haben, ist Art. 29 EGBGB nach herkömmlichem Verständnis der Norm hingegen nicht anwendbar.

2. Der Abschluss grenzübergreifender Fernabsatzverträge und die Umstände des Vertragsschlusses nach Art. 29 Abs. 1 Nr. 1 und Nr. 2 EGBGB

Nach der Art. 29 EGBGB zugrunde liegenden Wertung ist der Verbraucher bei einem Vertragsschluss unter den Umständen des Art. 29 Abs. 1 Nr. 1 bis 3 EGBGB besonders schutzbedürftig. Beim Abschluss von Fernabsatzverträgen muss auch die Kontaktaufnahme zwischen den Vertragsparteien entsprechend Art. 29 Abs. 1 Nr. 1 bis 3 EGBGB unter ausschließlicher Verwendung von Fernkommunikationsmitteln stattgefunden haben. Da die Schutzvoraussetzung des Art. 29 Abs. 1 Nr. 3 EGBGB einem Vertragsschluss im Fernabsatz konzeptionell entgegensteht, haben in erster Linie die in den Nummern 1 und 2 geschilderten Situationen für den Vertragsschluss im Fernabsatz Bedeutung[209]. Ein Anwendungsfall des Art. 29 Abs. 1 Nr. 3 EGBGB wird jedoch vereinzelt darin gesehen, dass der Verbraucher für eine Bestellung mittels eines Bestellformulars auf der Homepage eines Anbieters im Internet durch diesen zu einer virtuellen Reise veranlasst werde[210]. Diese Betrachtungsweise ist jedoch abzulehnen, weil der Verbraucher für Art. 29 Abs. 1 Nr. 3 EGBGB seinen Aufenthaltsstaat physisch verlassen muss[211].

Art. 29 EGBGB und das europäische Fernabsatzrecht erklären den Verbraucher bei unterschiedlichen Verhaltensweisen von Unternehmer und Verbraucher für schützenswert. Der Verbraucherschutz nach Art. 29 EGBGB und insbesondere

---

[209] *MünchKomm-Wendehorst*, Vor § 312b Rn. 28. Das LG Tübingen bejahte jüngst die Anwendbarkeit von Art. 29 Abs. 1 Nr. 3 EGBGB schon dann, wenn „enge Verflechtungen und Geschäftsbeziehungen zwischen dem Reiseveranstalter und dem Geschäftsinhaber..." bestehen. Urt.v. 30.3.2005, NJW 2005, 1513 ff.

[210] *Hoeren*, Grundzüge des Internetrechts, 24

[211] *Papathoma-Baetge/Nehrenberg/Finke*, in: Rechtshandbuch E-Business, 78 Rn. 93; *Dilger*, Verbraucherschutz bei Vertragsabschlüssen im Internet, 201.

nach Art. 29 Abs. 1 Nr. 1 EGBGB setzt ein passives Verhalten des Verbrauchers voraus[212]. Im europäischen Fernabsatzrecht hingegen wird der Verbraucher immer auch dann geschützt, wenn er auf den Unternehmer zukommt und die Initiative für den Vertragsschluss bringt[213]. Hierin manifestiert sich eine Weiterentwicklung des europäischen Verbraucherschutzes seit dem Abschluss des EVÜ. Es wird ein Bild von einem Verbraucher zugrunde gelegt, der seinerseits aktiv wird und auch auf ausländische Unternehmer zum Zweck des Vertragsschlusses zukommt. Dem Verbraucher wird mehr Selbständigkeit zugetraut und dabei innerhalb des erweiterten Aktionsradiusses weiterhin Schutz gewährt.

a) Der Abschluss grenzübergreifender Fernabsatzverträge unter den Umständen des Art. 29 Abs. 1 Nr. 1 EGBGB

Art. 29 Abs. 1 Nr. 1 EGBGB setzt voraus, dass „*dem Abschluss des Verbrauchervertrages ein ausdrückliches Angebot oder eine Werbung in dem Staat vorausgegangen ist, in dem der Verbraucher seinen gewöhnlichen Aufenthalt hat*". Zusätzlich muss der Verbraucher „*in diesem Staat die zum Abschluss des Vertrages erforderlichen Rechtshandlungen vorgenommen haben*".

aa) Das Vorausgehen von Angeboten und Werbung im Verbraucherstaat vor dem Abschluss grenzübergreifender Fernabsatzverträge

Im Folgenden werden zunächst die Begriffe Angebot und Werbung im Sinne des Art. 29 EGBGB näher erläutert, um sodann den Zugang einer Erklärung nach dem EVÜ generell und speziell beim Abschluss eines grenzübergreifenden Fernabsatzvertrages über das Internet näher zu untersuchen, da der Zugangsort für die Verweisung nach Art. 29 EGBGB entscheidend ist.

---

[212] *ECLG*, Reports and Opinions, 1, 6; *Bülow*, ZEuP 1993, 435, 436. Der von der europäischen Gruppe für Internationales Privatrecht unterbreitete Änderungsvorschlag für Art. 5 EVÜ verzichtet gänzlich auf einen Bezug der unternehmerischen kommerziellen Tätigkeit zum Aufenthaltsstaat des Verbrauchers. Siehe hierzu 4. Teil:E, Seite 196.

[213] *Baum /Trafkowski*, CR 2001, 459, 460.

(1) Ausdrückliche Angebote und Werbung zur Anbahnung eines grenzübergreifenden Fernabsatzvertrages

(a) Abgrenzung der Begriffe Angebot und Werbung

Der Angebotscharakter einer Erklärung ist davon abhängig, dass diese inhaltlich auf den Abschluss eines konkreten Vertrages ausgerichtet ist[214]. Ein Unterscheidungskriterium ist nach dem Wortlaut des EVÜ neben der Konkretisierung des angebotenen Produktes die persönliche Adressierung an den einzelnen Verbraucher[215]. Wenn eine Angebotspräsentation Preise nennt, Bestellnummern enthält und die sofortige Bestellmöglichkeit vorsieht oder darauf hinweist, auf welchem Wege die Bestellung durchgeführt werden kann, so ist diese Erklärung als Angebot zu verstehen. Eine Leistungspräsentation bekommt einen verbindlicheren Charakter, wenn der Verbraucher sich persönlich angesprochen fühlt und der Unternehmer weiß, welche Personen im Verteiler der Erklärung sind. Die Individualisierung des Verbrauchers in der Art der Zustellung der Erklärung spricht daher für deren Angebotscharakter.
In Abgrenzung dazu sind als Werbemaßnahmen unverbindliche Erklärungen zu verstehen, die der allgemeinen Absatzförderung eines Produktes dienen sollen und nicht das Ziel eines unmittelbaren Vertragsschlusses vor Augen haben[216]. Sie richten sich nicht an eine Einzelperson, sondern sollen möglichst mit Breitenwirkung viele Personen erreichen[217]. Eine Produktpräsentation auf einer Internetseite, in einem Versandhandelskatalog oder im Rahmen einer Teleshoppingsendung wird vielfach als Werbung verstanden, kann aber nach dem oben Gesagten im Einzelfall auch ein Angebot im Sinne des Art. 29 Abs. 1 EGBGB darstellen[218].

---

[214] Vgl. *Staudinger-Magnus*, Art. 29 EGBGB Rn. 70; *Papathoma-Baetge/Nehrenberg/Finke*, in: Rechtshandbuch E-Business, 73 Rn. 87; *Palandt-Heinrichs*, § 356 Rn. 5; *MünchKomm-Martiny*, Art. 29 EGBGB Rn. 34; *Mankowski*, RIW 1993, 453, 458; *v.Hoffmann*, IPRax 1989, 261, 263. Zum Angebotscharakter von Internetseiten siehe AG Butzbach, Urt. v. 14.6.2002, VuR 2003, 34 ff.

[215] In der *englischen* Fassung des EVÜ: *a specific invitation addressed to him*. In der französischen Version: *une proposition spécialment faite*. „Ausdrücklich" im Sinne des EVÜ ist allerdings nicht nur ein verbindliches Angebot, sondern auch eine „invitatio ad offerendum". Hierzu nur beispielhaft *MünchKomm-Martiny*, Art. 29 EGBGB Rn. 34, 35; *Erman-Hohloch*, Art. 29 EGBGB Rn. 11; BGHZ 123, 380, 389. Ein „Angebot ad incertas personas" wird überwiegend als Werbung eingeordnet, *Mankowski*, RIW 1993, 453, 458; *Soergel-v.Hoffmann*, Art. 29 Rn. 17.

[216] S. beispielhaft nur *Staudinger-Magnus*, Art. 29 EGBGB Rn. 70; *MünchKomm-Martiny*, Art. 29 EGBGB Rn. 35.

[217] *v.Bar*, IPR II, Rn. 438.

[218] Siehe hierzu auch *Horn*, MMR 2002, 209, 213; *Schröder*, Tele-Shopping, 195 ff., 227; *Borges*, ZIP 1999, 565, 567; *v.Hoffmann*, IPR, 404; AG Butzbach, Urt. v. 14.6.2002 in VuR 2003, 34, 34m; *Mehrings*, CR 1998, 613, 618; *Pützhoven*, Europäischer Verbraucherschutz im Fernabsatz,

(b) Ausdrückliche Angebote und Werbung als Teile der Vertragsanbahnung im Sinne von Art. 2 Nr. 1 Fernabsatzrichtlinie

Da ein „ausdrückliches Angebot" i.S.d. Art. 29 Abs. 1 Nr. 1 EGBGB Teil der Vertragsanbahnung ist, muss dieses bei Verträgen im grenzübergreifenden Fernabsatz unter ausschließlicher Verwendung von Fernkommunikationsmitteln und ohne persönlichen Kontakt zwischen Unternehmer und Verbraucher ergehen. Aufgrund der Unverbindlichkeit von Werbemaßnahmen, die sich nicht genau auf den letztendlichen Vertragsgegenstand richten, sondern nur auf einen Produktbereich, zu dem dieser gehört, zählt eine solche nicht zwingend zur Vertragsanbahnung[219]. Ob eine Werbemaßnahme zur Vertragsanbahnung zählt, ist im Einzelfall davon abhängig, wie intensiv der Kontakt zwischen Unternehmer und Verbraucher war und in welchem vorvertraglichen Stadium er stattfand[220]. Nach dem Schutzzweck des Fernabsatzrechts ist eine Vertragsanbahnung insbesondere anzunehmen, wenn der Verbraucher Gelegenheit hatte, die nötigen Informationen über das ihn interessierende Objekt zu erlangen[221]. Wenn jedoch ein tatsächliches Kaufinteresse erst nach der Werbemaßnahme und zeitlich völlig unabhängig von dieser allmählich aufkommt, so liegt eine Vertragsanbahnung i.S.d. Fernabsatzrechts im Zeitpunkt der Werbemaßnahme noch nicht vor.

(2) Die Lokalisierung des „Vorausgehens eines ausdrücklichen Angebotes oder einer Werbung"

Der Verbraucher muss in seinem Aufenthaltsstaat von dem ausdrücklichen Angebot oder der Werbung des Unternehmers persönlich Kenntnis genommen haben[222]. Da die Anwendbarkeit von Art. 29 Abs. 1 Nr. 1 EGBGB davon abhängt,

---

185; *Thorn*, IPRax 1999, 1, 4; *Wagner*, WM 1995, 1129, 1130; *Borsum/Hoffmeister*, Bildschirmtext und Vertragsrecht, 30 ff.; *Micklitz*, NJW 1982, 263, 266. Angebote und Werbungen im Internet können als Hauptgegenstand einer Website entfaltet werden oder aber in Form von so genannten Pop-Ups, Bannerwerbung, automatischer Weiterleitung auf andere Internetseiten und ähnlichen Arten.

[219] *Soergel-v.Hoffmann*, Art. 29 EGBGB Rn. 17.

[220] *MünchKomm-Wendehorst*, § 312b Rn. 47. Auch Angebote ad incertas personas werden als Werbemaßnahmen verstanden. Siehe 2. Teil:B.III.2.a)aa)(1)(a), Seite 84.

[221] *MünchKomm-Wendehorst*, § 312b Rn. 47.

[222] *Reithmann/Martiny-Martiny*, Internationales Vertragsrecht, Rn. 811; *Erman-Hohloch*, Art. 29 EGBGB Rn. 11; *Staudinger-Magnus*, Art. 29 EGBGB Rn. 69, 70; *Lüderitz*, FS Riesenfeld, 147, 158; *Vischer/Huber/Oser*, Internationales Vertragsrecht, Rn. 741-743; *Dicey/Morris*, The Conflict of laws, Rn. 33-009. Der von der europäischen Gruppe für Internationales Privatrecht unterbreitete Änderungsvorschlag für Art. 5 EVÜ verzichtet gänzlich auf einen Bezug der unternehmerischen kommerziellen Tätigkeit zum Aufenthaltsstaat des Verbrauchers. Auch nach Art. 15 EuGVO muss

wo dem Verbraucher das Angebot oder die Werbung des Unternehmers zugehen, ist es entscheidend, wo sich nach dem Verständnis des EGBGB bzw. EVÜ der Zugangsort einer Erklärung befindet. Da Ort und Zeit des Zugangs einer Erklärung bei verschiedenen Fernkommunikationsmitteln variieren, ist die Untersuchung des Zugangs bei Fernabsatzverträgen von besonderer Wichtigkeit. Beispielsweise kann ein Verbraucher über sein Mobiltelefon ein Angebot eines Unternehmers auch in einen anderen Staat, als dem wo sein Telefon angemeldet ist entgegennehmen. Eine an eine Adresse mit Länderkennung gerichtete E-Mail kann auch von einem anderen Staat aus abgerufen werden. Wann und wo der Zugang einer Erklärung anzunehmen ist, muss die Auslegung des Begriffes „*Vorausgehen eines ausdrücklichen Angebotes*" ergeben.

(a) Grundsätze zur Auslegung von Art. 29 EGBGB

Die nationalen materiellen Bestimmungen der Unterzeichnerstaaten des EVÜ über den Zugang von Willenserklärungen weichen von einander ab[223]. Wegen des Primats der Trennung von Internationalem Privatrecht und materiellem Recht kann für das richtige Verständnis des EVÜ keinesfalls eine einzige europäische Rechtsordnung allein zugrunde gelegt werden. Zur Erreichung des in Art. 36 EGBGB/Art. 18 EVÜ zum Ausdruck kommenden Zieles der Vereinheitlichung des internationalen Vertragsrechts der Unterzeichnerstaaten müssen das EVÜ und dessen Umsetzungen in allen Unterzeichnerstaaten einheitlich und vertragsautonom ausgelegt werden. Zudem muss sich die Auslegung am Sinn und Zweck von Art. 29 EGBGB und dem dort manifestierten Kompromiss zwischen den Verbraucher- und den Unternehmerinteressen orientieren. Dem Unternehmer muss die Anwendung der verbrauchergünstigen Rechtsordnung und die damit verbundene Privilegierung des Verbrauchers berechtigter Weise zugemutet werden können und der Verbraucher muss berechtigter Weise auf die Geltung seines Heimatrechts vertrauen dürfen.

---

nur eine unternehmerische berufliche Maßnahme auf den Verbraucherstaat ausgerichtet sein, ohne dass Zugang oder Kenntnisnahme des Verbrauchers Schutzvoraussetzung wären. Siehe 4. Teil:E, Seite 196. Dazu auch *Junker*, RIW 2002, 569, 573.

223 Zum Zugang von Willenserklärungen nach den europäischen Rechtsordnungen *Koch/Magnus/Winkler v.Mohrenfels*, IPR und Rechtsvergleichung, 399; *Zweigert/Kötz*, Einführung in die Rechtsvergleichung, 352.

(b) Zugang bei hypothetischer Kenntnisnahme von der Erklärung

Ein früher Zeitpunkt, auf den man bezüglich des Zugangs einer Willenserklärung abstellen könnte, wäre der des Abschickens der Erklärung durch den Absender. Ein Zugang am Ort und im Zeitpunkt des Abschickens wäre jedoch eine Zugangsfiktion ohne räumlichen Bezug zum Aufenthaltsstaat des Adressaten und daher nicht für eine Anwendung auf Art. 5 EVÜ/ Art. 29 EGBGB geeignet, wo vor allem der räumliche Zugang entscheidend ist[224]. Der späteste in die Erwägungen mit einzubeziehende Zeitpunkt wäre der des Zugangs von Willenserklärungen in dem Moment und an dem Ort der tatsächlichen Kenntnisnahme. Auf diese Weise wären Zugangsort und Zeit jedoch von der Adressierung des Absenders abgekoppelt und daher für diesen nicht kalkulierbar. Nimmt ein Verbraucher im Inland von einer ins Ausland adressierten Erklärung Kenntnis, so spricht gegen die Anwendung von Art. 29 Abs. 1 EGBGB, dass der Unternehmer seine Tätigkeit nicht willentlich auf den Verbraucherstaat ausrichtete. Im umgekehrten Fall wäre eine Anwendung von Art. 29 Abs. 1 Nr. 1 EGBGB angebracht, obwohl kein Zugang im Aufenthaltsstaat des Verbrauches erfolgte.

Um für den Unternehmer das auf den Vertrag anwendbare Recht vorhersehbar zu machen, sollte der Zugang von Erklärungen kalkulierbar sein. Hierbei ist zwischen dem Ort des Zugangs und dem Zeitpunkt des Zugangs zu differenzieren. Daher sollte der Zugang in dem Zeitpunkt und an dem Ort fingiert werden, an dem die Erklärung den Adressaten unter objektiv zu erwartenden Umständen erreichen würde, auch wenn sie ihn tatsächlich nicht zu dieser Zeit an diesem Ort erreicht[225]. Der hypothetische Zugangsort richtet sich nach der verwendeten „Kontaktadresse" des Verbrauchers, der hypothetische Zugangszeitpunkt danach, wann nach dem zur Übermittlung der Erklärung verwendeten Kommunikationsmittel eine Kenntnisnahme durch den Adressaten zu erwarten ist. Die Zugangsfiktion im Zeitpunkt und am Ort der hypothetischen Kenntnisnahme hat den Vorteil, dass sie den Verkehrsschutzinteressen des Unternehmers und der Schutzbedürftigkeit des Verbrauchers auch dann Rechnung trägt, wenn der Verbraucher wäh-

---

[224] *Mankowski*, RabelsZ 63 (1999), 203, 253.

[225] *Mankowski*, RabelsZ 63 (1999), 203, 253. Diese Zugangsfiktion gilt auch beispielsweise im *deutschen* (§ 130 Abs. 1 BGB) und im *italienischen* materiellen Recht. Nach dem *italienischen* Recht ist eine Willenserklärung zugegangen, wenn der Adressat Kenntnis von der Erklärung erhält. Die Kenntnisnahme wird in dem Moment angenommen, wenn die Erklärung am Ort der gewöhnlichen Anschrift des Adressaten eingetroffen ist, sofern der Betroffene nicht beweist, dass er schuldlos keine Kenntnis nehmen konnte (Artt. 1326, 1335 Codice civile). *Zweigert/ Kötz*, Einführung in die Rechtsvergleichung, 355.

rend eines kurzzeitigen Auslandsaufenthaltes von einer an seine Heimatadresse gerichteten Erklärung des Unternehmers Kenntnis erhält[226].

Die Schutzwürdigkeit des Vertrauens des Verbrauchers auf die Geltung seiner Heimatrechtsordnung muss jedoch in Frage gestellt werden, wenn der Verbraucher selbst die Voraussetzungen dafür schafft, von an seine Heimatadresse gesendeten Vertragsschlusserklärungen im Ausland Kenntnis nehmen zu können[227]. Entscheidend ist jedoch, dass zum einen die objektive Schutzbedürftigkeit der Verbraucher auch in solchen Fällen besteht und zum anderen die Zugangsfiktion aufgrund der Vorhersehbarkeit des anwendbaren Rechts auch für den Unternehmer vorteilhaft ist. Zudem sollte die im Bereich der Europäischen Union gerade erwünschte grenzübergreifende Mobilität der Verbraucher nicht dadurch konterkariert werden, dass die Verbraucher den Schutz des Art. 29 Abs. 1 Nr. 1 EGBGB bei grenzübergreifenden Vertragsschlüssen während kurzzeitiger Auslandsaufenthalte verlieren.

Stattdessen sollte jedoch die tatsächliche Kenntnisnahme durch den Empfänger für den Ort des „*Vorausgehens von Angebot und Werbung*" entscheidend sein, wenn der Verbraucher nach den Art. 29 Abs. 1 EGBGB zugrunde liegenden Wertungsmaßstäben nicht schutzwürdig ist und der Zugang im Moment der tatsächlichen Kenntnisnahme für den Unternehmer günstiger ist. Die Schutzwürdigkeit des Verbrauchers entfällt beispielsweise, wenn er sich lange Zeit im Ausland aufhält und aufgrund eigener Vorsorge dort regelmäßig von an seine Heimatadresse gerichteten Erklärungen Kenntnis erhält, z.B. aufgrund der „Nachsendung" seiner Post. Von einem langen Auslandsaufenthalt ist auszugehen, wenn ein vorübergehendes Fernbleiben unter gewöhnlichen Umständen (z.B. urlaubsbedingt) nicht mehr angenommen werden kann.

---

[226] Beispiel: Der Verbraucher hört seinen heimatlichen Anrufbeantworter aus dem Urlaub mittels Fernabfrage ab.

[227] Eine entsprechende Situation ergibt sich, wenn der Verbraucher während eines vorübergehenden Ortswechsels eine Rufumleitung für sein eigentlich im Aufenthaltsstaat gemeldetes Telefon eingerichtet hat. Oder wenn der Unternehmer über einen Anruf oder eine SMS- Kurznachricht sein „ausdrückliches Angebot" auf das Mobiltelefon des Verbrauchers sendet. In der Regel werden Nachrichten und Anrufe nämlich automatisch über einen ausländischen Mobilfunkanbieter auch im Ausland durchgestellt.

(3) Zugang von Angeboten und Werbung auf einer Homepage

Die weltweite Zugänglichkeit des Internets erschwert die Bestimmung des Zugangsortes von Angeboten und Werbung auf einer Internetseite. In der Literatur werden verschiedene Ansichten dazu vertreten, unter welchen Voraussetzungen ein Angebot oder eine Werbung auf einer Homepage i.S.d. Art. 29 Abs. 1 Nr. 1 EGBGB im Staat des gewöhnlichen Aufenthaltes eines Verbrauchers erfolgen. Angebote oder Werbung gehen einem Verbraucher nicht alleine schon dann außerhalb seines Aufenthaltsstaates zu, wenn er sich durch das Aufrufen einer ausländischen Internetseite „virtuell ins Ausland begibt“[228]. Entscheidend ist, dass der Verbraucher beim Abrufen der Internetseite physisch im eigenen Aufenthaltsstaat verbleibt.

Um Erklärungen auf einer Homepage lokalisierbar zu machen und auf einen bestimmten Staat zu begrenzen, könnte man hinsichtlich des Zugangs auf den Ort abstellen, in dem sie in das Internet eingespeist werden. Angebote und Werbung gingen später folgenden Vertragsschlüssen demnach in dem Staat voraus, in dem sich der vom Unternehmer genutzte Server befindet. Diese Fiktion würde jedoch das Erfordernis der Kenntnisnahme des Angebotes oder der Werbung durch den Verbraucher außer Acht lassen. Wegen der Beliebigkeit seines Standortes ist der Server zudem ein ungeeigneter Anknüpfungspunkt[229].

Nach einer Ansicht erfolgen Angebote und Werbung i.S.d. Art. 29 Abs. 1 Nr. 1 EGBGB grundsätzlich nur in denjenigen Staaten, auf die sie äußerlich erkennbar abzielen[230]. Ein Angebot oder eine Werbung auf einer Homepage gehen einem Verbraucher danach nur dann im Staat seines gewöhnlichen Aufenthaltes zu, wenn dieser Staat zu denjenigen gehört, auf die die Homepage äußerlich abzielt. Indizien des Inhaltes der Homepage, wie der verwendeten Sprache, der als Preis

---

[228] *Thorn*, IPRax 1999, 1, 4; *Papathoma-Baetge/Nehrenberg/Finke*, in: Rechtshandbuch E-Business, 74 Rn. 87; *Grundmann*, RabelsZ 2003, 246, 277. Dafür jedoch *Dilger*, Verbraucherschutz bei Vertragsabschlüssen im Internet, 208; *Müller*, in: Rechtsfragen der Informationsgesellschaft, 259, 282.

[229] Zur Ungeeignetheit von Serverstandorten als Anknüpfungsmoment siehe 2. Teil:C.1.b)dd), Seite 112; *Taupitz/Kritter*, JUS 1999, 839, 844; *Papathoma-Baetge/Nehrenberg/Finke*, in: Rechtshandbuch E-Business, 74 Rn. 88; *Horn*, MMR 2002, 209, 213.

[230] Siehe hierzu *Giuliano/Lagarde*, BT-Drs. 10/503, 56; *Erman-Hohloch*, Art. 29 EGBGB Rn. 11; *Soergel-v.Hoffmann*, Art. 29 EGBGB Rn. 18; *Horn*, MMR 2002, 209, 213; LG Hamburg, MMR 1999, 612, 613; *Gruber*, DB 1999, 1437, 1437; *Terlau*, in: Rechts-Handbuch zum E-Commerce, 408 Rn. 238-239; *Härting*, Internetrecht, 9 Rn. 9; *Borges*, ZIP 1999, 565, 570; *Spindler*, MMR 2000, 18, 20; *Pfeiffer*, NJW 1999, 3674, 3684; *Wagner*, WM 1995, 1129, 1130; *Rüßmann*, K&R 1998, 129, 134; *Hoeren*, Grundzüge des Internetrechts, 214-215; *Moritz*, CR 2000, 61, 65; *Cortese*, GRUR 2005, 192, 202..

geforderten Währung oder der Länderkennung der Top-Level Domain, könne entnommen werden, auf welche Staaten die Homepage abzielt.

Für diese Einschränkung des kollisionsrechtlichen Verbraucherschutzes enthält der Wortlaut von Art. 29 Abs. 1 Nr. 1 EGBGB jedoch keine Anhaltspunkte. Daher ist Art. 29 Abs. 1 Nr. 1 EGBGB nach der Gegenansicht auch dann anwendbar, wenn das Angebot oder die Werbung des Unternehmers einen Verbraucher in dessen Aufenthaltsstaat erreichen, ohne dass sie zielgerichtet auf diesen Staat erfolgen, solange sie dort mit Wissen des Unternehmers verbreitet werden[231]. Da von einer Homepagewerbung stets jeder einzelne Staat der Welt mit Wissen des werbenden Unternehmers betroffen ist, erfolgen nach überzeugender Ansicht auf einer Homepage geschaltete Angebote und Werbung in allen Staaten der Welt, also immer auch im Aufenthaltsstaat jedes Verbrauchers[232]. Dies berechtigt hingegen nicht zu der Fiktion, eine Erklärung auf einer Homepage gehe jedem Verbraucher unabhängig vom tatsächlichen Kenntnisnahmeort immer im Staat seines gewöhnlichen Aufenthaltes zu. Diese verbraucherfreundliche Lösung würde das schutzbegrenzende Korrektiv des Kenntnisnahmeerfordernisses außer Acht lassen. Stattdessen geht dem Verbraucher ein auf einer Homepage geschaltetes Angebot oder eine Werbung des Unternehmers nur dann im Staat seines gewöhnlichen Aufenthaltes zu, wenn er davon tatsächlich in diesem Staat Kenntnis erhält. Der im Internet werbende Unternehmer muss sich infolgedessen bei der Bestimmung des auf einen Verbrauchervertrag anwendbaren Rechts über die Art. 27 ff. EGBGB je nach Aufenthaltsstaat seines Vertragspartners auf die Geltung aller

---

[231] *Staudinger-Magnus*, Art. 29 EGBGB Rn. 70; *Czernich/Heiss-Heiss*, Art. 5 EVÜ Rn. 32; *Reithmann/Martiny-Martiny*, Internationales Vertragsrecht, Rn. 811; *Soergel-v.Hoffmann*, Art. 29 EGBGB Rn. 18; *Grabitz/Hilf-Micklitz*, Das Recht der Europäischen Union, Band Abs. 3, A 3 Rn. 193; *Waldenberger* BB 1996, 2365, 2371; *Thorn*, IPRax 1999, 1, 4; *Lüderitz*, FS Riesenfeld, 147, 158; *Gruber*, DB 1999, 1437, 1437. Art. 13 Abs. 1 Nr. 3 EuGVÜ hatte weitgehend identische Voraussetzungen wie Art. 29 Abs. 1 Nr. 1 EGBGB. Der Wortlaut des neuen Art. 15 EuGVO spricht ebenfalls für ein solches Verständnis.

[232] *Staudinger-Magnus*, Art. 29 EGBGB Rn. 71; *Mankowski*, RabelsZ 63 (1999), 203, 234 ff.; *Dicey/Morris, The Conflict of laws*, Rn. 33-011; *Junker*, RIW 1999, 809, 815 ff.; *Martiny*, ZEuP 1999, 246, 259; *Palandt-Heldrich*, Art. 29 EGBGB Rn. 5, Art. 29a EGBGB Rn. 3; *Waldenberger*, BB 1996, 2365, 2371; *Bachmann*, in: Internet- und Multimediarecht, 169, 177; *Geisler*, Die engste Verbindung im Internationalen Privatrecht, 220; *Papathoma-Baetge/Nehrenberg/Finke*, in: Rechtshandbuch E-Business, 74 Rn. 88; *Thorn*, IPRax 1999, 1, 4; *Mankowski*, MMR-Beilage 2000, 22, 23-26; *Rüßmann*, in: Deutschlands Weg in die Informationsgesellschaft, 713; *Hoeren*, WM 1996, 2006, 2006; *Spindler*, ZUM 1996, 533, 561; *Grabitz/Hilf-Micklitz*, Das Recht der Europäischen Union, Band III, A 3 Rn. 189; *Pützhoven*, Europäischer Verbraucherschutz im Fernabsatz, 185; *Drexl*, in: Rechtsgeschäfte im Netz, 97, 98; *Magnus*, Das Wirtschaftsrecht vor den Herausforderungen des E-Commerce, 19, 27; *Kaiser/Voigt*, K&R 1999, 445, 446; *MünchKomm-Martiny*, Art. 29 EGBGB Rn. 35; *Lüderitz*, FS Riesenfeld, 147, 158.

Rechtsordnungen der Welt einstellen[233]. Das daraus für den Unternehmer resultierende Rechtsanwendungsrisiko wird unterschiedlich beurteilt. Da eine Produktpräsentation im Internet für den Unternehmer den wirtschaftlichen Vorteil hat, der ganzen Welt zugänglich zu sein, ist es nach einer Ansicht dem Unternehmer auch zumutbar, sein Rechtsanwendungsrisiko dadurch selbst einzugrenzen, dass er vor Abschluss des Vertrages den Verbraucher nach seinem Herkunftsland fragt[234]. Gibt der Verbraucher ein falsches Herkunftsland an oder macht er trotz der Eingrenzung eines ausdrücklichen Angebotes eine Bestellung, so muss er sich an dem geweckten Anschein festhalten lassen.

Um dem Unternehmer dieses exorbitante Rechtsanwendungsrisiko zu nehmen, wird ferner die Ansicht vertreten, der Unternehmer könne durch entsprechende Hinweise auf seiner Homepage das Gebiet eingrenzen, in dem die Angebote und Werbung i.S.d. Art. 29 Abs. 1 Nr. 1 EGBGB erfolgen. Der Unternehmer könne das Zielgebiet seiner Homepagewerbung durch eine Kumulation von Indizien wie der verwendeten Sprache, der geforderten Währung oder des Zuschnitts der Produkte auf einen bestimmten Staat eingrenzen, die sein Angebot auf einen bestimmten Staatenraum ausrichten[235]. Wenn ein Unternehmer mit verschiedenen Homepages mit unterschiedlichen Länderkennungen in der Top-Level Domain für dasselbe Produkt wirbt, könnte dies ein Hinweis für die unterschiedliche Ausrichtung der jeweiligen Homepagewerbung sein.
Gegen eine Begrenzbarkeit der Werbewirkung einer Internetseite spricht jedoch, dass der Unternehmer durch die Gestaltung seiner Internetseite den Schutz des Art. 29 Abs. 1 Nr. 1 EGBGB einseitig ausschließen könnte. Zudem bleibt auch die Werbewirkung einer Homepage trotz der Begrenzung unverändert erhalten. Einer Begrenzung der Werbewirkung bedarf es auch deshalb nicht, weil der Unternehmer nicht gezwungen ist, mit Verbrauchern aus allen Staaten der Welt Verträge abzuschließen.

Im Ergebnis gehen Angebote und Werbung auf einer Homepage einem Vertragsschluss immer dann i.S.d. Art. 29 Abs. 1 Nr. 1 EGBGB im Aufenthaltsstaat des Verbrauchers voraus, wenn dieser dort vom Inhalt der Homepage Kenntnis erhält.

---

[233] *Mankowski*, RabelsZ 63 (1999), 203, 235; A.A. für den Fall, dass der Unternehmer keinen Vertragsschluss im Fernabsatz anbietet, sondern trotz der Internetwerbung ein Vertragsschluss nur in einer realen Niederlassung außerhalb des Verbraucherstaates möglich ist, die *Kommission der europäischen Gemeinschaftten*, Grünbuch zur Umwandlung des EVÜ, KOM (2002), 654 endg., Nr. 3.2.7.3 Fn. 66.

[234] *Junker*, RIW 1999, 815, 816; *Mankowski*, RabelsZ 63 (1999), 203, 248 ff.

[235] *Hoeren/Oberscheidt*, VuR 1999, 371, 386; *Köhler/Arndt*, Recht des Internet, 267; *Boehme-Neßler*, Cyberlaw, 149; *Hoeren*, Rechtsfragen des Internet, Rn. 393; *Kröger/Gimmy-Gimmy*, Handbuch zum Internetrecht, 91; *Borges*, ZIP 1999, 565, 570; *Spindler*, MMR 2000, 18, 20; *Mehrings*, CR 1998, 613, 618; *Dilger*, Verbraucherschutz bei Vertragsabschlüssen im Internet, 207 ff.

(4) Zugang von Angeboten und Werbung in einer E-Mail

In einer E-Mail enthaltene Erklärungen sind zusätzlich zur weltweiten Abrufbarkeit noch durch die individuelle Adressierung gekennzeichnet. Die Parallelen zwischen einer E-Mail und einem Brief eröffnen die Möglichkeit, den Zugangsort einer E-Mail und somit das nach Art. 29 EGBGB anwendbare Recht kalkulierbar zu machen.

Der Staat, in dem sich der vom Service-Provider des Verbrauchers genutzte Server befindet, sollte nicht der für das Vorausgehen von Angebot und Werbung maßgebliche Staat sein[236]. Der Verbraucher hat vom Standort dieses Servers in der Regel keine Kenntnis. Der Standort ist aufgrund seiner Beliebigkeit als kollisionsrechtliches Anknüpfungskriterium ungeeignet. Zwischen dem Verbraucher und dem vom Provider genutzten Server besteht keinerlei Beziehung, die es rechtfertigen würde einen Zugang beim Verbraucher anzunehmen, wenn eine Nachricht den Server erreicht.

Da E-Mails immer an eine individuelle Adresse des Empfängers geschickt werden, könnte man bei diesen auch den hypothetischen Zugang in dem Staat entscheiden lassen, der sich aus der E-Mail-Adressenendung ergibt[237]. Dies entspräche den Interessen derjenigen Verbraucher, deren E-Mail-Adressen-Endungen auf ihren gewöhnlichen Aufenthaltsstaat weisen, da an sie gerichtete E-Mails stets als in ihrem Aufenthaltsstaat vorausgegangen gelten würden. Für Unternehmer hätte dies den Vorteil, dass sie den Zugangsort ihrer Angebote und ihre Werbeorte gut kalkulieren könnten. In der Praxis entsprechen derzeit die Endungen der E-Mail-Adressen der meisten Verbraucher auch dem Staat ihres gewöhnlichen Aufenthaltes. Wenn die E-Mail-Adressen-Endung über die Anwendbarkeit von Art. 29 Abs. 1 Nr. 1 EGBGB entscheidet, werden Verbraucher im eigenen Interesse dazu angehalten, E-Mail-Adressen von Providern aus dem eigenen Aufenthaltsstaat zu verwenden.

Die Praktikabilität eines hypothetischen Zugangs am Ort der E-Mail-Adressen-Endung wird jedoch dadurch in Frage gestellt, dass bei Verbrauchern auch E-Mail-Adressen mit nationalitätsneutralen Endungen sehr verbreitet sind[238]. Daher könnte man den Zugang einer E-Mail auch in dem Staat annehmen, in den der Verbraucher tatsächlich von ihrem Inhalt Kenntnis nimmt. Eine E-Mail ginge dem Verbraucher demnach in seinem Aufenthaltsstaat zu, wenn er diese von dort aus zum ersten Mal öffnet. Diese Lösung liegt jedoch in unausgewogener Weise einseitig im Interesse des Verbrauchers, da es dem Unternehmer in der Praxis nicht

---

[236] *Palandt-Heinrichs*, § 130 Rn. 7a; *Papathoma-Baetge/ Nehrenberg/Finke*, in: Rechtshandbuch E-Business, 76 Rn. 89. Zur Ungeeignetheit von Serverstandorten als Anknüpfungsmoment siehe 2. Teil:C.1.b)dd), Seite 112.

[237] *Hoeren/Oberscheidt*, VuR 1999, 371, 386; *Cortese*, GRUR 2005, 192, 202 ff..

[238] Nur beispielhaft: „dot.com“-Adressen.

gelingen wird, die Behauptung des Verbrauchers zu widerlegen, dass er habe die E-Mail zum ersten Mal von seinem Heimatstaat aus geöffnet habe. Der fingierte Zugang in dem Staat der E-Mail-Adressenendung hingegen entspricht der Wertung des Art. 29 Abs. 1 Nr. 1 EGBGB, nach der auch für den Unternehmer objektiv nachvollziehbar sein muss, in welchen Staaten er wirbt und Angebote unterbreitet. Da Verbraucher in der Regel inländische E-Mail-Provider haben, suggeriert die Nationalitätenkennung nach heutigen Maßstäben zudem eine Zugehörigkeit des Verwenders zu dem der Endung entsprechenden Staat.
Nur in den Fällen, in denen die E-Mail-Adresse des Adressaten tatsächlich keine Nationalitätenkennung enthält, sollte es daher beim Zugang in dem Staat bleiben, in dem der Verbraucher vom Inhalt der E-Mail tatsächlich Kenntnis erhielt. Hier kann kein Verkehrsschutzinteresse an der Fiktion des Zugangs am Ort einer hypothetischen Kenntnisnahme bestehen. Die Fiktion des Zugangs von Erklärungen des Unternehmers im Aufenthaltsstaat des Verbrauchers würde in diesem Fall ausschließlich im Interesse der Verbraucher erfolgen und das Ziel des Art. 29 EGBGB eines zwischen Verbraucher- und Unternehmerinteressen vermittelnden Verbraucherschutzes verfehlen.

(5) Ergebnis der Untersuchungen zur Voraussetzung des Vorausgehens von Angebot oder Werbung im Aufenthaltsstaat des Verbrauchers

Angebote und Werbung erfolgen dann im Aufenthaltsstaat des Verbrauchers, wenn die Kenntnisnahme durch den Verbraucher in seinem Aufenthaltsstaat seitens des Unternehmers unter gewöhnlichen Umständen aufgrund der Adressierung erwartet werden kann. Bei E-Mails ist dies der Fall, wenn die Länderkennung der E-Mail-Adresse dem Aufenthaltsstaat des Verbrauchers entspricht. Wenn die E-Mail-Adresse länderneutral ist, ergehen an sie gerichtete Angebote und Werbung dann im Aufenthaltsstaat des Verbrauchers, wenn dieser dort zum ersten Mal von ihrem Inhalt Kenntnis erlangt. Unabhängig von der Top-Level-Domain gehen Inhalte einer Homepage immer dann im Aufenthaltsstaat des Verbrauchers einem Vertragsschluss voraus, wenn dieser dort von ihren Inhalten Kenntnis genommen hat.

bb) Die Vornahme der zum Vertragsschluss erforderlichen Rechtshandlungen des Verbrauchers im Staat des gewöhnlichen Aufenthaltes des Verbrauchers

Die Zweckmäßigkeit dieses Anknüpfungskriteriums ist fraglich und bedarf insbesondere beim Vertragsschluss via E-Mail näherer Erläuterung.

(1) Die zum Vertragsschluss erforderlichen Rechtshandlungen

Die „*zum Vertragsschluss erforderliche Rechtshandlung*" ist die Entäußerung der auf den Vertragsschluss zielenden Willenserklärung des Verbrauchers[239]. Beim Abschluss eines grenzübergreifenden Fernabsatzvertrages muss dies unter ausschließlicher Verwendung von Fernkommunikationsmitteln geschehen. Bei der Vornahme der vom jeweiligen Fernkommunikationsmittel abhängigen erforderlichen Rechtshandlung muss sich der Verbraucher körperlich im Staat seines gewöhnlichen Aufenthaltes befinden[240].

An dieser Voraussetzung für die Gewährung kollisionsrechtlichen Verbraucherschutzes nach Art. 29 Abs. 1 EGBGB offenbart sich in besonderer Weise der Wandel des europäischen Verbraucherschutzverständnisses seit der Schaffung von Art. 5 EVÜ. Zwar sprechen Sinn und Zweck des Art. 29 Abs. 1 Nr. 1 EGBGB dafür, ihn auch anzuwenden, wenn allein die Erstellung der Vertragsschlusserklärung und nicht auch die Absendung des Verbrauchers in seinem Aufenthaltsstaat erfolgte[241]. Unternehmer wissen häufig beim Abschluss eines grenzübergreifenden Fernabsatzvertrages nicht, in welchem Staat ihr Vertragspartner die zum Vertragsschluss erforderlichen Rechtshandlungen vornimmt und machen daher ihre Erwartungen an das anzuwendende Recht eher vom eigenen Verhalten abhängig. Aus diesem Grunde ist der Schutz der Erwartungen eines Unternehmers hinsichtlich des anwendbaren Rechts kein Argument dafür, dem Vornahmeort der Rechtshandlungen des Verbraucher solche Bedeutung beizumessen. Unter wer-

---

[239] S. nur beispielhaft *MünchKomm-Martiny*, Art. 29 EGBGB Rn. 37.

[240] Beim Vertragsschluss im Internet kann sich die Lokalisierung des Verbrauchers als schwierig erweisen, so *Grabitz/ Hilf-Micklitz*, Das Recht der Europäischen Union, Band III A 3 Rn. 193; *Kronke*, RIW 1996, 985, 988; *Horn*, MMR 2002, 209, 213; *Waldenberger*, BB 1996, 2365, 2371; *Pfeiffer*, NJW 1997, 1207, 1214; *Gruber*, DB 1999, 1437, 1438; *Borges*, ZIP 1999, 565, 570-571; *Palandt-Heldrich*, Art. 29 EGBGB Rn. 5. Beim Vertragsschluss im Internet von seinem Heimatstaat aus verlässt der Verbraucher diesen nicht. *Pützhoven*, Europäischer Verbraucherschutz im Fernabsatz, 185; *Härting*, Internetrecht, 9 Rn. 9.

[241] Siehe hierzu *Staudinger-Magnus*, Art. 29 EGBGB Rn. 93, 94; *Kronke*, RIW 1996, 985, 988; *v.Bar*, IPR II, Rn. 437; *Bachmann*, in: Internet- und Multimediarecht, 169, 177.

tenden Gesichtspunkten sollte das Verbrauchervertrauen in die Geltung des eigenen Rechts nicht erst dann geschützt werden, wenn sowohl das Erstellen als auch das Absenden der Erklärung in seinem Aufenthaltsstaat erfolgen, da sich weder die Schutzbedürftigkeit des Verbrauchers noch seine Einstellung bezüglich der Anwendbarkeit des eigenen Heimatrechts ändern, wenn eine der beiden Teilhandlungen nicht im Aufenthaltsstaat erfolgt. Auch verliert eine Erklärung nicht dadurch den Bezug zu dem Staat, zu dem sie ansonsten die engste Beziehung hat, dass sie an einem anderen Ort abgesendet wird. Vor dem Hintergrund des Zusammenwachsens des europäischen Binnenmarktes und der verstärkten Mobilität bei gleich bleibender Schutzbedürftigkeit der Verbraucher, gerade innerhalb der Europäischen Union, erweist sich ein Bezug der Rechtshandlungen des Verbrauchers zu seinem Aufenthaltsstaat als Voraussetzung für die Gewährung kollisionsrechtlichen Verbraucherschutzes als unzweckmäßig[242]. Solange der Verbraucher sich nur kurzzeitig im Ausland aufhält und sein gewöhnlicher Aufenthaltsort ansonsten konstant bleibt, sollte das Augenmerk verstärkt auf den Aktivitäten des Unternehmers ruhen und bezüglich der Verbraucherhandlungen nur gefordert werden, dass diese nicht im Unternehmerstaat erfolgen[243].

Einer extensiven Auslegung von Art. 29 Abs. 1 Nr. 1 EGBGB stehen jedoch der bewusst gewählte Wortlaut des Art. 5 EVÜ entgegen[244], nach dem *alle* Rechtshandlungen des Verbrauchers in seinem Heimatstaat erfolgen müssen, sowie die eingeschränkte Regelungsabsicht des EVÜ-Gesetzgebers. Diese Voraussetzung des Art. 29 Abs. 1 Nr. 1 EGBGB verhindert die Anwendbarkeit des Art. 29 EGBGB auf jene Fälle, in denen der Verbraucher sich zwar bei der Abga-

---

[242] *Pützhoven*, Europäischer Verbraucherschutz im Fernabsatz, 185; Zur Kritik auch *Kronke*, RIW 1996, 985, 988. Diese Ansicht wird auch durch die Neuformulierung von Art. 15 Ic) EuGVO und den Vorschlag zur Änderung des Art. 5 EVÜ seitens der europäischen Gruppe für Internationales Privatrecht (abgedruckt bei *Staudinger-Magnus*, Vorbem. zu Art. 27-37 Rn. 32 und *Jayme*, IPRax 2001, 64-65) unterstützt.

[243] *Borges*, ZIP 1999, 565, 571; *Kronke*, RIW 1996, 985, 988. Bei der Umformulierung der ehemaligen Parallelnorm zu Art. 5 EVÜ, Art. 13 Abs. 1 EuGVÜ im Art. 15 EuGVO wurde auf das Merkmal der Vornahme der für den Vertragsschluss erforderlichen Rechtshandlungen seitens des Verbrauchers in seinem Aufenthaltsstaat verzichtet. Ein Unternehmer kann sich aber alternativ auch dann auf die Geltung des verbraucherschützenden Rechts einstellen, wenn er den Staat des gewöhnlichen Aufenthaltes des Verbrauchers kennt, weshalb sich eine Erkundigung des Unternehmers beim Verbraucher diesbezüglich empfiehlt. Dieser Gedanke kommt auch in dem Vorschlag der Europäischen Gruppe für Internationales Privatrecht zum Ausdruck. Siehe hierzu 4. Teil:E, Seite 196.

[244] *Grabitz/ Hilf-Micklitz*, Das Recht der Europäischen Union, Band III, A 3 Rn. 193; *Ernst*, VuR 1997, 259, 260; *Dilger*, Verbraucherschutz bei Vertragabschlüsse im Internet, 204. Der englische Wortlaut „...*all* the steps necessary...“; der französische Wortlaut „...*les actes* nécessaires à la conclusion...“; BT-Drs. 10/503, 9.

be seiner Erklärung kurzzeitig im Ausland aufhält, sein kollisionsrechtlicher Schutz durch Anwendung des Rechts seines des gewöhnlichen Aufenthaltsortes aber dennoch als gerechtfertigt erscheint[245].

(2) Der Absendeort einer E-Mail

Hinsichtlich des Ortes der Abgabe einer Vertragsschlusserklärung seitens des Verbrauchers in einer E-Mail könnte man in entsprechender Weise wie beim Zugang von E-Mails auf den Staat abstellen, auf den die E-Mail-Adressenendung des Verbrauchers hindeutet[246]. Nach ganz herrschendem Verständnis von Art. 29 Abs. 1 Nr. 1 EGBGB ist jedoch die körperliche Anwesenheit des Verbrauchers in seinem Heimatstaat bei der Vornahme der erforderlichen Rechtshandlungen eine unumgängliche Schutzvoraussetzung[247]. Die Erkennbarkeit des Absendeortes für den Erklärungsempfänger ist nicht maßgeblich. Allein der körperliche Bezug des Verbrauchers zum Staat seines gewöhnlichen Aufenthaltes bei der Abgabe der Erklärung ist für die Anwendbarkeit von Art. 29 Abs. 1 Nr. 1 EGBGB entscheidend.

Damit der Absendeort der E-Mail und somit die Anwendbarkeit von Art. 29 Abs. 1 Nr. 1 EGBGB nicht davon abhängen, in welchem Staat sich der Verbraucher zufällig im Moment der Absendung befindet, wird vorgeschlagen, den Absendeort in dem Staat zu fingieren, in dem sich der vom Provider des Verbrauchers genutzte Server befindet. Parallel zur Argumentation zum Zugang einer E-Mail sprechen die Unkenntnis des Verbrauchers vom Standort dieses Servers und die Beliebigkeit dieses Standortes auch gegen eine solche Fiktion des Absendeortes[248]. Da das Absenden einer Erklärung in der Entäußerung aus dem eigenen Verfügungsbereich in denjenigen des Transporteurs (E-Mail-Provider) besteht und dies schon durch das Anklicken des Absendefeldes am Computer ge-

---

[245] Beispiele: 1. Der Verbraucher verfasst einen Brief bei sich zuhause und vergisst ihn in einen Briefkasten zu werfen. Auf der sich unmittelbar anschließenden Urlaubsreise wirft er den Brief kurz nach dem Grenzübertritt ins Nachbarland in einen Briefkasten ein. 2. Ein Verbraucher speichert zunächst eine zuhause verfasste E-Mail auf dem eigenen Laptop. Nach einem bald darauf folgenden Grenzübertritt loggt er sich im Ausland mit dem eigenen Laptop ins Internet ein und versendet seine Erklärung.

[246] Siehe hierzu: *Horn*, MMR 2002, 209, 213; *Mehrings*, CR 1998, 613, 619. Siehe hierzu 2. Teil:B.III.2.a)aa)(4), Seite 92.

[247] *Taupitz/Kritter*, JUS 1999, 839, 844; *Magnus*, in: Das Wirtschaftsrecht vor den Herausforderungen des E-Commerce, 19, 27; *Dicey/Morris*, Rn. 33-013.

[248] *Geisler*, Die engste Verbindung im Internationalen Privatrecht, 221; *Terlau*, in: Rechts-Handbuch zum E-Commerce, 409 Rn. 240. Siehe hierzu 2. Teil:B.III.2.a)aa)(4), Seite 92 und 2. Teil:C.1.b)dd), Seite 112.

schieht, würde zudem durch eine solche Fiktion der Absendeortes systemwidrig verlagert. Der Absendeort muss daher auch beim Vertragsschluss über E-Mail der gegenwärtige körperliche Aufenthaltsort des Verbrauchers beim Vorgang der Absendung der E-Mail am Computer sein[249].

b) Der Abschluss grenzübergreifender Fernabsatzverträge unter den Umständen des Art. 29 Abs. 1 Nr. 2 EGBGB

Nach Art. 29 Abs. 1 Nr. 2 EGBGB wird der Verbraucher auch dann durch die Anwendung seines Heimatrechts geschützt, wenn der Unternehmer oder sein Vertreter die Bestellung des Verbrauchers in dem Staat des gewöhnlichen Aufenthaltes des Verbrauchers entgegengenommen haben. Unter einer Bestellung ist die auf den Vertragsschluss gerichtete Willenserklärung zu verstehen[250]. Anders als Art. 29 Abs. 1 Nr. 1 EGBGB ist Art. 29 Abs. 1 Nr. 2 EGBGB auch dann einschlägig, wenn der Verbraucher den Kontakt zum Unternehmer selbst initiativ hergestellt hat[251]. Beim Abschluss grenzübergreifender Fernabsatzverträge nimmt der Unternehmer die Bestellung des Verbrauchers unter ausschließlicher Verwendung von Fernkommunikationstechniken entgegen.

aa) Das Erfordernis der physischen Präsenz des Unternehmers im Verbraucherstaat bei der Entgegennahme der Bestellung des Verbrauchers

Für das Erfordernis einer physischen Präsenz des Unternehmers im Aufenthaltsstaat des Verbrauchers bei der Entgegennahme der Bestellung des Verbrauchers ist es entscheidend, wie die Entgegennahme einer Erklärung i.S.d. Art. 29 Abs. 1 Nr. 2 EGBGB definiert wird. Die aktivische Formulierung von Art. 29 Abs. 1 Nr. 2 EGBGB spricht dafür, dass der Unternehmer sich bei der Kenntnisnahme von der Erklärung des Verbrauchers körperlich in dessen Aufenthaltsstaat befinden muss[252]. Durch die körperliche Anwesenheit des Unternehmers im Verbrau-

---

249 A.A. und gegen den Wortlaut von Art. 5 EVÜ, aufgrund einer an Art. 15 EuGVVO angelehnten Auslegung von Art. 5 EVÜ *Cortese*, GRUR 2005, 192, 204.

250 *Soergel-v.Hoffmann*, Art. 29 EGBGB Rn. 20-22; *Staudinger-Magnus*, Art. 29 EGBGB Rn. 76; *Giuliano/Lagarde*, BT-Drs. 10/503, 56.

251 *Staudinger-Magnus*, Art. 29 EGBGB Rn. 76; *Giuliano/Lagarde*, BT-Drs. 10/503, 56.

252 *Bamberger/Roth-Spickhoff*, Art. 29 EGBGB Rn. 13; *Palandt-Heldrich*, Art. 29 EGBGB Rn. 5; *Reithmann/Martiny-Martiny*, Internationales Vertragsrecht, Rn. 814; *Giuliano/Lagarde* fordern zumindest eine „feste Filiale oder Agentur", BT-Drs. 10/503, 56; *Gruber*, DB 1999, 1437, 1437;

cherstaat bei Entgegennahme der Erklärung des Verbrauchers wird auch der Bezug des Vertrages zu diesem Staat erhöht.

Sinn und Zweck von Art. 29 Abs. 1 Nr. 2 EGBGB sprechen gegen das Erfordernis der körperlichen Anwesenheit des Unternehmers im Aufenthaltsstaat des Verbrauchers bei der Entgegennahme von dessen Bestellung. Der Verbraucher ist nicht schutzwürdig, wenn er seine Bestellung an eine im Ausland belegene Adresse richtet und sie dem Unternehmer tatsächlich doch im Aufenthaltsstaat des Verbrauchers zugeht, da der Verbraucher in diesem Fall nicht redlicherweise auf die Geltung des eigenen Rechts vertrauen kann[253]. Richtet der Verbraucher hingegen seine Bestellung an eine in seinem Aufenthaltsstaat belegene Kontaktadresse, so wird er von einem Inlandsvertrag ausgehen und auf die Geltung des eigenen Rechts vertrauen[254]. Auch der Unternehmer ist sich dessen bewusst, den Eindruck eines Inlandsgeschäfts zu erwecken, wenn er über eine inländische Adresse kontaktiert werden kann. Er kann sich daher auf die Geltung des Rechts des Aufenthaltsstaates des Verbrauchers einstellen, wenn er die Bestellung des Verbrauchers über eine in diesem Staat gelegene Kontaktmöglichkeit entgegennimmt.

Die Definitionen der „*Entgegennahme der Bestellung*“ i.S.d. Art. 29 Abs. 1 Nr. 2 EGBGB und des „*Vorausgehens eines Angebotes oder einer Werbung*“ i.S.d. Art. 29 Abs. 1 Nr. 1 EGBGB sollten einander entsprechen, da der Gegenstand von beiden der Zugang einer Erklärung ist. Demnach nimmt ein Unternehmer die Bestellung eines Verbrauchers entgegen, wenn dessen Willenserklärung so in den Herrschaftsbereich des Anbieters gelangt ist, dass von diesem unter normalen Umständen eine Kenntnisnahme zu erwarten ist[255]. Hiervon sollte jedoch eine Ausnahme gemacht werden, wenn ein Unternehmer, dessen Firmensitz sich faktisch in dem Staat befindet, aus dem seine Kunden stammen, sich eine außerhalb des Verbraucherstaates belegene Scheinadresse einrichtet, um die Anwendbarkeit des verbrauchergünstigen Heimatrechts seiner Kunden zu verhindern[256]. Unter solchen Umständen sollte der Ort der Entgegennahme einer Bestellung von der physischen Präsenz des Unternehmers bei der Kenntnisnahme von der Bestellung

---

Soergel-v.Hoffmann, Art. 29 EGBGB Rn. 20; *Borges*, ZIP 1999, 565, 569; *Kronke*, RIW 1996, 985, 988; OLG Frankfurt/Main, NJW-RR 1989, 1018 ff.; LG Hamburg, NJW-RR 1990, 695 ff.

[253] *Staudinger-Magnus*, Art. 29 EGBGB Rn. 76; *Staudinger-Reinhart*, Art. 29 EGBGB Rn. 60; *Czernich/Heiss-Heiss*, Art. 5 EVÜ Rn. 35; *Mehrings*, CR 1998, 613, 620. Die in dem Bericht *Giuliano/Lagarde* gebrachten Beispiele lassen darauf schließen, dass der Unternehmer im Aufenthaltsstaat des Verbrauchers zumindest eine „physische Empfangseinrichtung“ unterhalten muss; *Terlau*, in: Rechts-Handbuch zum E-Commerce, 413, 252.

[254] *Erman-Hohloch*, Art. 29 EGBGB Rn. 12; *Mehrings*, CR 1998, 613, 620; *Pfeiffer*, NJW 1997, 1207, 1214.

[255] *Staudinger-Magnus*, Art. 29 EGBGB Rn. 76; *Czernich/ Heiss-Heiss*, Art. 5 EVÜ Rn. 36; *Mankowski*, RabelsZ 63 (1999), 206, 253; *Papathoma-Baetge/Nehrenberg/Finke*, in: Rechtshandbuch E-Business, 76 Rn. 91. Siehe 2. Teil:B.III.2.a)aa)(2)(b), Seite 87.

[256] In diesem Fall ist jedoch schon das Vorliegen des für die Anwendbarkeit von IPR erforderlichen Auslandsbezuges nach Art. 3 Abs. 1 EGBGB fraglich.

oder vom tatsächlichen Firmensitz abhängen. Im Ergebnis ist nach Art. 29 Abs. 1 Nr. 2 EGBGB das Recht des Aufenthaltsstaates des Verbrauchers auf einen grenzübergreifenden Fernabsatzvertrag anwendbar, wenn die Vertragsschlusserklärung des Verbrauchers in das Inland adressiert ist, bzw. wenn der Unternehmer eine ausländische Adresse nur zum Schein verwendet und sich der eigentliche Firmenschwerpunkt des Unternehmers im Inland befindet.

bb) Die Entgegennahme der Bestellung des Verbrauchers über das Internet

Die Bestellung des Verbrauchers kann beim Abschluss eines grenzübergreifenden Fernabsatzvertrages über das Internet durch Zuschicken eines vom Unternehmer vorbereiteten Bestellformulars oder durch Zuschicken einer E-Mail erfolgen. Entgegen einer teilweise vertretenen Ansicht kann eine Entgegennahme von Bestellungen auf elektronischen Bestellformularen nicht schlechthin im Aufenthaltsstaat des Verbrauchers fingiert werden, da für die Entgegennahme der Bestellung nicht das Ausfüllen des Bestellformulars am Heimcomputer des Verbrauchers entscheidend ist, sondern wo das ausgefüllte Formular dem Unternehmer zugeht[257]. Eine Entgegennahme der Bestellung am Standort des vom Provider des Unternehmers genutzten Servers ist auch aus den oben genannten Gründen abzulehnen[258].
Das oben zum Zugangsort von in E-Mails des Unternehmers enthaltenen Angeboten und Werbung Gesagte gilt umso mehr für den Ort der Entgegennahme von E-Mail-Bestellungen des Verbrauchers durch den Unternehmer. Sofern die E-Mail-Adresse des Unternehmers eine Länderkennung enthält, ist diese für den Staat der Entgegennahme der Mail entscheidend[259]. Da Offenheit und Transparenz zu den

---

[257] *Dilger*, Verbraucherschutz bei Vertragsabschlüssen im Internet, 201; *Terlau*, in: Rechts-Handbuch zum E-Commerce, 412 Rn. 251; *Müller*, in: Rechtsfragen der Informationsgesellschaft, 259, 282; *Mankowski*, RabelsZ 63 (1999), 203, 253; *Drexl*, in: Rechtsgeschäfte im Netz, 98; *Mehrings*, CR 1998, 613, 620; *Pfeiffer*, NJW 1997, 1207,1214; BGHZ 135, 125, 132; NJW 1997, 1697, 1698; *Micklitz*, NJW 1982, 263, 266; *Bartl*, DB 1982, 1097, 1100. A.A.: *Waldenberger*, BB 1996, 2365, 2371; *Bachmann*, in Rechtsgeschäfte im Netz, 205, 216. Nach einer weiteren Mindermeinung nimmt der Unternehmer die Bestellung des Verbrauchers an dem Ort angegeben, an dem der Anbieter wiederum den Antrag des Verbrauchers annimmt. OLG Frankfurt/Main, NJW-RR 1989, 1018 ff.; LG Hamburg, NJW-RR 1990, 695 ff.

[258] Siehe auch 2. Teil:B.III.2.a)aa)(4), Seite 92 und 2. Teil:C.1.b)dd), Seite 112. *Dilger*, Verbraucherschutz bei Vertragsabschlüssen im Internet, 202; *Pfeiffer*, NJW 1997, 1207, 1214; *Waldenberger*, in: Handbuch Multimedia-Recht, Teil 13.4 Rn. 97; *Papathoma-Baetge/Nehrenberg/Finke*, in: Rechtshandbuch E-Business, 77 Rn. 92; *Gruber*, DB 1999, 1437, 1437; *Bamberger/Roth-Spickhoff*, Art. 29 EGBGB Rn. 13. A.A. *Drexl*, in: Rechtsgeschäfte im Netz, 98; *Hoeren*, Grundzüge des Internetrechts, 214.

[259] *Dilger*, Verbraucherschutz bei Vertragsabschlüssen im Internet, 203; *Papathoma-Baetge/Nehrenberg/Finke*, in: Rechtshandbuch E-Business, 77 Rn. 92; *Ernst*, BB 1997, 1057,

Seriösitätsindizien eines Unternehmens gehören, verwenden die meisten Unternehmen auch E-Mail-Adressen, deren Endung auf ihren Sitzstaat hindeutet. Da es für den Verbraucher geradezu irreführend ist, wenn ein Unternehmen eine nicht dem Sitzstaat entsprechende E-Mail-Adresse verwendet, sollten sich die Unternehmer an der verwendeten Adressenendung „festhalten lassen“. Zudem wird durch die Verwendung einer E-Mail-Adresse mit einer Nationalitätenendung, die auf den Verbraucherstaat hindeutet, ein gewisser Bezug zu diesem begründet. Wenn jedoch der Unternehmer eine E-Mail-Adresse ohne Länderkennung hat oder bei Inlandsgeschäften eine E-Mail-Adresse mit ausländischer Länderkennung nutzt, um der Anwendung des inländischen Verbraucherschutzrechts zu entgehen, muss der Ort der Entgegennahme der Bestellung des Verbrauchers von der tatsächlichen Kenntnisnahme durch den Unternehmer abhängen.

Im Ergebnis ist nach Art. 29 Abs. 1 Nr. 2, Abs. 2 EGBGB das Recht des Staates des gewöhnlichen Aufenthaltes des Verbrauchers auf einen grenzübergreifenden Fernabsatzvertrag anwendbar, wenn die in einer E-Mail enthaltene Vertragsschlusserklärung des Verbrauchers an eine E-Mail-Adresse des Unternehmers mit inländischer Länderkennung gerichtet ist. Enthält die E-Mail-Adresse des Unternehmers keine Länderkennung, so ist das Recht des Staates des gewöhnlichen Aufenthaltes des Verbrauchers anwendbar, wenn der Unternehmer vom Inhalt der E-Mail in diesem Staat Kenntnis erlangt.

IV. Die Erweiterbarkeit des kollisionsrechtlichen Verbraucherschutzes im Wege analoger Anwendung von Art. 29 EGBGB

Aufgrund der Lückenhaftigkeit des kollisionsrechtlichen Verbraucherschutzes durch Art. 29 Abs. 2 EGBGB stellt sich auch bei grenzübergreifenden Fernabsatzverträgen die schon im Rahmen der rechtlichen Beurteilung der sog. „Gran-Canaria-Fälle“ diskutierte Frage nach der Analogiefähigkeit von Art. 29 EGBGB[260]. Die analoge Anwendbarkeit von Art. 29 EGBGB wurde be-

---

1057; *Mankowski*, RabelsZ 63 (1999), 206, 253; *Mehrings*, CR 1998, 613, 620; *Staudinger-Magnus*, Art. 29 EGBGB Rn. 76; *Pfeiffer*, NJW 1997, 1214; *Kronke*, RIW 1996, 985, 989. A.A.: *Waldenberger*, DB 1996, 2365, 2371; *Kronke*, RIW 1996, 985, 989. Wenn das Länderkürzel am Ende einer E-Mail-Adresse für den Ort der Entgegennahme einer Bestellung entscheidend sein soll, seien der Manipulation durch Zwischenschaltung eines Zentralservers, eines kommerziellen Mailbox-Services oder eines Internet Call Centers Tür und Tor geöffnet.

[260] *Staudinger-Magnus*, Art. 29 EGBGB Rn. 94; *Lüderitz*, IPRax 1990, 216, 219; *Klingsporn*, WM 1994, 1093, 1096; *Van Meenen*, Lauterkeitsrecht und Verbraucherschutz im IPR, 97. Auch darf der Bericht *Giuliano/Lagarde* einer Analogie nicht ausdrücklich entgegenstehen. *Jäckel-*

reits bei Verträgen angenommen, auf die im jeweiligen Einzelfall das deutsche Haustürwiderrufsrecht, das Recht der Einbeziehung von allgemeinen Geschäftsbedingungen in einen Vertrag und das Recht der Teilzeitnutzung von Immobilien anwendbar waren[261]. Der BGH hat in seiner bisherigen Rechtsprechung eine Analogiefähigkeit des Art. 29 Abs. 1 EGBGB zwar weitgehend aber nicht grundsätzlich ausgeschlossen[262]. Eine analoge Anwendung von Art. 29 EGBGB wird in der Literatur für Sachverhalte befürwortet, bei denen ein Bezug des Vertrages zum Aufenthaltsstaat des Verbrauchers zwar nicht durch den Vertragsabschluss, aber durch die Vertragsdurchführung begründet wird[263]. Eine Analogie setzt einen Regelungsbedarf aufgrund einer planwidrigen Regelungslücke und die Vergleichbarkeit der Sachverhalte voraus.

1. Die Vergleichbarkeit der Sachverhalte

Der BGH hat die Anforderungen an die Vergleichbarkeit der Sachverhalte als Voraussetzung für eine Analogie zu Art. 29 EGBGB dahingehend konkretisiert, dass der Vertrag jedenfalls einem der in Art. 29 Abs. 1 EGBGB aufgeführten Vertragstypen entsprechen muss[264]. In der Literatur wird für erforderlich gehalten, dass zusätzlich die tatsächlichen Umstände des Vertragsschlusses einer der situativen Voraussetzungen des Art. 29 Abs. 1 EGBGB rechtlich vergleichbar sein

---

Hutmacher/ Tonner, VuR 1994, 9, 16; *Van Meenen* , Lauterkeitsrecht und Verbraucherschutz im IPR, 103. Zur Lückenhaftigkeit der Parallelnorm zu Art. 5 EVÜ, Art. 13 Abs. 1 Nr. 3 EuGVÜ: *Junker*, RIW 1999, 809, 812; *Spindler*, MMR 2000, 18, 20.

[261] OLG Stuttgart, NJW-RR 1990,1081, 1083; IPRax 1991, 332; LG Koblenz, NJW-RR 1992, 1332, 1333; AG Bremerhaven, NJW-RR 1990, 1083, 1084; EuZW 1990, 294, 295; LH Hamburg, RIW 1990, 664; OLG Frankfurt, NJW-RR 1989, 1018; *Lüderitz*, IPRax 1990, 216, 219; *Lüderitz*, IPR, Rn. 274; *Sack*, IPRax 1992, 24, 28; *Kohte*, EuZW 1990, 150, 156; *Klingsporn*, WM 1994, 1093, 1096; *Yeun*, IPRax 1994, 257, 261; *Mäsch*, Rechtswahlfreiheit und Verbraucherschutz, 166-171; *Erman-Hohloch*, Art. 29 EGBGB Rn. 15; *Reithmann/Martiny-Martiny*, Internationales Vertragsrecht, Rn. 809; *MünchKomm-Martiny*, Art. 29 EGBGB Rn. 49, 53; *Reich*, VuR 1992, 189, 192; *Böhm*, Verbraucherschutz im Internationalen Privatrecht, 171; *Baumert*, Europäischer ordre public und Sonderanknüpfung zur Durchsetzung von EG-Recht, 223-229; *Michaels/Kamann*, JZ 1997, 601, 604 ff.; LG Würzburg, NJW-RR 88, 1324; LG Konstanz, NJW-RR 92, 1332; *Staudinger-Magnus*, Art. 29 EGBGB Rn. 94; *Siehr*, RabelsZ 37 (1973), 466, 478; *Kronke*, RIW 1996, 985, 990.

[262] Siehe beispielhaft BGH, Urt. v. 13.12.2005, NJW 2006, 762, 763; BGH, Urt. v. 19.3.1997, BGHZ 135, 125, 133; JZ 1997, 612, 613.

[263] *Staudinger-Magnus*, Art. 29 EGBGB Rn. 94; *Van Meenen*, Lauterkeitsrecht und Verbraucherschutz im IPR, 102; *Mankowski*, IPRax 1991, 305, 310.

[264] BGH, Urt. v. 19.3.1997, BGHZ 135, 125, 133; JZ 1997, 612, 613; BGH, Urt. v. 13.12.2005, NJW 2006, 762, 763.

müssen[265] und objektiv die engste Verbindung des grenzübergreifenden Fernabsatzvertrages zum Aufenthaltsstaat des Verbrauchers bestehen muss[266]. Damit bei einer Analogie zu Art. 29 EGBGB auch der in Art. 29 Abs. 1 EGBGB zum Ausdruck kommenden Interessensausgleich zwischen Verbraucher- und Unternehmerinteressen gewahrt bleibt, setzt eine Analogie des Weiteren ein Schutzbedürfnis des Verbrauchers voraus, das den Anforderungen des Art. 29 Abs. 1 EGBGB entspricht[267].

2. *Der Regelungsbedarf aufgrund planwidriger Lücken im kollisionsrechtlichen Verbraucherschutz*

Bei grenzübergreifenden Fernabsatzverträgen sind der kollisionsrechtliche Verbraucherschutz und der fernabsatzrechtliche Schutz der europäischen Rechtsordnungen nicht aufeinander abgestimmt. Daher erweist sich der Verbraucherschutz des Art. 29 EGBGB bei grenzübergreifenden Fernabsatzverträgen als unzureichend[268]. Wenn ein Vertrag aufgrund des begrenzten sachlichen, persönlichen und situativen Schutzbereichs des Art. 29 EGBGB von diesem nicht erfasst wird, so ist jedoch umstritten, ob eine Regelungslücke vorliegt. Nach einer Ansicht liegt eine analogiefähige Regelungslücke grundsätzlich nicht vor, wenn ein Sachverhalt zwar in den Regelungsbereich einer Norm fällt, aber auch nach umfassender Auslegung nicht von ihrem Anwendungsbereich, sondern von dem einer anderen Norm erfasst wird. Zwischen den Artt. 27, 28 Abs. 1, Abs. 2 EGBGB und Art. 29 Abs. 1, Abs. 2 EGBGB besteht ein Regel-Ausnahme-Verhältnis. Art. 29 Abs. 1, Abs. 2 EGBGB ist eine in genau definierten Fällen anwendbare spezielle Anknüpfungsnorm für Verbraucherverträge. Art. 27 und Art. 28 EGBGB sind umfassende und abschließende Regelungen zur Anknüpfung von Schuldverträgen[269]. Auf jeden von der Spezialnorm nicht erfassten Fall finden die umfassenden allgemeinen Kollisionsnormen Anwendung.
Da jeder von Art. 29 Abs. 2, Abs. 1 EGBGB nicht erfasste Fall in den Anwendungsbereich von Art. 28 Abs. 1, Abs. 2 EGBGB fällt, müsste dieser daher einge-

---

265 *Klingsporn*, WM 1994, 1093, 1096.

266 *Klingsporn*, WM 1994, 1093, 1095; *Reich*, VuR 1992, 189, 192; BGHZ 135, 125, 133; *MünchKomm-Martiny*, Art. 29 EGBGB Rn. 49. Wenn es zu einem Vertragsschluss im Ausland kam, muss dieser für eine Analogie zu Art. 29 Abs. 1 Nr. 2 EGBGB unter ähnlichen Umständen zustande gekommen sein wie ein Vertragsschluss im Inland.

267 *MünchKomm-Martiny*, Art. 29 EGBGB Rn. 49.

268 *Lurger*, FS Posch, 181, 188.

269 BGH, Urt. v. 13.12.2006, NJW 2006, 762, 764; *Mankowski*, RIW 1993, 453, 460; *Mankowski*, RIW 1998, 287, 289; *Helmberg*, WBl 1997, 137, 142. A.A.: *Van Meenen*, Lauterkeitsrecht und Verbraucherschutz im IPR, 107.

schränkt werden, wenn man den Anwendungsbereich von Art. 29 Abs. 2, Abs. 1 EGBGB durch eine Analogie erweitern wollte. Die dafür erforderliche einschränkende Auslegung von Art. 28 Abs. 2, Abs. 1 EGBGB ist grundsätzlich nur im Falle einer Zweckverfehlung der Norm zulässig und nicht, wenn der Rechtsanwender die Rechtsfolge einer anderen Norm für einen Sachverhalt bevorzugt[270]. Selbst wenn man eine Zweckverfehlung von Art. 28 EGBGB aufgrund seiner Anwendbarkeit auf einen Sachverhalt, der eher dem Regelungsbereich des Art. 29 EGBGB zuzuordnen wäre, bejahte, so hält Art. 28 EGBGB mit seinem Absatz 5 eine spezielle Regelung zum Ausgleich solcher Zweckverfehlungen bereit[271]. Daher ist eine teleologische Reduktion im Rahmen von Art. 28 EGBGB nicht möglich.
Das auf diese Weise normsystematisch begründete Nichtvorliegen einer Regelungslücke im Rahmen von Art. 29 Abs. 2 EGBGB steht nach dieser Ansicht auch der Annahme einer Regelungslücke des Art. 29 Abs. 1 EGBGB entgegen. Um einen systematischen Bruch bei der Anwendung von Art. 29 EGBGB zu vermeiden, muss eine analoge Anwendbarkeit gleichermaßen für Art. 29 Abs. 1 EGBGB und für Art. 29 Abs. 2 EGBGB gelten[272].

Eine andere Ansicht bejaht hingegen das Vorliegen einer Regelungslücke in Fällen, die nach der Regelungsabsicht des Art. 29 EGBGB in seinen Regelungsbereich fielen, aber nicht von seinem Anwendungsbereich erfasst sind. Auch die ansonsten anwendbaren Artt. 27 und 28 EGBGB seien keine einer Analogie entgegenstehenden Regelungen, da sie dem Verbraucherschutzgedanken nicht Rechnung trügen. Demnach läge eine Regelungslücke des kollisionsrechtlichen Verbraucherschutzes vor[273].
Eine Regelungslücke berechtigt jedoch nur dann zu einer Analogie, wenn sie ungewollt offen gelassen wurde und die betreffende Norm nicht in bewusst abschließender Weise außerhalb ihres Anwendungsbereiches liegende Sachverhalte von der Regelung ausschließen wollte[274]. Für die Planwidrigkeit einer Regelungs-

---

[270] *Mankowski*, RIW 1998, 287, 289.

[271] OLG Stuttgart, BB 1991, 588 ff.= NJW-RR 1990, 1081, 1082; LG Würzburg, NJW-RR 1988, 1324.

[272] *Mankowski*, RIW 1993, 453, 460; *Mankowski*, IPRax 1991, 305, 312. A.A.: *Van Meenen*, Lauterkeitsrecht und Verbraucherschutz im IPR, 107.

[273] *Lüderitz*, IPRax 1990, 216, 219; *Lüderitz*, IPR, Rn. 274; *Sack*, IPRax 1992, 24, 28; *Kohte*, EuZW 1990, 150, 156; *Klingsporn*, WM 1994, 1093, 1096; *Yeun*, IPRax 1994, 257, 261; *Mäsch*, Rechtswahlfreiheit und Verbraucherschutz, 166-171; *Erman-Hohloch*, Art. 29 EGBGB Rn. 15; *Reithmann/Martiny-Martiny*, Internationales Vertragsrecht, Rn. 809; *MünchKomm-Martiny*, Art. 29 EGBGB Rn. 49, 53; *Reich*, VuR 1992, 189, 192; *Böhm*, Verbraucherschutz im Internationalen Privatrecht, 171; *Baumert*, Europäischer ordre public und Sonderanknüpfung zur Durchsetzung von EG-Recht, 223-229; *Michaels/Kamann*, JZ 1997, 601, 604 ff.

[274] Für eine planwidrige Regelungslücke bei Art. 29 EGBGB: *Jäckel/Hutmacher*, VuR 1994, 9, 16.

lücke in Art. 29 Abs. 1 EGBGB ist die Regelungsabsicht bei der Schaffung des EVÜ maßgeblich. Die detaillierte Aufzählung der Vertragsschlusssituationen, in denen ein Verbraucher von Art. 29 Abs. 1 EGBGB geschützt wird, hat nicht rein exemplarischen, sondern den abschließenden Charakter eines numerus clausus[275]. Die genaue Aufzählung der Fälle, in denen der Verbraucher geschützt werden soll, verdeutlicht, dass durch Art. 29 EGBGB gerade kein umfassender Verbraucherschutz gewährt wird und dass die Aufzählung keinen übertragbaren Verbrauchschutzgedanken enthält[276]. Die klassischen objektiven Anknüpfungsprinzipien und die Parteiautonomie sollen abgesehen von den genannten Fällen so weit als möglich bewahrt werden[277]. Im Ergebnis ist daher mit der herrschenden Meinung das Bestehen einer planwidrigen Regelungslücke im Verbraucherschutzsystem des Art. 29 Abs. 1 EGBGB, deren Schließung im Wege einer Analogie möglich wäre, zu verneinen.

3. Die einheitliche Auslegung von Art. 5 EVÜ in allen Unterzeichnerstaaten

Hinzu kommt, dass das in Art. 18 EVÜ bzw. Art. 36 EGBGB niedergelegte Ziel der Vereinheitlichung des Kollisionsrechts in allen Unterzeichnerstaaten des EVÜ nur erreicht wird, wenn das EVÜ in diesen auch einheitlich ausgelegt und angewendet wird[278]. Die von Teilen der deutschen Rechtsprechung und Literatur befürworteten Analogien zu Art. 29 EGBGB bei Haustürwiderrufsfällen und bei

---

[275] *Ebke*, in: Europäisches Gemeinschaftsrecht und IPR, 77, 101; *Van Meenen*, Lauterkeitsrecht und Verbraucherschutz im IPR, 103.

[276] BGH Urt.v. 19.3.1997, BGHZ 135, 125, 134= JZ 1997, 612, 614; LG Bielefeld NJW-RR 1999, 1283; AG Lichtenfels, IPRax 1990, 236; LG Düsseldorf, NJW 1991, 2220; LG Celle RIW 1991, 421; OLG Hamm, Urt. v. 1.12.1988, NJW-RR 1989, 496; *Mankowski*, RIW 1993, 453, 459; *Mankowski*, IPRax 1990, 305, 311; LG Hildesheim, IPRax 1993, 173, 174; *Taupitz*, BB 1990, 642, 649; *Junker*, IPRax 1993, 1, 8; *Ebke*, in: Europäisches Gemeinschaftsrecht und IPR, 77, 100; *Leible*, Rechtswahlfreiheit und kollisionsrechtlicher Verbraucherschutz, 245, 260; *Baumert*, Europäischer ordre public und Sonderanknüpfung zur Durchsetzung von EG-Recht, 103 ff. und 209 ff.; *Coester-Waltjen*, FS Lorenz, 297, 309; *Droste*, Der Begriff der „zwingenden Bestimmungen" in Art. 27 ff., 134 ff.; *Schlosser*, FS Steindorff, 1379, 1388; *Horn*, MMR 2002, 209, 213; *Borges*, ZIP 1999, 565, 567; *MünchKomm-Martiny*, Art. 29 EGBGB Rn. 49; *Kronke*, RIW 1996, 985, 989; *Palandt-Heldrich*, Art. 29 EGBGB Rn. 5; *Van Meenen*, Lauterkeitsrecht und Verbraucherschutz im IPR, 100-101; *Pützhoven*, Europäischer Verbraucherschutz im Fernabsatz, 185; *Grabitz/Hilf-Micklitz*, Das Recht der Europäischen Union, Band III, A 3 Rn. 195; *Erman-Hohloch*, Art. 29 EGBGB Rn. 10; *Rott*, ZVglRWiss, 98 (1999), 383, 395; *Kallenborn*, Das Sprachenproblem, 179 ff.; *Freitag/Leible*, EWS 2000, 342, 342.

[277] *Mankowski*, RIW 1993, 453, 460; *Mankowski*, RIW 1998, 287, 289; *Taupitz*, BB 1990, 642, 649; *Leible*, in: Privatautonomie und Ungleichgewichtslagen, 245, 260; *Junker*, RabelsZ 55 (1991), 674, 684.

[278] *Reinhart*, RIW 1994, 445, 445-446; *Lüderitz*, IPRax 1990, 216, 219.

Verträgen über die Teilzeitnutzung von Wohngebäuden wurden nicht von allen Unterzeichnerstaaten des EVÜ einheitlich unterstützt[279]. Übereinstimmende rechtspolitische Wertungen in den anderen Unterzeichnerstaaten des EVÜ sind auch nach Ansicht des BGH eine unverzichtbare Voraussetzung für eine analoge Anwendung von Art. 29 Abs. 1 EGBGB[280]. Ein gemeinsamer Wille der Mitgliedstaaten der EG zur Erweiterung des kollisionsrechtlichen Verbraucherschutzes bei grenzübergreifenden Fernabsatzverträgen kommt nur im Rahmen von Art. 12 Abs. 2 Fernabsatzrichtlinie zum Ausdruck und nicht automatisch durch die Richtliniengebung an sich[281].

4. Ergebnis zur Analogiefähigkeit von Art. 29 EGBGB

Art. 29 EGBGB ist mangels planwidriger Regelunglücke im System des kollisionsrechtlichen Verbraucherschutzes nicht analogiefähig.

---

[279] BGH, Urt. v. 19.3.1997, BGHZ 135, 125, 134; *Mankowski*, RIW 1993, 453, 460; *ders.*, IPRax 1991, 305, 308; *Junker*, RabelsZ 55 (1991), 674, 686; *ders.*, IPRax 1993, 1, 8; *Leible*, in: Privatautonomie und Ungleichgewichtslagen, 245, 260; *Helmberg*, WBl 1997, 137, 142; *Hohloch*, JuS 1997, 944, 945; *Ebke*, in: Europäisches Gemeinschaftsrecht und IPR, 77, 100-101; *Grabitz/Hilf-Micklitz*, Das Recht der Europäischen Union, Band III, A 3 Rn. 195; *Kronke*, RIW 1996, 985, 990. A.A.: *Van Meenen*, Lauterkeitsrecht und Verbraucherschutz im IPR, 105-106.

[280] BGH, Urt. v. 19.3.1997, BGHZ 135, 125, 134= JZ 1997, 612, 614.

[281] Allgemein *Mankowski*, RIW 1998, 287, 288; *Reich*, ZHR 153 (1989), 571, 589 mit Verweis auf *Lorenz*, IPRax 1987, 271, 275. Nach Art. 12 Abs. 2 Fernabsatzrichtlinie hat der europäische Gesetzgeber die Kompetenz zur Erweiterung des kollisionsrechtlichen Verbraucherschutzes bei grenzübergreifenden Fernabsatzverträgen an sich gezogen; *Kronke*, RIW 1996, 985, 989-990.

C. Die objektive Anknüpfung grenzübergreifender Fernabsatzverträge nach Art. 28 EGBGB

Art. 28 Abs. 1 EGBGB unterstellt einen Vertrag dem Recht des Staates, *„zu dem der Vertrag die engsten Verbindungen aufweist"*. Art. 28 EGBGB verbindet zwei unterschiedliche Herangehensweisen der Ermittlung des anwendbaren Rechts. Zum Zwecke der Rechtssicherheit bestimmen zunächst die Absätze 1 bis 4 das bei objektiver Anknüpfung anwendbare Recht. Absatz 5 ermöglicht eine Korrektur mit dem Ziel der Einzelfallgerechtigkeit, bei der in der rückblickenden Gesamtschau auf den Sachverhalt beurteilt wird, ob nicht noch engere Bezüge zu einem anderen Staat bestehen[282]. Die Anwendung von Art. 28 EGBGB auf im Fernabsatz geschlossene Verträge setzt voraus, dass die Vertragsparteien keine wirksame Rechtswahl trafen sowie, dass Art. 29 Abs. 2 EGBGB nicht anwendbar ist, da dieser im Verhältnis zu Art. 28 Abs. 1 EGBGB spezieller ist. Die engste Verbindung ist mittels einer „vernünftigen Interessenabwägung auf rein objektiver Grundlage" zu ermitteln[283]. In die Ermittlung der engsten Verbindungen zwischen einem Fernabsatzvertrag und einem Staat kann daher eine Fülle von Kriterien mit einfließen[284].

I. Die Anwendung von Art. 28 Abs. 1 und 2 EGBGB auf grenzübergreifende Fernabsatzverträge

a) Die vertragscharakteristische Leistung bei Fernabsatzverträgen

Zu welchem Staat ein Vertrag die engste Verbindung hat, wird durch die Vermutungen in Art. 28 Abs. 2 bis 4 EGBGB konkretisiert. Art. 28 Abs. 2 S. 1 EGBGB stellt die widerlegliche Vermutung auf, dass ein Vertrag die engsten Verbindungen mit dem Staat aufweist, in dem diejenige Partei ihren gewöhnlichen Aufenthalt, bzw. ihre Hauptverwaltung hat, die *„die charakteristische Leistung des Ver-*

---

[282] *Gunst*, Die charakteristische Leistung, 102; *Kreuzer*, ZfRV 1992, 168, 175-176.

[283] *Erman-Hohloch*, Art. 28 EGBGB Rn. 1.

[284] Zu diesen wird hier verwiesen auf *Soergel-v.Hoffmann*, Art. 28 EGBGB Rn. 98; *MünchKomm-Martiny*, Art. 28 EGBGB Rn. 111, 98; *Geisler*, Die engste Verbindung im Internationalen Privatrecht, 210, 211; *Mankowski*, RabelsZ 63 (1999), 203, 228; *Papathoma-Baetge/Nehrenberg/Finke*, in: Rechtshandbuch E-Business, 70 Rn. 81; *v.Hoffmann*, IPR, § 10 Rn. 59; *Merschformann*, Die objektive Bestimmung des Vertragsstatuts, 82.

trages" zu erbringen hat[285]. Die charakteristische Leistung ist diejenige, die dem Vertrag sein rechtliches Gepräge gibt und die ihn von anderen Verträgen unterscheidet[286]. Um die Ermittlung der charakteristischen Leistung zu erleichtern wird für ganze Vertragstypen jeweils einheitlich die charakteristische Leistung bestimmt[287].

Charakteristische Leistung eines Fernabsatzvertrages können die Sach- oder Dienstleistung des Unternehmers oder die finanzielle Gegenleistung des Verbrauchers sein. Die Leistung des Verbrauchers kann bei Fernabsatzverträgen nicht schlechthin als die charakteristische Leistung festgelegt werden. Zwar ist ein Fernabsatzvertrag dadurch geprägt, dass ein Verbraucher beteiligt ist und dass dessen vertragliche Pflicht stets in einer Geldleistung besteht. Es ist jedoch nicht der Inhalt der Leistung des Verbrauchers, die einen Fernabsatzvertrag von anderen unterscheidet und ihm sein besonderes Gepräge gibt, sondern die erforderlichen Vertragsschlussmodalitäten[288].

Wenn sich eine Geldleistung und eine Sachleistung im Austauschverhältnis gegenüber stehen, so wird das Vertragsverhältnis durch letztere geprägt[289]. Leistungsgegenstände in Fernabsatzverträgen können nur die Lieferung von Waren oder die Erbringung von Dienstleistungen auf der einen und die Entrichtung eines Entgeltes auf der anderen Seite sein. Die Rollenverteilung bei der Leistungserbringung in Fernabsatzverträgen ist so festgelegt, dass der Unternehmer eine Ware liefert oder eine Dienstleistung erbringt und der Verbraucher im Gegenzug das Entgelt entrichtet. Bei Fernabsatzverträgen wird die vertragscharakteristische Leistung daher vom Unternehmer erbracht[290]. Aus der Verwendung bestimmter

---

[285] Das Grünbuch der Kommission der Europäischen Gemeinschaften KOM (2002), 654 endg., 32 wirft die Frage auf, ob die Vermutung des Art. 28 Abs. 2 EGBGB zur Grundanknüpfung erhoben werden sollte.

[286] *Kropholler*, IPR, § 52 III, 447; *MünchKomm-Martiny*, Art. 28 EGBGB Rn. 33.

[287] *Bothe/Kilian*, Rechtsfragen grenzüberschreitender Datenflüsse, 381; *Kropholler*, RabelsZ 42 (1978), 634, 637 ff.; *Keller*, FS Vischer, 175, 183-184. Für die Typenbildung sprechen die Erhöhung der Rechtssicherheit und die Förderung einer einheitlichen Auslegung des EVÜ. Das Ziel der Flexibilität im Einzelfall spricht gegen eine Typisierung von Verträgen. *Blaurock*, FS Stoll, 463, 477; *v.Hoffmann*, RabelsZ 43(1978), 634, 637; *Steinle*, ZVglRWiss 93 (1994), 300, 315; *Mankowski*, ZEuP 2002, 811, 813.

[288] *Mankowski*, RabelsZ 63 (1999), 203, 220. Gegen die Deklarierung der Leistung des Verbrauchers als charakteristischen Leistung schon *Kropholler*, RabelsZ 43 (1978), 634, 640. Vgl. auch Begr. zum Entwurf eines Fernabsatzgesetzes, BT-Drs. 14/2658, 16.

[289] *MünchKomm-Martiny*, Art. 28 EGBGB Rn. 33; *Merschformann*, Die objektive Bestimmung des Vertragsstatuts, 130; *Bothe/Kilian*, Rechtsfragen grenzüberschreitender Datenflüsse, 381; *Hoeren*, CR 1993, 129, 133; *Hoeren*, Grundzüge des Internetrechts, 183.

[290] *Busse*, CR 1996, 389, 392; *Rott*, ZVglRWiss, 98 (1999), 383, 395; *Waldenberger*, BB 1996, 2365, 2371; *MünchKomm-Wendehorst*, Vor § 312b Rn. 31; *Grabitz/Hilf-Micklitz*, Das Recht der Europäischen Union, Kommentar, Band III A 3 Rn. 189; *Bothe/Kilian*, Rechtsfragen grenzüberschreitender Datenflüsse, 380. Es ist auch der Unternehmer, der die Leistung i.S.d. Art. 28 Abs. 2 EGBGB „zu erbringen hat“, wenn er sich zur Erfüllung einer anderen Person bedient.

Fernkommunikationsmittel beim Abschluss eines Vertrages ergeben sich keine Besonderheiten für die Ermittlung der vertragscharakteristischen Leistung[291]. So ist die Unternehmerleistung auch dann die charakteristische Leistung eines Fernabsatzvertrages, wenn sie im Internet angeboten und online erbracht wird[292].

b) Die Hauptniederlassung und die „Erfüllungsniederlassung“ des Unternehmers

Art. 28 Abs. 2 S. 2 EGBGB ergänzt die Vermutung des Art. 28 Abs. 2 S. 1 EGBGB. Wenn der Vertrag in Ausübung der beruflichen oder gewerblichen Tätigkeit derjenigen Partei geschlossen wurde, die die charakteristische Leistung zu erbringen hat, wird nach Art. 28 Abs. 2 S. 2 EGBGB vermutet, dass der Vertrag die engsten Verbindungen zu dem Staat aufweist, in dem sich die Hauptniederlassung dieser Partei befindet. Wenn die Leistung nach dem Vertrag von einer anderen als der Hauptniederlassung zu erbringen ist, so wird vermutet, dass er mit dem Staat am engsten verbunden ist, in dem sich die andere Niederlassung befindet. Eine Niederlassung ist *„ein Mittelpunkt geschäftlicher Tätigkeit, der auf Dauer als Außenstelle eines Stammhauses unter dessen Aufsicht und Leitung hervortritt, eine eigene Geschäftsführung hat und sachlich hinreichend ausgestattet ist, Geschäfte im Außenverhältnis mit Dritten zu betreiben und abzuwickeln, ohne dass diese Dritten sich unmittelbar an das Stammhaus wenden müssen“*[293].
Da die berufliche Vertragsschlussmotivation des beteiligten Unternehmers Voraussetzung für das Vorliegen eines Fernabsatzvertrages ist, sind grenzübergreifende Fernabsatzverträge nach Art. 28 Abs. 1, Abs. 2 EGBGB am engsten mit dem Staat verbunden, in dem sich die berufliche Hauptniederlassung des Unternehmers befindet, bzw. in dem sich die Niederlassung befindet, die nach dem

---

[291] *Mankowski*, RabelsZ 63 (1999), 203, 220, 223; *Hoeren*, Grundzüge des Internetrechts, 183.
[292] *Junker*, RIW 1999, 809, 818; *Mankowski* RabelsZ 63 (1999), 203, 220; *Hoeren*, Grundzüge des Internetrechts, 183; *Hoeren/Oberscheidt*, VuR 1999, 371, 385; *Waldenberger*, BB 1996, 2365, 2370; *Grabitz/ Hilf-Micklitz*, Das Recht der Europäischen Union, Band III, A 3 Rn. 189; *Terlau*, in: Rechts-Handbuch zum E-Commerce, 341, Rn. 46 ff. Bei Providerverträgen bringt der Provider die charakteristische Leistung, *Boehme-Neßler*, Cyberlaw, 66; *Kröger/Gimmy-Gimmy*, Handbuch zum Internetrecht, 92; *Dilger*, Verbraucherschutz bei Vertragsabschlüssen im Internet, 197; *Hoeren*, Rechtsfragen des Internet, 118; *Härting*, Internetrecht, 11; *Papathoma-Baetge/Nehrenberg/Finke*, in: Rechtshandbuch E-Business, 69 Rn. 81. Beim Downloaden von Software besteht die vertragscharakteristische Leistung im Zur-Verfügung-Stellen der Software. In diesem Fall beruft Art. 28 EGBGB das Recht am Sitz des Software-Anbieters zur Anwendung, *Busse*, CR 1996, 389, 392.
[293] Die Niederlassung wird im EVÜ und im EGBGB nicht definiert. Die genannte Definition gibt das Verständnis in Literatur und Rechtsprechung wieder. *Mankowski*, RabelsZ 63 (1999), 203, 222; *MünchKomm-Martiny*, Art. 28 EGBGB Rn. 49; *Soergel-v.Hoffmann*, Art. 28 EGBGB Rn. 67, 70; EuGH Slg 1978, 2183, 2193 Rs. Somafer./.Saar-Ferngas, RIW 1979, 56.

Vertrag die geschuldete Leistung zu erbringen hat[294]. Die Anknüpfung nach Art. 28 Abs. 2 S. 2 EGBGB an die Niederlassung des Unternehmers gilt auch für Verträge, die über das Internet geschlossen werden[295]. Entgegen einer mit verbraucherschützender Motivation vertretenen Ansicht kann die Niederlassung von Internetanbietern nicht an dem Ort begründet werden, wo der Vertragspartner das über das Internet unterbreitete Angebot des Unternehmers abruft, da dies beim Vertrieb über das Internet zu einer unübersehbaren Anzahl von Anknüpfungspunkten führen und den Zielen der Rechtssicherheit des Art. 28 Abs. 2 EGBGB entgegenlaufen würde[296].
Problematisch ist die Anknüpfung an den Ort der Niederlassung jedoch, wenn dieser für den Verbraucher nicht erkennbar ist, z.B. weil eine solche gar nicht existiert, oder wenn ein falscher Eindruck davon vermittelt wird, welche Niederlassung die zuständige ist. Das Auftreten dieser Schwierigkeiten wird durch die ausschließliche Kommunikation über Fernkommunikationsmittel begünstigt.

aa) Die Nichterkennbarkeit einer Niederlassung

Beim Abschluss von Verträgen über Fernkommunikationsmittel ist der Ort, an dem sich die Niederlassung des Unternehmers befindet, mangels persönlichen Kontaktes zwischen den Vertragsparteien für den Verbraucher mitunter nicht klar erkennbar. Dies kann dadurch begründet sein, dass ein Unternehmen entweder keine reale Niederlassung besitzt, wie beispielsweise einige Internetanbieter oder international tätige Dienstleister, die permanent auf Reisen sind und keine reale Unternehmenszentrale im herkömmlichen Sinne haben, von der aus sie Geschäfte tätigen. Oder dadurch, dass der Unternehmer im vorvertraglichen Geschäftskontakt seinen Firmensitz nicht deutlich angibt[297].

---

[294] *MünchKomm-Wendehorst*, Vor § 312b Rn. 31; *Martiny*, ZEuP 1999, 246, 256; *Grabitz/Hilf-Micklitz*, Das Recht der Europäischen Union, Kommentar, Band III A 3 Rn. 18; Für Rechtsanwaltsverträge *Henssler*, JZ 1994, 178, 185; *Raiser*, NJW 1991, 2049, 2057.
[295] *Palandt-Heldrich*, Art. 28 EGBGB Rn. 4; *Mankowski*, RabelsZ 63 (1999), 203, 220; *Sandrock*, ZVglRWiss 98 (1999), 227, 236; *Junker*, RIW 1999, 809, 818; *MünchKomm-Wendehorst*, Vor § 312b Rn. 31; *Terlau*, in: Rechts-Handbuch zum E-Commerce, 341 Rn. 45 ff.
[296] *Mankowski*, RabelsZ 63 (1999), 203, 226; *Terlau*, in: Rechts-Handbuch zum E-Commerce, 341 Rn. 46. A.A.: *Strunk*, IStR 1997, 257, 258; *Koch*, Internet-Recht-Praxishandbuch, 52.
[297] Beispielsweise ergibt sich dieses Problem beim Vertragsschluss über das Internet, wenn die Internetadresse des Unternehmers kein Nationalitätenkennzeichen enthält oder dieselbe Firma auf mehreren Seiten mit unterschiedlichen Kennzeichen im Internet vertreten ist. *Mankowski*, RabelsZ 63 (1999), 203, 224; *Grabitz/ Hilf-Micklitz*, Das Recht der Europäischen Union, Band III, A 3 Rn. 189; *Kronke*, RIW 1996, 985, 985 und 991.

Wenn die zuständige Niederlassung für den Verbraucher nicht erkennbar ist und auch nicht der Anschein einer Niederlassung in einem bestimmten Staat begründet wird, so könnte man dies zum Zweck des Verbraucherschutzes zum Anlass nehmen, die Vermutung des Art. 28 Abs. 2 EGBGB außer Kraft zu setzen und die Anknüpfung ausschließlich über Art. 28 Abs. 1 EGBGB vorzunehmen[298]. Die Vermutung nach Art. 28 Abs. 2 S. 2 EGBGB dient jedoch dem Zweck, die objektive Anknüpfung von Verträgen zu erleichtern und zu bestimmen, zu welchem Staat ein Vertrag objektiv die engsten Verbindungen aufweist, unabhängig davon, ob der Vertragspartner bei Vertragsschluss den Ort der Hauptniederlassung oder der leistungspflichtigen Zweigniederlassung des Unternehmers tatsächlich kennt[299]. Der Vertragspartner hat die Möglichkeit vor Vertragsschluss die Adresse des Unternehmers zu erfragen und von der Antwort auch den Vertragsschluss abhängig zu machen[300]. Ein weiteres Regelungsziel des Art. 28 EGBGB ist aber auch die Schaffung von Rechtssicherheit durch Kalkulierbarkeit des objektiv anwendbaren Rechts[301]. Dadurch wird zwar keine Pflicht zur Angabe der zuständigen Niederlassung begründet[302], aber eventuell die Pflicht, einen falschen Anschein einer Niederlassung zu vermeiden.

bb) Der Anschein der zuständigen Niederlassung

Aufgrund des mangelnden persönlichen Kontaktes der Vertragsparteien kann beim Abschluss eines Fernabsatzvertrages leicht beim Verbraucher der Eindruck entstehen, die Hauptniederlassung des Unternehmers befände sich in einem anderen Staat, als es tatsächlich der Fall ist. Nach Art. 28 Abs. 2 S. 2 EGBGB wird die engste Verbindung des Vertrages nur dann zu dem Staat vermutet, in dem sich eine Zweigniederlassung befindet, wenn vertraglich vereinbart wurde, dass die Leistung von dieser zu erbringen ist. Aus der Tatsache, dass allein eine unternehmensinterne Leistungspflicht einer bestimmten Niederlassung für die objektive

---

[298] *Mankowski*, RabelsZ 63 (1999), 203, 225, Fn. 74, 229, Fn. 91. Über den Erfüllungsort im Aufenthaltsstaat des Verbrauchers könnte dann die engste Verbindung des Vertrages zum Aufenthaltsstaat des Verbrauchers begründet und das verbrauchergünstige Recht zur Anwendung berufen werden.

[299] *Mankowski*, RabelsZ 63 (1999), 203, 224.

[300] *v.Hoffmann*, IPR, § 10 Rn. 43.

[301] *Kreuzer*, FS Zajtay, 295, 324; *Merschformann*, Die objektive Bestimmung des Vertragsstatuts, 189, 206; *Kegel/ Schurig*, IPR, 199, 201; *Blaurock*, FS Stoll, 463, 479; *Mankowski*, ZEuP 2002, 811, 815.

[302] Auch nach Art. 4 Abs. 1a) Fernabsatzrichtlinie hat der Unternehmer beim Abschluss eines Fernabsatzvertrages die Pflicht, dem Verbraucher seine Unternehmensadresse nur dann zu nennen, wenn der Verbraucher vorauszahlungspflichtig ist. Siehe hierzu 1. Teil:B.III.1, Seite 36.

Anknüpfung nicht maßgeblich ist, kann geschlossen werden, dass für den Vertragspartner die für die Leistungserbringung zuständige Niederlassung erkennbar sein muss. Wenn der Anschein beim Vertragspartner nicht berücksichtigt würde, wäre die Angabe einer Adresse durch den Unternehmer kollisionsrechtlich völlig unbedeutend und der Unternehmer könnte unter kollisionsrechtlichen Gesichtspunkten willkürliche Angaben machen. Damit das nach Art. 28 Abs. 1, Abs. 2 EGBGB objektiv anwendbare Recht für die Vertragsparteien ermittelbar bleibt, sollte der gute Glaube einer Partei bezüglich der Lage der Hauptniederlassung des Unternehmers geschützt werden[303]. Aus Verkehrsschutzgründen sollte die engste Verbindung durch diejenige Niederlassung begründet werden, die aus Sicht des objektiven Empfängerhorizontes die Hauptniederlassung ist[304]. Entgegen einer Literaturansicht sollte die Begründung der engsten Verbindung durch die Anscheinsniederlassung jedoch nicht zwingend sein[305]. Wenn die Rechtsordnung im Staat der Anscheinsniederlassung für den Vertragspartner negativer ist, als das Recht im Staat der tatsächlich leistungspflichtigen Niederlassung, so würde sich der Anscheinsschutz gegen den Geschützten kehren[306]. Daher sollte die Wahrnehmung des Anscheinsschutzes zur Disposition des Vertragspartners des Unternehmers stehen.

cc) Das Fehlen einer geschäftlichen Niederlassung des Unternehmers

Die Anknüpfung an den Ort der Niederlassung des Unternehmers gestaltet sich auch bei Fehlen eines realen Firmensitzes schwierig, wenn auch keine fiktive Hauptniederlassung vereinbart wurde. Abzulehnen ist eine analoge Anwendung von Art. 28 Abs. 1 EGBGB i.V.m. Art. 28 Abs. 2 S. 3 EGBGB. Der Weg der Analogie zur speziellen Norm des Art. 28 Abs. 2 S. 2 EGBGB sollte nicht beschritten werden, ohne die Lösung des Problems über die weniger spezielle Norm des Art. 28 Abs. 2 S. 1 EGBGB versucht zu haben. Sofern das Unternehmen des Anbieters tatsächlich keine reale Niederlassung hat, ist ein Vertrag daher am engsten mit dem Staat verbunden, in dem sich der gewöhnliche Aufenthalt des Anbieters

[303] *Staudinger-Magnus*, Art. 28 EGBGB Rn. 89; KG, IPRspr 94 Nr. 21 b; *Mankowski*, RabelsZ 63 (1999), 203, 222-223; EuGH 22.11.1978, 2193 Rz. 12; EuGH 9.12.1987, 4920 Rz. 15; *Dilger*, Verbraucherschutz bei Vertragsabschlüssen im Internet, 198.
[304] *Mankowski*, RabelsZ 63 (1999), 203, 222.
[305] So aber *Bamberger/Roth-Spickhoff*, Art. 28 EGBGB Rn. 24; *Dilger*, Verbraucherschutz bei Vertragsabschlüssen im Internet, 198.
[306] *Mankowski*, RabelsZ 63 (1999), 203, 223.

befindet[307]. Eine nähere Beziehung des Vertrages zu einem anderen Staat als dem des gewöhnlichen Aufenthaltes des Unternehmers, kann über Art. 28 Abs. 5 EGBGB berücksichtigt werden[308].

dd) Die Niederlassung am Serverstandort bei über das Internet geschlossenen grenzübergreifenden Fernabsatzverträgen ?

Nach einer Ansicht ist die für die objektive Anknüpfung nach Art. 28 Abs. 2 S. 2 EGBGB maßgebliche Niederlassung bei über das Internet geschlossenen Fernabsatzverträgen am Standort des vom Unternehmer genutzten Servers zu fingieren, wenn Unternehmen ausschließlich im Internet existieren oder wenn sich der genutzte Server in einem anderen Staat befindet, als der Firmensitz des Unternehmers oder bei Internetangeboten, bei denen die Anschrift des Unternehmers für den Kunden nicht erkennbar ist[309]. Dieser Ansicht zufolge ist der Server ein integraler Bestandteil eines über das Internet kontrahierenden Unternehmens und aus diesem Grunde zur Begründung einer Zweigniederlassung des Unternehmens geeignet[310]. Dies würde jedoch nur dann zu einer Erweiterung des kollisionsrechtlichen Verbraucherschutzes über Art. 29 EGBGB hinaus führen, wenn der Unternehmer einen Server im Aufenthaltsstaat des Verbrauchers nutzt.
Der Serverstandort begründet jedoch nach zu recht überwiegender Ansicht keine Niederlassung eines Unternehmens[311]. Das gleiche gilt auch für den Fall, dass die

---

[307] *Hoeren*, Grundzüge des Internetrechts, 184; *Ernst*, JUS 1997, 776, 777; *Martiny*, ZEuP 1999, 246, 259; *Junker*, RIW 1999, 809, 818; *Schu*, Int J L&IT 5 (1997), 222; *Hoeren*, Rechtsfragen des Internet, Rn. 279; *Mankowski*, RabelsZ 63 (1999), 203, 229; *Martiny*, ZEuP 1999, 246, 259; *Papathoma-Baetge/Nehrenberg/Finke*, in: Rechtshandbuch E-Business, 69 Rn. 81; *Geisler*, Die engste Verbindung im Internationalen Privatrecht, 221.

[308] *Mankowski*, RabelsZ 63 (1999), 203, 229.

[309] *Kröger/Gimmy-Gimmy*, Handbuch zum Internetrecht, 92; *Bamberger/Roth-Spickhoff*, Art. 28 EGBGB Rn. 24.

[310] Siehe hierzu auch *Mankowski*, RabelsZ 63 (1999), 203, 226 und 2. Teil:C.4.b), Seite 119. *Terlau*, in: Rechts-Handbuch zum E-Commerce, 344 Rn. 55. Nach anderer Ansicht begründet der Server eine „noch engere Verbindung" i.S.d. Art. 28 Abs. 5 EGBGB zum Staat, in dem er sich befindet.

[311] *Waldenberger*, BB 1996, 2365, 2370-2371; *Pfeiffer*, NJW 1997, 1207, 1214; *Busse*, CR 1996, 389, 392; *Bamberger/Roth-Spickhoff*, Art. 28 EGBGB Rn. 24; *Junker*, RIW 1999, 809, 818; *Hoeren*, Rechtsfragen des Internets, Rn. 279; *Mankowski*, RabelsZ 63 (1999), 203, 226 ff.; *Dieselhorst*, ZUM 1998, 293, 293; *Spindler*, ZUM 1996, 533, 559; *Dilger*, Verbraucherschutz bei Vertragsabschlüssen im Internet, 198; *Sandrock*, ZVglRWiss 98 (1999), 227, 236; *Mehrings*, CR 1998, 613, 617; *Geisler*, Die engste Verbindung im Internationalen Privatrecht, 221; *Bamberger/Roth-Spickhoff*, Art. 28 EGBGB Rn. 24; *Terlau*, in: Rechts-Handbuch zum E-Commerce, 343 Rn. 52; *Drexl*, in: Rechtsgeschäfte im Netz, 75, 97.

Länderkennung in der Top-Level Domain der Internetadresse des Unternehmens nicht dem Staat entspricht, in dem sich der Firmensitz befindet[312]. Da der Server lediglich eine technische Hilfsfunktion erfüllt, kann ihm nicht eine solch große Bedeutung bei der objektiven Anknüpfung zukommen[313]. An den Standort des Servers anzuknüpfen ist deshalb unprobat, weil er jederzeit ersetzt werden kann und auch der Standort des genutzten Servers jederzeit geändert werden kann und so dessen Installation an einem Ort keine Dauerhaftigkeit und Verlässlichkeit gewährleistet[314]. Als Kritikpunkt unter dem Aspekt der Rechtssicherheit kommt hinzu, dass der Standort des Servers für den typischen Verbraucher, der im Internet einkauft, nicht erkennbar ist[315]. Um eine bessere Verfügbarkeit von Informationen im Internet zu gewährleisten, wird häufig dieselbe Information auf mehreren Servern abgelegt („caching"). Durch das Anwählen über eine einzige Internetadresse wird dabei der Zugriff auf mehrere Server ermöglicht. Es wäre unklar, an welchem Serverstandort die Niederlassung begründet werden sollte. Dem Serverstandort kann daher allenfalls Indizwirkung bei der Begründung einer engen Verbindung zu einem Staat zukommen[316].

2. *Die Anwendung von Art. 28 Abs. 3 EGBGB auf grenzübergreifende Fernabsatzverträge*

Art. 28 Abs. 3 EGBGB begründet die Vermutung, dass ein Vertrag, der ein dingliches Recht an einem Grundstück oder ein Recht zur Nutzung eines Grundstücks zum Gegenstand hat, am engsten mit dem Staat verbunden ist, in dem das vertragsgegenständliche Grundstück belegen ist und führt damit zur Anwendung der lex rei sitae. Nach Art. 3 Abs. 1 Nr. 4 Fernabsatzrichtlinie ist diese und nach deren Umsetzung ist die Mehrheit der europäischen Vorschriften über Fernabsatzverträge nicht auf Verträge anwendbar, die für den Bau und den Verkauf von Immobilien geschlossen werden oder die sonstige Rechte an Immobilien mit Ausnahme der Vermietung betreffen[317]. Grenzübergreifende Fernabsatzverträge können da-

---

[312] *Terlau*, in: Rechts-Handbuch zum E-Commerce, 343 Rn. 56.

[313] *Mankowski*, RabelsZ 63 (1999), 203, 227, 228; *Terlau*, in: Rechts-Handbuch zum E-Commerce, 344 Rn. 55; *Hoeren*, Grundzüge des Internetrechts, 184.

[314] Siehe hierzu auch 2. Teil:B.III.2.a)aa)(4), Seite 92 und 2. Teil:B.III.2.b)bb), Seite 99. *Terlau*, in: Rechts-Handbuch zum E-Commerce, 344 Rn. 55.

[315] Den Serverstandort kann man nur an der IP-Adresse erkennen. Die Top-Level-Domain, die Adressenendung hingegen gibt keinen Aufschluss über den Serverstandort.

[316] Näheres dazu unten, 2. Teil:C.4.b), Seite 119.

[317] Siehe 1. Teil:B.II.2, Seite 34. Nach § 312b Abs. 3 Nr. 4 BGB sind Verträge über die Veräußerung von Grundstücken und grundstücksgleichen Rechten, die Begründung, Veräußerung und

her nicht als *„Verträge über ein dingliches Recht an einem Grundstück"* Anknüpfungsgegenstand von Art. 28 Abs. 3 EGBGB sein.
Die spezielle Anknüpfung über Art. 28 Abs. 3 EGBGB gilt jedoch auch für Verträge über schuldrechtliche Nutzungsrechte an einem Grundstück, wie beispielsweise die Miete[318]. Auch können Fernabsatzverträge die Miete von Häusern und Wohnungen zum Gegenstand haben, allerdings nur zu nicht-touristischen Zwecken[319]. Bei der Anknüpfung von im Fernabsatz geschlossenen Mietverträgen über Wohnungen und Häuser wird daher nach Art. 28 Abs. 3 EGBGB vermutet, dass diese am engsten mit dem Staat verbunden sind, in dem das betreffende Grundstück belegen ist.

3. Die Anwendung von Art. 28 Abs. 4 EGBGB auf grenzübergreifende Fernabsatzverträge

Art. 28 Abs. 4 EGBGB stellt die Vermutung auf, dass ein Güterbeförderungsvertrag am engsten mit dem Staat verbunden ist, in dem sich die Hauptniederlassung des Beförderers im Zeitpunkt des Vertragsabschlusses befindet, wenn sich in diesem Staat auch der Verladeort oder der Entladeort oder die Hauptniederlassung des Absenders befinden. Obwohl Art. 28 Abs. 4 EGBGB als möglichen zusätzlichen Bezugspunkt zum Niederlassungsstaat des Beförderers die Belegenheit der *„Hauptniederlassung"* des Absenders in demselben Staat fordert, ist Art. 28 Abs. 4 EGBGB auch anwendbar, wenn der Absender eine Privatperson ist[320].
Nach Art. 3 Abs. 2 Nr. 2 Fernabsatzrichtlinie sind entscheidende fernabsatzrechtliche Bestimmungen nicht auf Verträge über die Erbringung von Dienstleistungen im Bereich der Beförderung anwendbar, wenn sich der Unternehmer verpflichtet, die Beförderung zu einem bestimmten Zeitpunkt oder innerhalb eines genau angegebenen Zeitraumes zu erbringen[321]. Dieser Ausschluss gilt jedoch nach herrschender Ansicht nur für touristische Beförderungsdienstleistungen[322]. Das euro-

---

Aufhebung dinglicher Rechte an Grundstücken und grundstücksgleichen Rechten vom Anwendungsbereich des deutschen Fernabsatzrechts ausgeschlossen.
[318] *MünchKomm-Martiny*, Art. 28 EGBGB Rn. 62; *Mehrings*, CR 1998, 613, 617.
[319] Aufgrund Art. 3 Abs. 2 Gs. 2 gilt die Fernabsatzrichtlinie nicht für die touristische Immobilienmiete.
[320] Dazu *Staudinger-Magnus*, Art. 28 EGBGB Rn. 112, 124.
[321] Die Ausnahmen vom Anwendungsbereich der Fernabsatzrichtlinie nach Art. 3 Abs. 2 waren bei der Umsetzung in den europäischen Rechtsordnungen umfangreichen Änderungen unterworfen. Siehe dazu 1. Teil:B.II.2, Seite 34.
[322] *Lütcke*, § 312b Rn. 125; *MünchKomm-Wendehorst*, § 1 FernAbsG Rn. 87; *Härting*, § 1 FernAbsG Rn. 144. Siehe hierzu auch 2. Teil:B.III.1.b)bb)(2), Seite 78. Ob die betroffenen fernab-

päische Fernabsatzrecht ist daher grundsätzlich auf Güterbeförderungsverträge zu nicht-touristischen Zwecken anwendbar. Art. 28 Abs. 4 EGBGB ist auf grenzübergreifende Fernabsatzverträge anwendbar, die eine Güterbeförderung zu nichttouristischen Zwecken zum Gegenstand haben. Seine Anwendung sichert den europäischen Mindeststandard des Verbraucherschutzes bei Vertragsabschlüssen im Fernabsatz, wenn sich die Hauptniederlassung des Beförderers sowie der Verladeort, der Entladeort oder der gewöhnliche Aufenthaltsort des Absenders in einem europäischen Staat befinden[323].

Charterverträge i.S.d. Art. 28 Abs. 4 EGBGB haben das Zurverfügungstellen eines Transportmittels zum Inhalt und sind von der eigentlichen Beförderung zu unterscheiden. Dennoch sind nach Art. 28 Abs. 4 S. 2 EGBGB unter Güterbeförderungsverträgen auch Charterverträge zu verstehen, soweit sie nur eine einzige Reise betreffen und in der Hauptsache der Güterbeförderung dienen[324]. Da bei Charterverträgen die Leistung des Unternehmers nicht in einer Beförderung besteht, ist das europäische Fernabsatzrecht vollumfänglich auf Charterverträge anwendbar.

4. *Die „*noch engere Verbindung*" i.S.d. Art. 28 Abs. 5 EGBGB bei der objektiven Anknüpfung grenzübergreifender Fernabsatzverträge*

Nach Art. 28 Abs. 5 EGBGB gelten die Vermutungen der Absätze 2 bis 4 nicht, *„wenn sich aus der Gesamtheit der Umstände ergibt, dass der Vertrag engere Verbindungen mit einem anderen Staat aufweist"*. Art. 28 Abs. 5 EGBGB verdeutlicht, dass es sich bei Art. 28 Abs. 2 bis Abs. 4 EGBGB um widerlegliche Vermutungen handelt, die entkräftet werden können, wenn der Vertrag aufgrund anderer Nähekriterien tatsächlich mit einem anderen Staat enger verbunden ist. Dieselben Nähekriterien, die bei der Bestimmung der *„engsten Verbindung"* im Rahmen des Art. 28 Abs. 1 EGBGB zu berücksichtigen sind, können auch zu einer *„noch engeren Verbindung"* i.S.d. Art. 28 Abs. 5 EGBGB führen[325]. Dabei

---

satzrechtlichen Bestimmungen allerdings nur bei Verträgen über die Personenbeförderung oder auch bei Sachbeförderungen unanwendbar sind, wird in der Literatur unterschiedlich beurteilt. Nach *MünchKomm-Wendehorst*, § 312b Rn. 87 erfasst der Anwendungsausschluss des § 312b Abs. 3 Nr. 6 BGB u.U. auch die Beförderung von Sachen. Nach *Lütcke*, § 312b Rn. 128 und *Härting*, § 1 FernAbsG Rn. 149 beschränkt sich die Norm auf den Transport von Personen.

[323] Dazu *MünchKomm-Wendehorst*, Vor § 312b Rn. 31, 87; *MünchKomm-Martiny*, Art. 28 EGBGB Rn. 71; LG Bonn, IPRspr. 1990 Nr. 54.

[324] *MünchKomm-Martiny*, Art. 28 EGBGB Rn. 71.

[325] Die in Art. 28 Abs. 2-4 EGBGB kodifizierten Nähekriterien haben mehr Gewicht als andere Kriterien, die für ein nahes Verhältnis zwischen einem Vertrag und einem Staat sprechen. Aus

sind das Gewicht und die Bedeutung der jeweiligen Beziehung im Einzelfall entscheidend[326].
Insbesondere die praktisch bedeutsame objektive Anknüpfung nach Art. 28 Abs. 2 EGBGB erklärt verbraucherungünstig das Recht des Niederlassungsstaates des Unternehmers für anwendbar. Eine noch engere Verbindung zu einem anderen Staat, als dem Staat der Hauptniederlassung des Unternehmers, böte die Möglichkeit dem Anliegen des kollisionsrechtlichen Verbraucherschutzes bei der Anknüpfung grenzübergreifender Fernabsatzverträge auch dann Rechnung zu tragen, wenn Art. 29 Abs. 2 EGBGB nicht anwendbar ist[327]. Die Anwendung von Art. 28 Abs. 5 EGBGB darf jedoch durch keinen anderen Zweck, als den der Suche nach dem mit dem Rechtsverhältnis am engsten verbundene Recht motiviert sein.
Die Vermutung, dass ein Vertrag die engsten Verbindungen zu dem Staat hat, in dem sich der gewöhnliche Aufenthaltsort oder der Unternehmenssitz der Partei, die die vertragscharakteristische Leistung erbringt, befindet, wird dogmatisch durch unterschiedliche Theorien gestützt. Sollten diese Theorien bei der Pflichtenverteilung bei Fernabsatzverträgen nicht eingreifen, wäre dem Prinzip der charakteristischen Leistung bei Fernabsatzverträgen der Boden entzogen und eine noch engere Verbindung zu einem anderen Staat könnte über das anwendbare Recht entscheiden. Eine *„noch engere Verbindung*" zwischen einem Vertrag und einem Staat, kann ferner vorliegen, wenn zwar eine der Vermutungen im Einzelfall greift, aber nach den allgemeinen Nähekriterien des Art. 28 EGBGB eine noch engere Verbindung zu einem Staat begründet wird, als durch die der Vermutung zugrunde liegenden Umstände.

---

diesem Grunde kann in der Regel nur eine Kumulation von anderen Bezugspunkten zu einem anderen Staat gegen eine Nähevermutung der Absätze 2 bis 4 überwiegen. *v.Bar*, IPR II, Rn. 489; *Staudinger-Magnus*, Art. 28 EGBGB Rn. 127; *Soergel-v.Hoffmann*, Art. 28 EGBGB Rn. 99; *Merschformann*, Die objektive Bestimmung des Vertragsstatuts, 82.

[326] *Soergel-v.Hoffmann*, Art. 28 EGBGB Rn. 99; *Merschformann*, Die objektive Bestimmung des Vertragstatuts, 83.

[327] *Kreuzer*, FS Zajtay, 295, 297; *Merschformann*, Die objektive Bestimmung des Vertragsstatuts, 180; siehe hierzu auch *Kropholler*, RabelsZ 43 (1978), 634, 640, 642.

a) Vorliegen einer „noch engeren Verbindung" bei Nichteingreifen der rechtsdogmatischen Begründungen der Vermutung nach Art. 28 Abs. 2 EGBGB

aa) Die vertragscharakteristische Leistung und die Funktion des Vertrages

Nach der Funktionstheorie hat ein Vertrag die engsten Verbindungen zu dem Staat, in dem die Partei ihren gewöhnlichen Aufenthalt oder ihre Hauptniederlassung hat, die die charakteristische Leistung erbringt, weil der Vertrag an diesem Ort seine sozio-ökonomische Funktion ausübt[328]. Die funktionelle Verbindung zwischen dem Rechtsverhältnis und der Sozialsphäre eines Staates sowie die Zugehörigkeit des Verhältnisses zu einem von einer Rechtsordnung geregelten Gemeinschaftsleben begründet eine besonders enge Verbindung zwischen einem Vertrag und einem Staat[329].
Die Durchführung eines Fernabsatzvertrages schwächt die weitere Kaufkraft des Verbrauchers und führt Geld aus dessen Staat aus. In den Unternehmerstaat wird Geld eingeführt. Der Unternehmer gewinnt an Kaufkraft und finanzieller Stärke. Produktionszuwachs und Expansionsmöglichkeiten sind die Folge. Ein Fernabsatzvertrag hat daher in den Staaten beider Vertragspartner volkswirtschaftliche Effekte[330]. Eine Funktion im Sinne eines erwünschten wirtschaftlichen Effektes erfüllt ein grenzübergreifender Fernabsatzvertrag jedoch in erster Linie im Unternehmerstaat.
Innereuropäische Fernabsatzverträge entfalten auch in Bezug auf den europäischen Markt ökonomische Effekte und tragen zur Verwirklichung des europäischen Binnenmarktes bei. Ein reger Austausch und Handel zwischen Personen aus verschiedenen europäischen Staaten hat integrationsfördernde Wirkung. Insofern hat ein innereuropäischer Fernabsatzvertrag auch sozio-ökonomische Funktionen auf europäischer Ebene. Wenn ein Vertrag an unterschiedlichen Orten Funktionen erfüllt, muss der Ort ausschlaggebend sein, an dem er die größten Wirkungen aufweist. Im Vergleich zur sozio-ökonomischen Funktion innereuropäischer Fernabsatzverträge für den europäischen Markt ist deren Funktion für den Unternehmerstaat so viel bedeutsamer und unmittelbar spürbarer, dass sie ihre entscheidende Funktion weiterhin im Unternehmerstaat erfüllen. Nach der Funktionstheorie ist die Vermutung des Art. 28 Abs. 2 EGBGB daher auch bei grenzübergreifenden Fernabsatzverträgen begründet.

---

328 *Schnitzer*, FS Schönenberger, 387, 396; *Gunst*, Die charakteristische Leistung, 20; *Vischer*, IPR, 108-110; *Schnitzer*, Handbuch des Internationalen Privatrechts, 2. Band , 519-521.
329 *Gunst*, Die charakteristische Leistung, 67, 208; *Vischer*, IPR, 109.
330 Da ein einzelner Fernabsatzvertrag kaum spürbare sozio-ökonomische Effekte hat, muss man in großer Anzahl geschlossene Fernabsatzverträge zugrunde legen.

bb) Die vertragscharakteristische Leistung und das Wesen des Vertrages

Nach einer Ansicht muss die objektive Anknüpfung *„aus dem Vertrag selbst heraus“* nach dem Wesen des Vertrages erfolgen und nicht nach vertragsfremden äußeren Umständen[331]. Das Wesen des Vertrages wird demnach nicht durch vom konkreten Einzelvertrag abhängige Zufälligkeiten bestimmt, sondern durch die vertragscharakteristische Leistung. Der Abschluss im Fernabsatz verleiht einem Vertrag jedoch kein anknüpfungsrelevantes spezielles Wesen. Die spezifische Natur eines Vertrages wird nach der Wesenstheorie nicht durch Abschlussmodalitäten bestimmt, sondern durch den Vertragsinhalt. Bei Anwendung der Wesenstheorie ist auch ein Fernabsatzvertrag seinem Wesen nach über die vertragscharakteristische Leistung am engsten mit einem Staat verbunden.

cc) Die vertragscharakteristische Leistung und die Parteiinteressen

Des Weiteren soll sich aus den Interessen der Vertragsparteien die große Bedeutung der charakteristischen Leistung für die engste Verbindung des Vertrages zu einem Staat ergeben[332]. Nach einer Ansicht liegt es im Interesse der Parteien, dass die engste Verbindung des Vertrages zu einem Staat durch die Leistung derjenigen Partei begründet wird, die durch die Anwendung des ihr fremden Rechts *„am härtesten getroffen würde“*. Nach der Wertung des Art. 28 EGBGB kann dies nicht die Leistung des Verbrauchers sein, da für die objektive Anknüpfung die Interessen der Parteien bezüglich des Inhalts des Vertrages entscheidend sind und nicht durch Eigenschaften der beteiligten Personen begründete Interessen. Bei generell abstrakter Betrachtungsweise gilt der Erbringer der Sachleistung als existentiell stärker betroffen und daher sei sein Interesse kollisionsrechtlich gewichtiger als das des Entgeltschuldners[333].

Nach einer anderen Herangehensweise soll das Interesse der *„aktiveren Partei“* entscheidend sein, da diese die größeren und beachtenswerteren Interessen in den Vertragsschluss einbringe[334]. Aufgrund des deutlich höheren Aufwandes bei der Beschaffung und der Erbringung der Sachleistung nimmt der Unternehmer bei der Erfüllung die aktivere Rolle in einem Fernabsatzvertrag ein[335]. Die vertragscha-

---

[331] *Merschformann*, Die objektive Bestimmung des Vertragsstatuts beim internationalen Warenkauf, 106.

[332] *Merschformann*, Die objektive Bestimmung des Vertragsstatuts, 126.

[333] *Gunst*, Die charakteristische Leistung, 68; *Merschformann*, Die objektive Bestimmung des Vertragsstatuts, 128 ff.

[334] *Merschformann*, Die objektive Bestimmung des Vertragsstatuts, 128 ff.

[335] *Gunst*, Die charakteristische Leistung, 126, 127; *Merschformann*, Die objektive Bestimmung des Vertragsstatuts, 108.

rakteristische Unternehmerleistung verbindet einen Vertrag auch aus dem Grunde am engsten mit einem Staat, da die Erbringung der Sachleistung zumeist komplizierter und umfassender gesetzlich geregelt ist[336].
Die in der Literatur vertretenen Begründungen, warum die vertragscharakteristische Leistung für die engste Verbindung zwischen einem Vertrag und einem Staat maßgeblich sein soll, passen und überzeugen mithin auch bei grenzübergreifenden Fernabsatzverträgen.

b) Die Bedeutung einzelner Kriterien zur Begründung einer „noch engeren Verbindung“ bei grenzübergreifenden Fernabsatzverträgen

Eine noch engere Verbindung als nach den Absätzen 2 bis 4 vermutet, kann durch die Kumulation kollisionsrechtlich beachtenswerter Indizien begründet werden. Im Einzelfall ist die Intensität des durch die Nähekriterien begründeten Bezuges zwischen dem Vertrag und einem Staat mit derjenigen des der einschlägigen Vermutung zugrunde liegenden Nähekriteriums zu vergleichen. Eine noch engere Verbindung besteht jedenfalls dann, wenn außer der Niederlassung des Unternehmers sämtliche kollisionsrechtlich relevanten Näheindizien auf den anderen Staat weisen[337].

Ein bedeutendes Kriterium zur Begründung einer *„noch engeren Verbindung“* zu einem anderen Staat, ist der Erfüllungsort der vertraglichen Pflichten, wenn der Vertragsgegenstand ausschließlich auf Verbraucher aus dem Käuferstaat ausgerichtet ist[338] oder wenn der Unternehmer massenhaft Verträge mit Verbrauchern aus demselben Staat abschließt[339]. Ein enger Bezug zwischen einem Fernabsatzvertrag und dem Staat des Verbrauchers kann ferner durch das Einwirken des Un-

---

[336] Dies betrifft insbesondere die Rückabwicklung und Gewährleistungsansprüche im Falle des Misslingens eines geregelten Leistungsaustausches. BGH, Urt. v. 19.9.1973, BGHZ 61, 221; *Merschformann*, Die objektive Bestimmung des Vertragsstatuts beim internationalen Warenkauf, 109, 128, 129; *Geisler*, Die engste Verbindung im Internationalen Privatrecht, 209; *Kropholler*, RabelsZ 43 (1978), 634, 638.
[337] *Geisler*, Die engste Verbindung im Internationalen Privatrecht, 279; *Mankowski*, RIW 1993, 453, 462; *Mehrings*, CR 1998, 613, 617; *Pfeiffer*, NJW 1997, 1207, 1214. A.A.: *Borges*, ZIP 1999, 565, 566.
[338] *Geisler*, Die engste Verbindung im Internationalen Privatrecht, 221, 222. Beispiel: Verkauf eines Kfz mit Linkssteuerung an einem britischen Abnehmer. Die Ausrichtung und Maßschneiderung des Vertragsgegenstandes könnte zumindest ein Argument für eine engere Beziehung sein.
[339] *Roth*, Internationales Vertragsversicherungsrechts, 332 ff.

ternehmers auf den Markt dieses Staates entstehen[340]. Da das vorvertragliche Verhalten einer Vertragspartei nicht Teil des untersuchten Vertrages ist, hat es jedoch nur begrenztes Gewicht zur Begründung einer kollisionsrechtlichen Nähebeziehung des Vertrages selbst zu einem Staat[341]. Allenfalls ein schwaches Indiz für einen gewissen Bezug zwischen einem über das Internet geschlossenen Fernabsatzvertrag und einem Staat kann der Standort der auf Verbraucher- und Unternehmerseite genutzten Server sein[342]. Der Bezug zum Aufenthaltsstaat des Verbrauchers kann jedoch dadurch noch verstärkt werden, wenn sich die Internetseite des Unternehmers inhaltlich hauptsächlich auf diesen als Absatzmarkt ausrichtet[343]. Der Abschlussort eines Vertrages ist kein gewichtiges Argument für eine besonders enge Verbindung des Vertrages zu einem Staat[344]. Dieses Kriterium wird bei grenzübergreifenden Fernabsatzverträgen zusätzlich dadurch geschwächt, dass sich die Vertragsparteien beim Vertragsschluss nicht gleichzeitig in demselben Staat aufhalten[345]. Aufgrund seiner Wertneutralität und des Gebotes der ausschließlichen Orientierung an kollisionsrechtlichen Gesichtspunkten ist Art. 28 Abs. 5 EGBGB kein geeignetes Instrument, bei der Anknüpfung aus rechtspolitischen Gründen bestimmte Ergebnisse zu erzielen[346].

---

[340] *Martiny*, FS Ulrich Drobnig, 389, 400, 401 ff.; *Gunst*, Die charakteristische Leistung, 203, 389, 402; *Roth*, Internationales Versicherungsvertragsrecht, 325 ff. Dieses „*Marktanknüpfungsprinzip*" findet sich auch im Regelbeispiel des Art. 29a Abs. 2 Nr. 1 EGBGB wieder.

[341] *Gunst*, Die charakteristische Leistung, 206.

[342] *Mankowski*, RabelsZ 63 (1999), 203, 226; *Waldenberger*, BB 1996, 2365, 2371. Siehe hierzu 2. Teil:C.1.b)dd), Seite 112. Die Niederlassung des Internetproviders des Verbrauchers ist hingegen für die Ermittlung einer „noch engeren Verbindung" zwischen einem über das Internet geschlossenen Fernabsatzvertrag und einem Staat unbeachtlich. *Kronke*, RIW 1996, 985, 991; *Mankowski* RabelsZ 63 (1999), 203, 212.

[343] *Rott*, ZVglRWiss 98 (1999), 383, 395; *Mehrings*, CR 1998, 613, 617; *Grabitz/Hilf-Micklitz*, Das Recht der Europäischen Union, Band III, A 3 Rn. 189; *Borges* ZIP 1999, 566, 567; *Boehme-Neßler*, Cyberlaw, 66; *Pfeiffer*, NJW 1997, 1207, 1214. Vgl. hierzu 2. Teil:B.III.2.a)aa)(3), Seite 89. A.A.: *Borges*, ZIP 1999, 565, 566; *Geisler*, Die engste Verbindung im Internationalen Privatrecht, 221.

[344] *Steinle*, ZVglRWiss 93 (1994), 300, 313; *Merschformann*, Die objektive Bestimmung des Vertragsstatuts, 44; *Schnitzer*, FS Lewald, 383, 384; *Vischer*, Internationales Vertragsrecht, 97.

[345] *Merschformann*, Die objektive Bestimmung des Vertragsstatuts, 44, 222 ff.; *Geisler*, Die engste Verbindung im Internationalen Privatrecht, 280-282; *Mankowski*, RabelsZ 63 (1999), 203, 226; *Van Meenen*, Lauterkeitsrecht und Verbraucherschutz im IPR, 86.

[346] *Mankowski*, RIW 1993, 453, 462; *Kreuzer*, ZfRV 1992, 168, 185; *MünchKomm-Martiny*, Art. 28 EGBGB Rn. 107; *Bamberger/Roth-Spickhoff*, Art. 28 EGBGB Rn. 22.

3. Teil: Die Sonderanknüpfung fernabsatzrechtlicher Normen bei grenzübergreifenden Fernabsatzverträgen

Neben bzw. vorrangig vor den Rechtsnormen des Vertragsstatuts können einzelne Bestimmungen einer anderen Rechtsordnung im Wege der Sonderanknüpfung zur Anwendung kommen. Den Parteien eines grenzübergreifenden Fernabsatzvertrages stellt sich insbesondere die Frage, ob Sonderregelungen für Fernabsatzverträge einer anderen Rechtsordnung als dem Vertragsstatut für ihren Vertrag gelten. Die Sonderanknüpfung einzelner materiellrechtlicher Bestimmungen ist eine Möglichkeit zur Korrektur von Anknüpfungsergebnissen und droht zugleich zu einem Einfallstor für nationale materiellrechtliche Wertungen auf die Ebene des Internationalen Privatrechts zu werden[347]. Da die Sonderanknüpfung von dem Zweck getragen ist, bestimmte materiellrechtliche Rechtsnormen zur Anwendung zu bringen oder dies zu verhindern, setzt sie im Gegensatz zur Regelanknüpfung nicht am Sachverhalt an, sondern bei der materiellen Rechtsnorm. Eine Sonderanknüpfung erfolgt unabhängig vom Inhalt der materiellen Bestimmungen aufgrund der Bedeutung, die ihnen in ihrer jeweiligen Rechtsordnung zukommt.

In diesem Teil der Arbeit wird zu untersuchen sein, inwieweit neben dem Vertragsstatut nationale fernabsatzrechtliche Bestimmungen über Art. 31 Abs. 2, Art. 29 Abs. 1, Art. 29a, Art. 34 und Art. 6 EGBGB zur Anwendung auf grenzübergreifende Fernabsatzverträge kommen können und ob die aufgezeigten Schutzlücken im kollisionsrechtlichen Verbraucherschutz des Art. 29 EGBGB durch Sonderanknüpfungen nach Art. 29a, Art. 34 und Art. 6 EGBGB geschlossen werden können. Grundsätzlich kommt auch eine Sonderanknüpfung fernabsatzrechtlicher Bestimmungen nach Art. 27 Abs. 3 EGBGB in Frage. Art. 27 Abs. 3 EGBGB betrifft jedoch Sachverhalte, bei denen der sonstige Sachverhalt abgesehen von der Wahl eines ausländischen Rechts für einen Vertrag *nur mit einem Staat verbunden ist*. Damit fällt der Gegenstand der vorliegenden Untersuchung von vorneherein aus dem Anwendungsbereich von Art. 27 Abs. 3 EGBGB heraus. Denn Teil des grenzübergreifenden Charakters der vorliegend untersuchten Fernabsatzverträge ist gerade, dass die Vertragsparteien aus verschiedenen Staaten kommen oder sich beim Vertragsschluss in verschiedenen Staaten aufhalten, was jeweils die Anwendbarkeit von Art. 27 Abs. 3 EGBGB ausschließt[348].

---

[347] Letzteres verdeutlichen insbesondere die Versuche im Rahmen der Gran-Canaria-Fälle den Umsetzungen der Haustürwiderrufsrichtlinie zum Wohle des Verbraucherschutzes im Wege einer Sonderanknüpfung zur Geltung zu verhelfen.

[348] Siehe zum Untersuchungsgegenstand näher oben 1. Teil:A.I, Seite 27.

A. Die Sonderanknüpfung fernabsatzrechtlicher Widerrufsbestimmungen nach Art. 31 Abs. 2 EGBGB

Nach Art. 31 Abs. 2 EGBGB kann sich eine Partei mit der Behauptung, dem Vertrag nicht zugestimmt zu haben, auf das Recht des Staates ihres gewöhnlichen Aufenthaltes berufen, wenn es nach den Umständen nicht gerechtfertigt wäre, die Wirkung ihres Verhaltens nach dem Vertragsstatut zu bestimmen. D.h. es muss insbesondere ungerechtfertigt erscheinen, das Verhalten dieser Partei nach dem Vertragsstatut als Zustimmung zum Vertragsschluss zu werten. Art. 31 Abs. 2 EGBGB basiert auf der Überlegung, dass es den Parteien nicht zugemutet werden soll, vor Vertragsschluss die Verhaltensregeln einer fremden Rechtsordnung bezüglich der zu einem Vertragsschluss führenden Verhaltensweisen zu beachten. Art. 31 Abs. 2 EGBGB dient daher dem Schutz vor einer überraschenden vertraglichen Bindung nach den Verhaltensmaßstäben einer fremden Rechtsordnung[349]. Aufgrund der Schutzbedürftigkeit von Verbrauchern und der Überlegenheit von Unternehmern diesen gegenüber bei Vertragsverhandlungen sind Einzelfallumstände, die eine Sonderanknüpfung nach Art. 31 Abs. 2 EGBGB rechtfertigen würden, beim Abschluss grenzübergreifender Fernabsatzverträge leicht denkbar[350].

I. Problemstellung

Die Anwendung von Art. 31 Abs. 2 EGBGB liegt im Interesse des Verbraucherschutzes, wenn ein Verbraucher an einen grenzübergreifenden Fernabsatzvertrag nicht gebunden sein möchte und eine Lösung vom Vertrag zwar nach den Bestimmungen seines Aufenthaltsstaates, nicht aber nach dem Vertragsstatut möglich ist. Die Anwendbarkeit fernabsatzrechtlicher Widerrufsbestimmungen über Art. 31 Abs. 2 EGBGB ist aus dem Grunde problematisch, dass Art. 31 Abs. 2 EGBGB ausschließlich eine Sonderanknüpfung von Normen vorsieht, aufgrund derer eine Partei behaupten kann, dem Vertragsschluss gar nicht erst zugestimmt zu haben. Nach herrschender Ansicht in Rechtsprechung[351] und Litera-

---

[349] *Staudinger-Hausmann*, Art. 31 EGBGB Rn. 39; *MünchKomm-Spellenberg*, Art. 31 EGBGB Rn. 60; *Mankowski*, RIW 1996, 382, 385.

[350] *MünchKomm-Spellenberg*, Art. 31 EGBGB Rn. 125; *Staudinger-Hausmann*, Art 31 EGBGB Rn. 61,78.

[351] BGHZ 135, 125 138. A.A.: LG Frankfurt a.M., NJW-RR 89, 1018; LG Aachen, NJW 91, 2221; LG Gießen, NJW 1995, 406; IPRax 1995, 395; LG Stuttgart NJW 96, 425; RIW 1996, 424; LG

tur[352] ist eine Sonderanknüpfung der vergleichbaren Bestimmungen zum Widerrufsrecht nach dem Haustürwiderrufsgesetz a.F.[353] über Art. 31 Abs. 2 EGBGB nicht möglich. Ein maßgeblicher Unterschied zum Fernabsatzrecht besteht darin, dass eine Willenserklärung nach den Bestimmungen des Haustürwiderrufsgesetzes bis zur Erklärung des Widerrufs schwebend unwirksam war und nach den fernabsatzrechtlichen Bestimmungen zunächst schwebend wirksam ist[354].

II. Die Zustimmung des Verbrauchers zum Vertragsschluss unter der aufschiebenden Bedingung der Nichtausübung des Widerrufsrechts

Davon ausgehend, dass ein europäischer Verbraucher einen grenzübergreifenden Fernabsatzvertrag in Kenntnis der eigenen Rechtsordnung und des danach bestehenden Widerrufsrechts abschließt, könnte man zu Zwecken des Verbraucherschutzes fingieren, dass der Verbraucher seine Zustimmung zum Vertrag nur unter dem Vorbehalt abgibt, den Vertrag eventuell später noch widerrufen zu können. Der Verbraucher rechnet mit dem Bestehen des Widerrufsrechts und gibt seine Erklärung in der Gewissheit ab, dass er an den Vertrag nur gebunden ist, wenn er ihn nicht noch wirksam widerruft. In diesem Fall bestünde keine endgültig bindende Zustimmung seitens des Verbrauchers zum Vertrag.
Eine stillschweigend vorbehaltliche Zustimmung sollte jedoch aus Verkehrsschutzgründen nicht die Bestandskraft der abgegebenen Willenserklärung berüh-

---

Koblenz NJW-RR 95, 1335; LG Rottweil NJW-RR 96, 1401; LG Dortmund IPRspr 96 Nr. 28; VuR 1996, 208.

[352] *Erman-Hohloch*, Art. 31 EGBGB Rn. 15; *Mäsch*, IPRax 1995, 371, 372; *Mankowski*, RIW 1996, 382, 384; *Baumert*, RIW 1997, 805, 808; *Palandt-Heldrich*, Art. 31 EGBGB Rn. 5; *Dicey/Morris, The Conflict of laws*, Volume II, 32-159; *Soergel-v-Hoffmann*, Art. 31 EGBGB Rn. 30; *Czernich/Heiss-Helmberg*, Art. 8 EVÜ Rn. 14; *MünchKomm-Spellenberg*, Art. 31 EGBGB Rn. 72; *Staudinger-Hausmann*, Art 31 EGBGB Rn. 62; *Taupitz*, BB 1990, 642, 644; *Mäsch*, Rechtswahlfreiheit und Verbraucherschutz, 118 ff.; *MünchKomm-Martiny*, Art. 29 EGBGB Rn. 55; *Kegel/Schurig*, IPR, § 17 V 1a). A.A.: *Reich*, ZHR 153 (1989), 571, 588 ff.; *Jäckel-Hutmacher/Tonner*, VuR 1994, 9, 16; *Reich*, VuR 1989, 158, 161; *Reich*, VuR 1992, 189, 191; *Klingsporn*, WM 1994, 1093, 1097.

[353] Diese Ansichten beziehen sich auf die Fassung des Gesetzes über den Widerruf von Haustürgeschäften und ähnlichen Geschäften vom 16.1.1986 (BGBl. I, 122). Nach dem aktuellen deutschen Haustürwiderrufsrecht ist ein Vertrag bis zur Ausübung des Widerrufsrechts auch schwebend wirksam (§§ 312, 355 BGB).

[354] Begründung zum Entwurf des Fernabsatzgesetzes, BT-Drs. 14/2658, 47; *Bülow/Artz*, Verbraucherprivatrecht, 28.

ren[355]. Ein geheimer Vorbehalt ist für die Wirksamkeit eines Vertragsschlusses unbeachtlich. Art. 31 Abs. 2 EGBGB soll den Verbraucher nicht in den Fällen schützen, in welchen er sich nur unter dem Vorbehalt des Bestehens eines Widerrufsrechts binden wollte[356]. Die Anwendbarkeit von Art. 31 Abs. 2 EGBGB zur Sonderanknüpfung fernabsatzrechtlicher Widerrufsbestimmungen lässt sich nicht damit begründen, dass der Verbraucher einen Fernabsatzvertrag stets nur unter der aufschiebenden Bedingung schließt, den Vertrag nicht später noch zu widerrufen.

III. Der Zweck des Art. 31 Abs. 2 EGBGB und des europäischen Fernabsatzrechts

Des weiteren könnte der Schutzzweck von Art. 31 Abs. 2 EGBGB und des europäischen Fernabsatzrechts ein Argument dafür sein, dass ein Verbraucher sich mit der Behauptung, dem Vertrag nicht zugestimmt zu haben, auf die fernabsatzrechtlichen Widerrufsbestimmungen seines Heimatrechts berufen können sollte. Das Fernabsatzrecht hat das Ziel, den Verbraucher insofern einem Käufer in einem Ladengeschäft gleichzustellen, als dass er nach in Augenscheinnahme der Kaufsache immer noch vom Kauf Abstand nehmen kann. Da der Käufer im Ladengeschäft bei Desinteresse keine Zustimmung zum Vertragsschluss erklärt, wäre der an einem Fernabsatzvertrag beteiligte Verbraucher diesem nur dann vollkommen gleichgestellt, wenn bei Ausübung seines fernabsatzrechtlichen Widerrufsrechts die von ihm zuvor abgegebene Erklärung nicht als Zustimmung zum Vertrag gewertet würde. Ebenso wie das europäische Fernabsatzrecht soll Art. 31 Abs. 2 EGBGB den Verbraucher vor einer ungewollten vertraglichen Bindung schützen. Nach dem Grundgedanken des Art. 31 Abs. 2 EGBGB soll dem Verhalten einer Partei keine rechtsgeschäftliche Bedeutung zu kommen, wenn sie nach ihrem Heimatrecht damit nicht zu rechnen braucht[357].
Da das europäische Fernabsatzrecht nur die Gefahren für den Verbraucher aus dem Vertragsschluss im Fernabsatz beseitigen soll, ist eine vollkommene rechtli-

---

[355] Außerdem ist ein geheimer Vorbehalt keine Frage des Zustandekommens eines Vertrages im Sinne des Art. 31 Abs. 1 EGBGB, sondern der Wirksamkeit und fällt nicht in den Anwendungsbereich von Art. 31 Abs. 2 EGBGB. *Bamberger/Roth-Spickhoff*, Art. 31 EGBGB Rn. 5.

[356] *MünchKomm-Spellenberg*, Art. 31 EGBGB Rn. 94; *Bamberger/Roth-Spickhoff*, Art. 31 EGBGB Rn. 14; *Mankowski*, RIW 1994, 421, 422; *Mankowski*, RIW 1996, 382, 384; *Mäsch*, IPRax 1995, 371, 373; *Staudinger-Hausmann*, Art. 31 EGBGB Rn. 45, 62.

[357] BGHZ 57, 72, 77; NJW 1972, 391; BGH, Urt. v. 19.3.1997, BGHZ 135, 125, 137 ff.; NJW 1997, 1697, 1700; LG Aachen Urt. v. 20.12.1990, NJW 1991, 2221; *MünchKomm-Spellenberg*, Art. 31 EGBGB Rn. 60; LG Gießen Urt. v. 14.12.1994, NJW 1995, 406; *Van Meenen*, Lauterkeitsrecht und Verbraucherschutz im IPR, 88.

che Gleichstellung mit dem Käufer in einem Ladengeschäft zur Erreichung des Richtlinienzwecks jedoch nicht erforderlich und insofern auch nicht beabsichtigt. Von Art. 31 Abs. 2 EGBGB sollen nur die Vorstellungen des Verbrauchers darüber geschützt werden, ob er überhaupt eine Willenserklärung abgegeben hat und nicht, ob die abgegebene Erklärung bestimmte rechtsgeschäftliche Folgen hat. Ein Verbraucher, der auf sein Widerrufsrecht vertraut, geht davon aus, seine Erklärung im Nachhinein beseitigen zu können und nicht davon, gar keine rechtsgeschäftliche Erklärung abgegeben zu haben. Das unberechtigte Vertrauen des Verbrauchers, aufgrund des Bestehens eines Widerrufsrechts zunächst keine wirksame Zustimmung zum Vertragsschluss erklärt zu haben, liegt außerhalb des Schutzbereiches von Art. 31 Abs. 2 EGBGB. Folglich lässt sich eine Sonderanknüpfung der europäischen Bestimmungen zum fernabsatzrechtlichen Widerrufsrecht auch nicht mit dem Schutzzweck von Art. 31 Abs. 2 EGBGB und des europäischen Fernabsatzrechts begründen.

IV. Die Reichweite der Sonderanknüpfung nach Art. 31 Abs. 2 EGBGB

Die Sonderanknüpfung der fernabsatzrechtlichen Widerrufsbestimmungen nach Art. 31 Abs. 2 EGBGB hängt im Wesentlichen davon ab, ob sich der Verbraucher auch darauf berufen kann, dem Vertragsschluss nicht zugestimmt zu haben, wenn die abgegebene Erklärung nicht wirksam ist (wie im Falle der Ausübung des fernabsatzrechtlichen Widerrufsrechts), oder nur dann, wenn überhaupt keine Willenserklärung abgegeben wurde. Entscheidend ist also, ob nach Art. 31 Abs. 2 EGBGB nur solche Normen zur Anwendung berufen werden können, die das Vorliegen einer Willenserklärung an sich regeln oder auch solche, die die Bindungswirkung und Wirksamkeit einer Erklärung regeln.

1. Die Rechtsprechung zum Widerrufsrecht des Haustürwiderrufsgesetzes a.F.

Als Leitlinie zum richtigen Verständnis von Art. 31 Abs. 2 EGBGB kann die Rechtsprechung zum Widerrufsrecht des Haustürwiderrufsgesetzes a.F. dienen. Dieser Rechtsprechung zufolge können nicht nur Bestimmungen zum Vorhandensein einer Willenserklärung über Art. 31 Abs. 2 EGBGB angeknüpft werden, sondern auch solche, die die rechtsgeschäftliche Bindungswirkung und die Wirksamkeit einer Erklärung betreffen[358]. Ein wirksamer Vertragsschluss setzt korrespondierende wirksame zustimmende Willenserklärungen voraus. Nach § 1 HaustürWG a.F. wurde die auf den Abschluss eines Haustürgeschäftes gerichtete Willenserklärung erst dann wirksam, wenn der Verbraucher den Vertrag nicht innerhalb der Widerrufsfrist widerrufen hatte[359]. Bis zum Ablauf der Widerrufsfrist war der Vertrag schwebend unwirksam. Nach der Argumentation der Befürworter der Anwendbarkeit von Art. 31 Abs. 2 EGBGB hatte der Verbraucher daher innerhalb der Widerrufsfrist keine wirksame Willenserklärung abgegeben und damit dem Vertrag nicht zugestimmt[360]. Nach dieser Ansicht ist ebenso wie im Falle des gänzlichen Fehlens des Rechtsbindungswillens gar keine Zustimmungserklärung gegeben, wenn der Erklärende sich noch nicht endgültig binden wollte und er es in der Hand hat, seine Erklärung noch zu widerrufen. Bezüglich der Widerrufsbestimmungen des Haustürwiderrufsgesetzes a.F. war somit eine Sonderanknüpfung nach Art. 31 Abs. 2 EGBGB möglich.

Die Übertragbarkeit dieser Rechtsprechung zu Art. 31 Abs. 2 EGBGB auf die Sonderanknüpfung der europäischen Bestimmungen zum fernabsatzrechtlichen Widerrufsrecht hängt davon ab, ob die Vertragsschlusserklärungen während der Widerrufsfrist nach der jeweiligen Rechtsordnung ebenfalls schwebend unwirksam sind. Dies ist beispielsweise im deutschen Fernabsatzrecht nicht der Fall. Beim Abschluss eines grenzübergreifenden Fernabsatzvertrages gelten nach dem deutschen Recht die abgegebenen Willenserklärungen bis zur Ausübung des Widerrufsrechts als wirksam und es kommt daher bei Abgabe wirksamer korrespondierender Willenserklärungen zunächst unstreitig ein Vertrag zustande.

*2. Der Begriff der „*Zustimmung*" nach Art. 31 Abs. 2 EGBGB*

Hinzu kommt, dass nach herrschendem Verständnis von Art. 31 Abs. 2 EGBGB eine Zustimmung sogar bei Unwirksamkeit der fraglichen Erklärung gegeben ist, solange diese nur die tatbestandlichen Anforderungen an eine Willenserklärung

---

[358] LG Aachen, 10.12.1990, NJW 1991, 2221; LG Gießen, 14.12.1994, NJW 1995, 406; LG Gießen, 14.12.1994, NJW 1995, 406; LG Rottweil 31.5.1995, NJW-RR 1996, 1401. A.A.: *Staudinger-Hausmann*, Art. 31 EGBGB Rn. 41; *Mankowski*, RIW 1996, 384 ff.; *MünchKomm-Spellenberg*, Art 31 EGBGB Rn. 65; *Soergel-v.Hoffmann*, Art. 31 EGBGB Rn. 30; *Erman-Hohloch*, Art. 31 EGBGB Rn. 13.

[359] Für die Dauer der Widerrufsfrist war die Willenserklärung des Verbrauchers und der Haustürvertrag „schwebend unwirksam". BGH, Urt. v. 16.10.1995, NJW 1996, 57 ff.; *Klingsporn*, WM 1994, 1093, 1097; *Lütcke*, § 312 d Rn. 9; *Staudinger-Hausmann*, Art. 31 EGBGB Rn. 45.

[360] *Klingsporn*, WM 1994, 1093, 1097; LG Aachen, Urt. v. 20.12.1990, NJW 1991, 2221.

erfüllt[361]. Die Bindungswirkung einer Erklärung und deren weitere Wirksamkeit hingegen fallen unter den Begriff der „*Wirksamkeit des Vertrages*“ nach der zweiten Variante von Art. 31 Abs. 1 EGBGB und werden somit von Art. 31 Abs. 2 EGBGB nicht mehr erfasst[362]. Der nachträgliche Widerruf der Erklärung ändert aber nichts an der Tatsache, dass der Verbraucher zunächst eine zustimmende Willenserklärung zum Vertragsschluss abgibt[363]. Gegen eine Sonderanknüpfung des fernabsatzrechtlichen Widerrufsrechts über Art. 31 Abs. 2 EGBGB spricht daher des Weiteren, dass das Bestehen eines fernabsatzrechtlichen Widerrufsrechts gerade voraussetzt, dass der Verbraucher vor der Ausübung des Widerrufsrechts dem Vertragsschluss im Sinne des Art. 31 Abs. 2 EGBGB zugestimmt hat[364]. Art. 31 Abs. 2 EGBGB schützt eine Vertragspartei, wenn ihr bei einer Äußerung das Erklärungsbewusstsein fehlt oder aus einem anderen Grunde der Tatbestand einer Willenserklärung nicht erfüllt ist[365]. Es ist jedoch nicht das Ziel des fernabsatzrechtlichen Widerrufsrechts, den Verbraucher zu schützen, wenn ihm das Erklärungsbewusstsein fehlt. Eine Sonderanknüpfung der Widerrufsbestimmungen des europäischen Fernabsatzrechts über Art. 31 Abs. 2 EGBGB ist im Ergebnis nicht möglich.

---

[361] *MünchKomm-Spellenberg,* Art. 31 EGBGB Rn. 60; BGH Urt. v. 19.3.1997, BGHZ 135, 125, 137; NJW 1997, 1697, 1700; *Giuliano/Lagarde,* BT-Drs. 10/503, 33, 60; *Mankowski,* RIW 1996, 382, 385; *Baumert,* RIW 1997, 805, 808; *Czernich/Heiss-Helmberg,* Art. 8 EVÜ Rn. 14 Fn. 29; *Junker,* IPR, 278, 279, Rn. 317.

[362] Siehe zudem die Argumentation von *Mankowski,* RIW 1993, 453, 455; *Mankowski,* RIW 1996, 382, 386 und *Klingsporn,* WM 1994, 1093, 1097.

[363] *Palandt-Heinrichs,* § 355 Rn. 3; *Mankowski,* RIW 1996, 382, 384.

[364] *Bamberger/Roth-Spickhoff,* Art. 31 EGBGB Rn. 14; *Baumert,* RIW 1997, 805, 808; *Mankowski,* VuR 1996, 392, 395; *Siehr,* IPR, 120; *Mankowski,* RIW 1996, 382, 384; *Lütcke,* § 312 d Rn. 17; *MünchKomm-Wendehorst,* § 312 d Rn. 18.

[365] *MünchKomm-Spellenberg,* Art. 31 EGBGB Rn. 65; *Bamberger/Roth-Spickhoff,* Art. 32 EGBGB Rn. 14 m.w.N.; *Staudinger-Hausmann,* Art. 31 EGBGB Rn. 41; BGH NJW 1997, 1697, 1700.

B. Die Sonderanknüpfung fernabsatzrechtlicher Bestimmungen nach Art. 29 Abs. 1 EGBGB

Da der sachliche und der persönliche Anwendungsbereich von Art. 29 Abs. 1 EGBGB mit dem des Art. 29 Abs. 2 EGBGB identisch sind, kann diesbezüglich auf die Untersuchungen im Rahmen von Art. 29 Abs. 2 EGBGB verwiesen werden[366]. Die Anwendbarkeit von Art. 29 Abs. 1 EGBGB setzt die Wirksamkeit der Rechtswahlvereinbarung voraus, da anderenfalls ein Schutz vor missbräuchlicher Rechtswahl nicht erforderlich ist. Des Weiteren ist erforderlich, dass der Vertragsschluss unter den Voraussetzungen von Art. 29 Abs. 1 Nr. 1 bis 3 EGBGB zustande kam. Auch diesbezüglich sei auf die vorhergehenden Untersuchungen zu Art. 29 Abs. 2 EGBGB verwiesen[367]. Unter diesen Umständen „*darf die Rechtswahl der Parteien des Verbrauchervertrages nicht dazu führen, dass dem Verbraucher der durch die zwingenden Bestimmungen des Rechts des Staates, in dem er seinen gewöhnlichen Aufenthalt hat, gewährte Schutz entzogen wird*“[368]. Art. 29 Abs. 1 EGBGB erklärt die zwingenden verbraucherschützenden Normen des Aufenthaltsstaates des Verbrauchers für zusätzlich zum Vertragsstatut anwendbar, wenn diese für den Verbraucher günstiger sind als die einschlägigen Bestimmungen des gewählten Vertragsstatuts.

I. Das europäische Fernabsatzrecht als „zwingende Bestimmungen“ im Sinne von Art. 29 Abs. 1 EGBGB

„*Zwingende Bestimmungen*“ sind nach der Legaldefinition des Art. 27 Abs. 3 EGBGB solche, „*von denen nach dem Recht eines Staates durch Vertrag nicht abgewichen werden kann*“. Der Verweisungsumfang des Begriffes der „*zwingenden Bestimmungen*“ i.S.d. Art. 29 Abs. 1 EGBGB ist in der Literatur umstritten. Da der Gesetzgeber sich dafür entschieden hat, durch Art. 29 Abs. 1 EGBGB die Rechtswahlfreiheit der Parteien zum Zwecke des Verbraucherschutzes nicht gänzlich zu verbieten, sondern nur im erforderlichen Ausmaß zu beschränken, darf Art. 29 Abs. 1 EGBGB auch nicht zu weit ausgelegt werden. Daher erfasst dieser Begriff im Rahmen des Art. 29 Abs. 1 EGBGB nach einer Ansicht ausschließlich Bestimmungen, die speziell dem Verbraucherschutz oder zumindest dem Schutz

---

[366] Siehe 2. Teil:B.III.1, Seite 67.
[367] Siehe 2. Teil:B.III.2, Seite 82.
[368] Zum Begriff des gewöhnlichen Aufenthalts siehe oben 2. Teil:B.II, Seite 65.

der schwächeren Vertragspartei dienen[369]. Dem Wortlaut von Art. 29 Abs. 1 EGBGB ist keine derartige Beschränkung des Verweisungsumfangs zu entnehmen. Daher versteht eine andere Ansicht unter dem Begriff der *„zwingenden Bestimmungen*" sämtliche national zwingenden Bestimmungen der Rechtsordnung des Staates, in dem der Verbraucher seinen gewöhnlichen Aufenthalt hat[370]. Die Sonderanknüpfung des Art. 29 Abs. 1 EGBGB bezieht sich danach auf alle für den Verbraucher im Einzelfall günstigen zwingenden Bestimmungen. Da das Fernabsatzrecht jedoch spezielles Verbraucherschutzrecht ist, wird es nach beiden Ansichten vom Verweisungsumfang des Begriffes *„zwingende Bestimmungen*" erfasst.

Ob das europäische Fernabsatzrecht *„zwingende Bestimmungen*" i.S.d. Art. 29 Abs. 1 EGBGB enthält, ist jedoch aus folgendem Grunde fraglich: Nach Art. 12 Abs. 1 Fernabsatzrichtlinie kann der Verbraucher nicht auf die Rechte verzichten, die ihm nach der Umsetzung der Fernabsatzrichtlinie nach nationalem Recht zustehen. Nach Art. 14 Fernabsatzrichtlinie konnten die Mitgliedstaaten bei der Umsetzung der Fernabsatzrichtlinie deren Verbraucherschutzniveau erhöhen. Nach der Umsetzung begründet auch das nationale europäische Fernabsatzrecht einen Mindestschutzstandard gegenüber individuellen Parteivereinbarungen. Das bedeutet, dass beim Abschluss eines Fernabsatzvertrages zugunsten des Verbrauchers von den fernabsatzrechtlichen Bestimmungen durch Parteivereinbarung abgewichen werden darf. Das europäische Fernabsatzrecht ist insofern *„halbzwingend*"[371].
Wenn der Begriff der *„zwingenden Bestimmungen*" jedoch nur solche Normen bezeichnete, von denen unter keinen Umständen abgewichen werden darf, so wäre eine Sonderanknüpfung des Fernabsatzrechts über Art. 27 Abs. 3 EGBGB, Art. 29 Abs. 1 EGBGB nicht möglich. Eine Bestimmung ist jedoch schon immer dann als *„zwingend*" i.S.d. Art. 27 Abs. 3 EGBGB und Art. 29 Abs. 1 EGBGB zu erachten, wenn sie nicht vollkommen dispositiv ist. Dies gilt auch für die nationa-

---

369 BGH, Urt. v. 25.1.2005, ZIP 2005, 478, 479; *v.Bar*, IPR II, 324 Rn. 441; *Schröder*, Das Günstigkeitsprinzip im Internationalen Privatrecht, 194; *MünchKomm-Martiny*, Art. 29 EGBGB Rn. 56; *Staudinger-Magnus*, Art. 29 EGBGB Rn. 103; *Erman-Hohloch*, Art. 29 EGBGB Rn. 17.
370 *Bülow*, EuZW 1993, 435, 435; *Kroeger*, Der Schutz der „marktschwächeren" Partei im Internationalen Privatrecht, 76 ff, 79 ff.; *Firsching*, IPRax 1981, 37, 41; *Schurig*, RabelsZ 54 (1990), 217, 221 ff.; *Nemeth*, Kollisionsrechtlicher Verbraucherschutz in Europa, 29; *Mäsch*, Rechtswahlfreiheit und Verbraucherschutz, 43 ff.; *Papathoma-Baetge/Nehrenberg/Finke*, in: Rechtshandbuch E-Business, 78 Rn. 94; *Backert*, Kollisionsrechtlicher Verbraucherschutz, 142 ff; *Czernich/Heiss-Heiss*, Art. 5 EVÜ Rn. 61; *Lorenz*, FS Kegel, 303, 315; *Kroeger*, Der Schutz der „marktschwächeren" Partei im Internationalen Privatrecht, 80; *Droste*, Der Begriff der „zwingenden Bestimmungen" in Art. 27 ff., 212 ff.; *Stoll*, FS Kegel, 623, 629; *Stoll*, FS *Beitzke*, 775. A.A.: *Schwartz*, Schutzkollisionen im internationalen Verbraucherschutz, 174.
371 *MünchKomm-Wendehorst*, § 312 f Rn. 13; *Lütcke*, § 312 f Rn. 5 spricht von „einseitiger Unabdingbarkeit".

len europäischen Fernabsatzbestimmungen[372]. Die Rechtsnormen des europäischen Fernabsatzrechts haben zwar keinen unbedingten Geltungsanspruch, es muss jedoch der in diesen begründete Mindestverbraucherschutzstandard zwingend gewahrt werden.

II. Die „Günstigkeit" des auf einen grenzübergreifenden Fernabsatzvertrag anwendbaren Rechts

1. Das Günstigkeitsprinzip bei der Sonderanknüpfung fernabsatzrechtlicher Bestimmungen

Anlass der Regelung des Art. 29 Abs. 1 EGBGB ist die Ungleichgewichtslage der Verhandlungspositionen des Verbrauchers und des Unternehmers beim Abschluss eines Verbrauchervertrages. Die Lösung des Art. 29 Abs. 1 EGBGB für dieses Problem ist die Sicherung des Verbraucherschutzniveaus des Staates des gewöhnlichen Aufenthalts des Verbrauchers als Mindeststandard. Daraus ergibt sich als Ziel des Günstigkeitsvergleiches im Rahmen des Art. 29 Abs. 1 EGBGB die Ermittlung, ob die ökonomische Ungleichgewichtslage zwischen den Vertragsparteien durch die gewählte Rechtsordnung in der konkreten Streitfrage in einer für den Verbraucher günstigeren Weise ausgeglichen wird als durch die Heimatrechtsordnung des Verbrauchers. Wenn sich das objektiv anwendbare Recht als günstiger erweist, wird dem Verbraucher auf diese Weise dessen Geltung nicht vorenthalten[373]. Bei der Anknüpfung eines Fernabsatzvertrages über Art. 29 Abs. 1 EGBGB ist zunächst entscheidend, ob die gewählte Rechtsordnung denselben Verbraucherschutzstandard bei Fernabsatzverträgen bietet, wie die objektiv anwendbare und anschließend, ob die vertraglichen Individualvereinbarungen über den Verbraucherschutzstandard der anwendbaren Rechtsordnung hinausgehen[374].

---

[372] *Bülow/Artz*, Verbraucherprivatrecht, 145; Allgemein: *Kropholler*, IPR, § 40 IV 3a); *Lando*, CMLR 24 (1987), 159, 181.

[373] Dazu *Jayme*, FS Schwind, 103, 108; *Bülow/Artz*, Verbraucherprivatrecht, 146. Der von der europäischen Gruppe für Internationales Privatrecht unterbreitete Änderungsvorschlag für Art. 5 EVÜ sieht keinen Günstigkeitsvergleich vor, sondern die Sonderanknüpfung der zwingenden Normen des Staates, in dem der Verbraucher seinen gewöhnlichen Aufenthalt hat. Siehe 4. Teil:E, Seite 196.

[374] Hierzu siehe *Schurig*, Kollisionsnorm und Sachnorm, 206; *Mäsch*, Rechtswahlfreiheit und Verbraucherschutz, 28 ff., 173; *Jayme*, FS Schwind, 103, 103; *Lorenz*, RIW 1987, 569, 570 ff.

Der Wert der Günstigkeitsregelung in Art. 29 Abs. 1 EGBGB ist umstritten[375]. Dass mit dem Günstigkeitsvergleich bei Art. 29 Abs. 1 EGBGB der Einzelfallgerechtigkeit gegenüber der Rechtssicherheit der Vorrang eingeräumt wird ist damit zu rechtfertigen, dass Art. 29 Abs. 1 EGBGB ausschließlich dem Schutz der Verbraucherinteressen dient und diese im Wege eines Günstigkeitsvergleiches am besten wahrgenommen werden. Die Abhängigkeit der kollisionsrechtlichen Anknüpfung von einem Günstigkeitsvergleich ist jedoch insbesondere deshalb praktisch nachteilhaft, weil sich der Verbraucher mit einer ausländischen Rechtsordnung vertraut machen muss um das anwendbare Recht zu ermitteln und keine objektiven Kriterien zur Bestimmung des „günstigeren" Rechts bestehen[376]. Besondere Schwierigkeiten entstehen, wenn der Verbraucher die Sprache der zu vergleichenden Rechtsordnung nicht beherrscht oder die ausländischen Gesetze und Literatur dazu nicht zur Verfügung hat[377].

2. *Die Methodik des Günstigkeitsvergleiches*

Beim Günstigkeitsvergleich im Rahmen des Art. 29 Abs. 1 EGBGB ist kein abstrakter Gesamtvergleich der beiden betroffenen Rechtsordnungen durchzuführen, da ein solcher aufgrund des hohen Prüfungsaufwandes unpraktikabel wäre[378]. Zudem kann bei einem Gesamtvergleich eine Rechtsordnung für den Verbraucher günstiger erscheinen, die sich im konkreten streitigen Anwendungsfall für den Verbraucher als ungünstiger erweisen würde[379]. Aus diesen Gründen wird teilweise ein Vergleich von Normengruppen vorgeschlagen, die im inneren Regelungszusammenhang mit den einschlägigen Einzelnormen stehen, wie beispielsweise des Fernabsatzrechts[380]. Auch ein solcher Gruppenvergleich ist indes abzulehnen. Ist beispielsweise die Einhaltung der fernabsatzrechtlichen Widerrufsfrist durch den Verbraucher streitig und ist die Frist nach dem gewählten Recht kürzer als

[375] Siehe hierzu nur *Mühl*, Die Lehre vom „besseren" und „günstigeren" Recht, 127; *Schröder*, Das Günstigkeitsprinzip im IPR, 103-104, 166 ff.; *v.Hippel*, FS Wassermann, 371, 371 ff.; *Junker*, IPRax 1993, 1, 4; *Keller*, FS Vischer, 175, 178; *Leible*, Jb.Jung.ZivWiss. 1995, 245, 259; Vorschlag der Gruppe für Internationales Privatrecht. Abgedruckt bei *Staudinger-Magnus*, Vorbem. zu Art. 27-37 EGBGB Rn. 32; IPRax 2001, 64-65.

[376] *MünchKomm-Martiny*, Art. 29 EGBGB Rn. 60; *Leible*, Jb.Jung.ZivWiss. 1995, 245, 258 ff.; *Mäsch*, Rechtswahlfreiheit und Verbraucherschutz, 72; *Mühl*, Die Lehre vom „besseren" und „günstigeren" Recht, 176; *Keller*, FS Vischer, 175, 178; *Schurig*, RabelsZ 54 (1990), 217, 225.

[377] *Mehrings*, CR 1998, 613, 618.

[378] Statt vieler siehe nur *Kroeger*, Der Schutz der marktschwächeren Partei, 158; *Schurig*, RabelsZ 54 (1990), 217, 225.

[379] *Soergel-v.Hoffmann*, Art. 29 EGBGB Rn. 38; *Staudinger-Magnus*, Art. 29 EGBGB Rn. 109; *Lorenz*, RIW 1987, 569, 577; siehe auch *Schröder*, Das Günstigkeitsprinzip, 195.

[380] *Schröder*, Das Günstigkeitsprinzip, 195 ff.; *Eser*, RIW 1992, 1, 3.

nach dem Heimatrecht des Verbrauchers, so ist die Notwendigkeit eines Vergleiches der Bestimmungen über die fernabsatzrechtlichen Informationspflichten auch dann nicht einsichtig, wenn diese in einem inneren Zusammenhang mit den Fristenregelungen stehen.

Zur Ermittlung des günstigeren Rechts nach Art. 29 Abs. 1 EGBGB ist mithin kein abstrakter Rechtsvergleich der einschlägigen Sachnormen der betreffenden Rechtsordnungen durchzuführen, sondern ein Vergleich der Rechtsanwendungsergebnisse im konkreten Einzelfall[381]. Bei dieser Vorgehensweise dürfen jedoch nicht verschiedene Teilfragen verschiedenen Rechtsordnungen unterstellt werden und so ein verbrauchergünstigeres Ergebnis erzielt werden als es nach einer der verglichenen Rechtsordnungen möglich wäre[382]. Anstatt den Günstigkeitsvergleich auf einzelne einschlägige Rechtsnormen zu begrenzen, sind in umfassender Weise alle Rechtsquellen der verglichenen Rechtsordnungen zu berücksichtigen, die für die rechtliche Beurteilung des Sachverhaltes relevant sein können[383]. Der Günstigkeitsvergleich ist in der Weise durchzuführen, dass zunächst die rechtliche Lösung der konkreten Streitfrage nach der Rechtsordnung im Aufenthaltsstaat des Verbrauchers ermittelt wird und danach die Lösung nach dem gewählten Recht. Sodann muss der national zwingende Charakter der bei der Lösung einschlägigen materiellrechtlichen Bestimmungen festgestellt werden[384]. Wenn der Vergleich zu dem Ergebnis führt, dass keine der Rechtsordnungen für den Verbraucher eine eindeutig günstigere Lösung bereithält, so ist im Zweifel das gewählte Recht anzuwenden[385].

---

[381] *Lorenz*, RIW 1987, 569, 577; *Schröder*, Das Günstigkeitsprinzip im IPR, 172, 198 ff.; *Ebert*, Rechtsvergleichung, 21; *v.Bar/Mankowski*, IPR I, § 2 Rn. 95, 94; *Zweigert/Kötz*, Einführung in die Rechtsvergleichung, Band I, 4 ff.; *Jayme*, in FS: Schwind, 103, 104.

[382] *Mäsch*, Rechtswahlfreiheit und Verbraucherschutz, 37 ff.; *MünchKomm-Martiny*, Art. 29 EGBGB Rn. 60; *Staudinger-Magnus*, Art. 29 EGBGB Rn. 107; *Leible*, JbJungZivWiss. 1995, 245, 258; *Jayme*, FS Schwind, 103, 109; *Schurig*, RabelsZ 54 (1990), 217, 225.

[383] *Rheinstein*, Rechtsvergleichung, 12; *Zweigert/Kötz*, Einführung in die Rechtsvergleichung, Band I, 36; *David/Grasmann-Neumayer*, Einführung in die großen Rechtssysteme der Gegenwart, 43; *Schurig*, RabelsZ 54 (1990), 217, 225.

[384] *v.Bar*, IPR II, 325 Rn. 442, 331 Rn. 449 Fn. 200; *MünchKomm-Martiny*, Art. 29 EGBGB Rn. 49; *Zweigert/Kötz*, Einführung in die Rechtsvergleichung, Band I, 47, § 3 VI.

[385] *Schröder*, Das Günstigkeitsprinzip im IPR, 201; *Kropholler*, IPR, 110 und 112.

C. Die Sonderanknüpfung fernabsatzrechtlicher Bestimmungen nach Art. 29a EGBGB

Wenn ein Vertrag aufgrund einer Rechtswahl nicht dem Recht eines Mitgliedstaates der Europäischen Union oder eines anderen Vertragsstaats des Abkommens über den europäischen Wirtschaftsraum (EWR)[386] unterliegt, der Vertrag jedoch einen engen Zusammenhang mit dem Gebiet eines dieser Staaten aufweist, sieht Art. 29a EGBGB die Sonderanknüpfung der im Gebiet dieses Staates geltenden Bestimmungen zur Umsetzung der in Art. 29a Abs. 4 EGBGB aufgezählten Verbraucherschutzrichtlinien vor[387]. Nach Art. 29a Abs. 4 Nr. 3 und Nr. 5 EGBGB gehört zu diesen Verbraucherschutzbestimmungen auch das Fernabsatzrecht der europäischen Staaten.
Da Art. 29a EGBGB die Sonderanknüpfung ganz bestimmter materiellrechtlicher Normen vorsieht, bestimmen deren Anwendungsvoraussetzungen sozusagen den sachlichen und persönlichen Anwendungsbereich von Art. 29a EGBGB mit[388]. Art. 29a EGBGB ist eine einseitige europäische Sonderanknüpfungsnorm, durch die der Verbraucherschutzstandard der in Art. 29a EGBGB aufgezählten Richtlinien auch bei der Wahl des Rechts eines Drittstaates auf einen Vertrag gesichert werden soll[389]. Zu diesen zählt auch die Fernabsatzrichtlinie, da Art. 29a EGBGB Art. 12 Abs. 2 Fernabsatzrichtlinie in das deutsche Recht umsetzt. Das Regime europäischer Verbraucherschutzwerte wird von innereuropäischen Sachverhalten auf mit dem Binnenmarkt eng verbundene Verträge ausgeweitet, für die das Recht eines Drittstaates gewählt wurde[390]. Die Regelung des Art. 29a EGBGB grenzt durch die Anknüpfungsvoraussetzung eines engen Bezuges zum Gebiet der EG oder des EWR den Binnenmarkt kollisionsrechtlich von Drittstaaten ab. Eine ähnliche Funktion erfüllte bislang eine auf *Lando* zurückgehende Auslegung und ana-

---

[386] Gesetz über den Europäischen Wirtschaftraum, BGBl II 1993, 266. Abkommen über den Europäischen Wirtschaftsraum vom 2.5.1992.

[387] Kritisch *Nemeth*, Kollisionsrechtlicher Verbraucherschutz in Europa, 89; *Vékás*, FS Siehr, 775, 785.

[388] *Nemeth*, Kollisionsrechtlicher Verbraucherschutz in Europa, 94; *v. Hoffmann*, ZfRV 1995, 45, 49; *Vékás*, FS Siehr, 775, 785; *v.Hoffmann*, IPR, § 10 Rn. 73c; *Staudinger-Magnus*, Art. 29 a EGBGB Rn. 35; *Mankowski*, in: Internetauktionen, 202; *Palandt-Heldrich*, Art. 29 a EGBGB Rn. 3; *Staudinger*, RIW 2000, 418, 419; *Keller*, FS Vischer, 175, 179. A.A.: Verbrauchergeschäft als Anwendungsvoraussetzung des Art. 29a EGBGB bei *Freitag/ Leible*, EWS 2000, 342, 344.

[389] Art. 29a EGBGB stellt eine bloße Übergangslösung der Umsetzung von Art. 12 Abs. 2 Fernabsatzrichtlinie dar. Eine endgültige Lösung soll im Zuge der Überarbeitung des EVÜ aufgrund des Aktionsplanes des Rates und der Kommission zur bestmöglichen Umsetzung der Bestimmungen des Amsterdamer Vertrages gefunden werden. Siehe dazu die Begründung des Regierungsentwurfes zum Fernabsatzgesetz BR-Drs. 25/00, 135; Regierungsentwurf für das Fernabsatzgesetz, BT-Drs. 14/2920, 16.

[390] *Nemeth*, Kollisionsrechtlicher Verbraucherschutz in Europa, 93, 97; *Legerer*, FS Reichert-Facilides, 53 ff.; *Pfeiffer*, NJW 1997, 1207, 1212; *Keller*, FS Vischer, 175, 180.

loge Anwendung von Art. 27 Abs. 3 EGBGB[391]. Danach wurde die EG aufgrund der fortschreitenden Rechtsangleichung und –vereinheitlichung als ein einheitlicher Staat i.S.d. Art. 27 Abs. 3 EGBGB behandelt und dieser entsprechend auf Verträge mit ausschließlichem Bezug zur EG angewendet.

I. Das Konkurrenzverhältnis von Art. 29a EGBGB zu Art. 29 EGBGB

Art. 29a EGBGB erweitert den Verbraucherschutz im Vergleich zu Art. 29 EGBGB unter anderem dadurch, dass er bei einem engen Bezug zu jedwedem EG- oder EWR-Staat und nicht nur zum Staat des gewöhnlichen Aufenthaltes des Verbrauchers Verbraucherschutz gewährt. Aufgrund des generell gehaltenen Wortlauts ist der Schutz nicht auf den passiven Verbraucher oder eng definierte Umstände des Vertragsabschlusses beschränkt[392]. Aufgrund der Gemeinsamkeiten im Anwendungsbereich von Art. 29 und 29a EGBGB stellt sich die Frage welche der beiden Bestimmungen vorrangig anzuwenden ist.
Ein Konkurrenzverhältnis zwischen Art. 29 Abs. 1 EGBGB und Art. 29a EGBGB besteht nur unter folgenden Umständen: Das Recht eines Drittstaates muss von den Parteien als das auf den Vertrag anwendbare Recht gewählt worden sein. Der Vertragsschluss muss einen Nähebezug im Sinne des Art. 29 Abs. 1 EGBGB zum Staat des gewöhnlichen Aufenthalts des Verbrauchers, der ein EU- oder EWR-Staat ist, begründen. Unter diesen Voraussetzungen können folgende Kriterien einen Konflikt zwischen Art. 29 Abs. 1 EGBGB und Art. 29a EGBGB begründen: Zu einem anderen EG- oder EWR-Staat hat der Vertrag einen noch engeren Zusammenhang als zu dem Staat des gewöhnlichen Aufenthalts des Verbrauchers. Des weiteren, wenn das gewählte Drittstaatenrecht günstiger ist als das Recht des Aufenthaltsstaates des Verbrauchers. Oder wenn sich der gewöhnliche Aufenthaltsort des Verbrauchers in einem Drittstaat befindet.

---

391 *Lando*, RabelsZ 57 (1993), 155, 163; *Lando*, CMLR 24 (1987), 159, 181 ff.; *Bröderman/Iversen-Iversen*, Europäisches Gemeinschaftsrecht und Internationales Privatrecht, 336 ff., Rn. 713 ff., 983; *Kropholler*, IPR, § 40 IV 3a), 292; *Michaels/Kamann*, JZ 1997, 601, 603 ff.; *Nemeth*, Kollisionsrechtlicher Verbraucherschutz in Europa, 56, 90; *Grundmann*, RabelsZ 64 (2000), 466 ff., 471 ff.; *Grundmann*, NJW 2000, 14, 16; *Kegel/Schurig*, IPR, § 18 I 1c), 571; *Schlechtriem*, in FS Lorenz, 2001, 565, 576. A.A.: *Staudinger*, NJW 2001, 1074, 1077; *Freitag/Leible*, RIW 2001, 287, 290. Siehe auch den Vorschlag zur Änderung des Art. 3 Abs. 3 EVÜ seitens der Europäischen Gruppe für Internationales Privatrecht. Abgedruckt bei *Staudinger-Magnus*, Vorbem. zu Artt 27-37 EGBGB Rn. 32; IPRax 2001, 64. Siehe hierzu auch *Paefgen*, ZEuP 2003, 266, 279.

392 *Pützhoven*, Europäischer Verbraucherschutz im Fernabsatz, 184 und 187; *Horn*, MMR 2002, 209, 214; *Lurger*, FS Posch, 181, 187 ff.

1. Anwendungsvorrang von Art. 29a Abs. 1 EGBGB vor Art. 29 EGBGB aufgrund der Rechtsangleichung in der EG auf dem Gebiet des Verbraucherschutzes ?

Ausgehend von einer zunehmenden Rechtseinheit in der EG und dem EWR im Bereich des Verbraucherschutzrechts wird Art. 29a EGBGB in der Literatur bisweilen dahingehend ausgelegt, dass er der Anwendung von Art. 29 Abs. 1 EGBGB entgegenstehe[393]. Die in Art. 29a EGBGB zum Ausdruck kommende Einheit des Verbraucherschutzrechts innerhalb von EG und EWR hat nach dieser Ansicht zum einen zur Folge, dass eine Sonderanknüpfung der in Art. 29a Abs. 4 EGBGB aufgeführten Verbraucherschutzbestimmungen über Art. 29 Abs. 1 EGBGB aufgrund einer Spezialität von Art. 29a EGBGB bei EG-, bzw. EWR-internen Verträgen mit Rechtswahl eines Drittstaatenrechts ausgeschlossen sei. Die Rechtsvereinheitlichung führe des Weiteren dazu, dass die Rechtswahl eines EG-, bzw. EWR-Staatenrechts bei Verträgen mit Beteiligung eines Verbrauchers mit gewöhnlichem Aufenthalt in diesem Gebiet stets uneingeschränkt wirksam sei und sich eine Sonderanknüpfung über Art. 29 Abs. 1 EGBGB auch in diesem Fall verbiete[394]. Diese Ansicht stützt sich zum einen darauf, dass es dem Zweck der Rechtsvereinheitlichung entgegenliefe, wenn man über Art. 29 Abs. 1 EGBGB das Recht des Aufenthaltsstaates des Verbrauchers anderen EG- oder EWR-Rechtsordnungen vorzöge[395]. Die Tatsache, dass Art. 29a EGBGB als Nachfolgenorm von § 12 AGBG nur noch im Falle der Rechtswahl eines Drittstaatenrechts anstatt eines EG- oder EWR-Staatenrechts gilt, wird als Argument dafür gesehen, nicht mehr zwischen den Verbraucherschutzvorschriften einzelner EG- oder EWR-Staaten zu differenzieren[396].

Dem ist jedoch entgegen zu halten, dass in den durch Verbraucherschutzrichtlinien angeglichenen Teilen der europäischen Privatrechtsordnungen nur ein gemeinsamer Mindestschutzstandard und noch keinerlei Rechtseinheit besteht[397]. Aufgrund der verbleibenden Unterschiede im europäischen Verbraucherschutz ist jedoch auch EG-, bzw. EWR-intern eine kollisionsrechtliche Bestimmung des anwendbaren Rechts von Nöten. Seinem Wortlaut nach betrifft Art. 29a EGBGB nur Verträge, in denen das Recht eines Nicht- EG, oder –EWR-Staates gewählt wurde und nicht solche mit Rechtswahl eines EG- oder EWR-Staatenrechts. Zudem soll nach Art. 29a EGBGB ein Verbraucher auch nicht nur durch den Mindeststandard der Verbraucherschutzrichtlinien geschützt werden, sondern durch

---

393 *Schlechtriem,* FS Lorenz, 565, 568.
394 *Schlechtriem,* FS Lorenz, 565, 577.
395 *Schlechtriem,* FS Lorenz, 565, 568.
396 *Schlechtriem,* FS Lorenz, 565, 567-568.
397 Vgl hierzu 1. Teil:B, Seite 32 ff.

die nationalen Umsetzungen der Richtlinien, in ihrer bisweilen über das Verbraucherschutzniveau der Richtlinie hinausschießenden Form.
Sinn und Zweck von Art. 29a EGBGB ist die Gewährung des Schutzniveaus europäischer Verbraucherschutzrichtlinien, wenn auf einen Vertrag das Recht eines Drittstaates gewählt wurde und die geforderte Nähe zum Gebiet eines EG- oder EWR-Staates besteht. Nicht beabsichtigt ist die vollkommene Egalisierung des kollisionsrechtlichen Verbraucherschutzes innerhalb der EG. Daher steht es auch der Zielsetzung der europäischen Verbraucherschutzrichtlinien nicht entgegen, bei Binnensachverhalten den nationalen Unterschieden bei der Umsetzung der Richtlinien im Rahmen der kollisionsrechtlichen Anknüpfung durch Beibehaltung der Sonderanknüpfung nach Art. 29 Abs. 1 EGBGB Rechnung zu tragen.
Art. 12 Abs. 2 der Fernabsatzrichtlinie und seine Umsetzung in Art. 29a EGBGB dienen der Marktabgrenzung des europäischen Binnenmarktes gegenüber Drittstaaten[398]. Diese Sonderanknüpfung im Falle eines Bezuges zum Binnenmarkt und der darin zum Ausdruck kommenden EG- und EWR-einheitliche Rechtsstandard rechtfertigen jedoch keinen Verzicht auf eine kollisionsrechtliche Differenzierung zwischen den einzelstaatlichen Rechtsordnungen der EG- und EWR-Staaten. Nach der Gesetzesbegründung zum Fernabsatzgesetz ist Art. 29 Abs. 1 EGBGB vielmehr vor Art. 29a EGBGB zu prüfen[399]. Im Ergebnis sollte Art. 29a EGBGB eine solche Vorrangwirkung abgesprochen werden und stattdessen Art. 29 Abs. 1 EGBGB auch auf EU-Binnensachverhalte mit Rechtswahl einer Rechtsordnung eines Mitgliedstaates angewendet werden.

2. *Anwendungsvorrang von Art. 29 EGBGB vor Art. 29a EGBGB*

In der Literatur werden mit Verweis auf Art. 3 Abs. 2 S. 2 EGBGB/ Art. 20 EVÜ gesetzessystematische Bedenken gegen den von der Begründung des Gesetzentwurfes der Bundesregierung zu Art. 29a EGBGB konstatierten Anwendungsvorrang von Art. 29 EGBGB erhoben[400]. Nach Art. 3 Abs. 2 S. 2 EGBGB bleiben Regelungen in Rechtsakten der EG von den Regelungen des EVÜ unberührt. Zwar handelt es sich bei Art. 29a EGBGB um eine Bestimmung des deutschen Rechts. Jedoch gilt die Nachrangigkeit der aus dem EVÜ stammenden Kollisionsnormen nach abkommenskonformer Auslegung des Art. 3 Abs. 2 S. 2 EGBGB

---

[398] Dazu Referentenentwurf zum Fernabsatzgesetz, BMJ, 31.5.1999, Referat I B 2, 3420/ 124, 3.
[399] Begründung zum Entwurf des Fernabsatzgesetzes, BT-Drs. 14/2658, 15, 50.
[400] Begründung für diesen bei *Staudinger*, RIW 2000, 416, 419; *Wendehorst*, Vor § 312b Rn. 36; *Horn*, MMR 2002, 209, 214; *Hoeren*, Grundzüge des Internetrechts, 25; Begründung zum Entwurf des Fernabsatzgesetzes, BT-Drs. 14/2658, 50; *Dilger*, Verbraucherschutz bei Vertragsabschlüssen im Internet, 220.

auch gegenüber *„in Ausführung von Rechtsakten der Europäischen Gemeinschaften harmonisiertem innerstaatlichen Kollisionsrecht“*[401]. Unter rechtssystematischen Gesichtspunkten ist der richtlinienbasierte Art. 29a EGBGB daher vorrangig gegenüber Art. 29 EGBGB. Dies wird mit dem Ziel des höchstmöglichen Verbraucherschutzes gerechtfertigt. Der Anwendungsbereich von Art. 29a EGBGB ist zwar weiter als der des Art. 29 Abs. 1 EGBGB, aufgrund des mangelnden Günstigkeitsvergleiches ist jedoch die Schutzintensität geringer[402]. Wenn daher der engere Anwendungsbereich von Art. 29 EGBGB eröffnet ist, sollte dieser entgegen Art. 3 Abs. 2 S. 2 EGBGB/ Art. 20 EVÜ um des höheren Verbraucherschutzniveaus willen vorrangig angewendet werden[403].

II. Der Grundsatz der richtlinienkonformen Auslegung

Die Auslegung nationaler materiellrechtlicher Bestimmungen, die europäisches Richtlinienrecht umsetzen (im Folgenden: richtlinienbasiertes Recht) muss sich an der jeweils zugrunde liegende Richtlinie orientieren und zu richtlinienkonformen Ergebnissen führen. Bei der Auslegung nationaler fernabsatzrechtlicher Normen ist insbesondere zu beachten, dass Abweichungen von der Fernabsatzrichtlinie zum Nachteil der Verbraucher unzulässig sind. Nach gefestigter Rechtsprechung des EuGH haben Richtlinien keine unmittelbare Direktwirkung auf Rechtsverhältnisse zwischen Privaten[404]. Durch die Auslegung mitgliedstaatlichen Rechts im Sinne einer Richtlinie kann diese jedoch einen Einfluss erhalten, der einer Direktwirkung nahe kommt[405]. Aufgrund des Vorrangs des EG-Rechts vor dem Recht der Mitgliedstaaten und der aus Art. 5 EG resultierenden Pflicht der Mitgliedstaaten, europäische Richtlinien korrekt umzusetzen, wird die richtlinienkonforme Auslegung von Rechtsprechung und Literatur dennoch als notwendig und

---

[401] *Staudinger-Magnus*, Art 29a EGBGB Rn. 25; *v.Hoffmann*, IPR, § 10 Rn. 73 b-c; *Kropholler*, IPR, § 52 V 6; *Wagner*, IPRax 2000, 249, 250.

[402] Es wird auch nicht die dem Verbraucher bekannte Heimatrechtsordnung zur Anwendung berufen.

[403] *Staudinger*, RIW 2000, 416, 419; *Hoeren*, Grundzüge des Internetrechts, 25.

[404] EuGH, Rs. 152/84, Marshall/Health Authority, Slg 1986, 723/749; EuGH Rs. C-106/89, Marleasing/La Comercial International de Alimentacíon, Slg 1990, I-4135/4158; EuGH, Rs C-91/92 Faccini Dori/Recreb, Slg 1994, I-3325/3355; *Ress*, DÖV 1994, 489, 493. Durch die unmittelbare Wirkung eines EG-Rechtsaktes auf ein Verhältnis zwischen Privaten kann es zu einer unmittelbaren Belastung einer Partei kommen. Unmittelbar wirkende nachteilige Maßnahmen dürfen jedoch nur mittels Verordnungen von der Europäischen Gemeinschaft erfolgen, da sich die Richtlinien an die Mitgliedstaaten richten und nicht an den einzelnen Bürger. *Oppermann*, Europarecht, Rn. 556.

[405] *Jarass*, EuR 1991, 211, 213.

zulässig erachtet[406]. Damit das nationale Recht den europäischen Vorgaben entsprechend angewendet wird, liegt eine richtlinienkonforme Auslegung auch im Interesse der nationalen Gesetzgeber[407].

Da Art. 29a EGBGB nicht auf dem EVÜ beruht, orientiert sich die Auslegung von Art. 29a EGBGB auch nicht an diesem, sondern erfolgt, entsprechend der ausdrücklichen Vorgabe von Art. 36 EGBGB, in Konformität mit den zugrunde liegenden Verbraucherschutzrichtlinien[408]. Dennoch sollte sich die Auslegung von Art. 29a EGBGB aufgrund der Ähnlichkeiten im Wortlaut und um eine einheitliche Anwendung zu gewährleisten auch an die Parallelnorm Art. 29 EGBGB anlehnen[409].

III. Die Anwendung von Art. 29a EGBGB auf grenzübergreifende Fernabsatzverträge

1. Die Anwendbarkeit des Rechts eines EG- oder EWR-Staates bei objektiver Anknüpfung als Voraussetzung des Art. 29a EGBGB ?

Eine Sonderanknüpfung nach Art. 29a EGBGB setzt voraus, dass der Vertrag „*aufgrund einer Rechtswahl*“ nicht dem Recht eines Mitgliedstaates der EU oder eines anderen Vertragsstaats des Abkommens über den EWR unterliegt. Ob daraus geschlossen werden kann, dass Art. 29a EGBGB voraussetzt, dass nach objektiver Anknüpfung das Recht eines EU- oder EWR-Staates anwendbar wäre, ist

---

[406] EuGH Rs. C-106/89, Marleasing/La Comercial International de Alimentacíon, Slg 1990, I-4135/4158; *Ress*, DÖV 1994, 489, 493; *Oppermann*, Europarecht, Rn. 560; *Brechmann*, Die richtlinienkonforme Auslegung, 69 und 256-258; *Jarass*, EuR 1991, 211, 216; *Schaltinat*, Internationale Verbraucherstreitigkeiten, 17.

[407] *Jarass*, EuR 1991, 211, 217.

[408] *Freitag/Leible*, EWS 2000, 342, 349; EuGH, Urt. v. 27.6.2000, Rs. C-240/98 ff., NJW 2000, 2571, 2571-2572; *Rusche*, IPRax 2001, 420 ff.; *Lutter*, JZ 1992, 593, 604-605. Siehe auch *Rudisch*, FS Reichert-Facilides, 191, 213; *Nemeth*, Kollisionsrechtlicher Verbraucherschutz in Europa, 21 ff.; *Junker*, RIW 1999, 809, 815 ff.

[409] So auch der Referentenentwurf zum Fernabsatzgesetz, BMJ, 31.5.1999, Referat I B 2, 3420/124, 4; *Bamberger/Roth-Spickhoff*, Art. 29a EGBGB Rn. 3; *Staudinger*, IPRax 1999, 414, 419, Fn. 87; *Mankowski*, MMR- Beilage 7/ 2000, 37; *v. Westphalen*, EWS 1993, 161, 167. Die Vorteile der Erweiterung des Verbraucherschutzes durch Art. 29a EGBGB sollten jedoch nicht durch eine allzu strenge Orientierung an dem engeren Art. 29 EGBGB aufgegeben werden. *Borges*, ZIP 1999, 565, 572; *Gößmann*, MMR 1998, 88, 92; *Pützhoven*, Europäischer Verbraucherschutz im Fernabsatz, 184.

fraglich und bedarf der Auslegung der Norm[410]. Zum richtigen Verständnis von Art. 29a EGBGB muss auch der zugrunde liegende Art. 12 Abs. 2 Fernabsatzrichtlinie in die Auslegung mit einbezogen werden.

a) Auslegung von Art. 12 Abs. 2 Fernabsatzrichtlinie

Als erster Anhaltspunkt für das richtige Verständnis von Art. 29a EGBGB kann der Wortlaut von Art. 12 Abs. 2 Fernabsatzrichtlinie als der zugrunde liegenden Rechtsnorm dienen. Nach Art. 12 Abs. 2 Fernabsatzrichtlinie darf *„der Verbraucher den durch die Richtlinie gewährten Schutz nicht verlieren, wenn das Recht eines Drittlands als das auf den Vertrag anzuwendende Recht gewählt wurde“*. Der Wortlaut spricht dafür, dass der Verbraucher ohne gegenteilige Rechtswahl den Schutz genossen haben müsste und daher nach objektiver Anknüpfung das Recht eines EG- oder EWR-Staates anwendbar sein müsste.

Auch die Regelungsabsicht der Fernabsatzrichtlinie ist zum Verständnis von Art. 29a EGBGB in die Auslegung dieser Norm mit einzubeziehen. Als Teil der Fernabsatzrichtlinie dient Art. 12 Abs. 2 dem Hauptrichtlinienzweck der Förderung des Binnenmarktes. Das Vertrauen der europäischen Verbraucher in den grenzübergreifenden innereuropäischen Handel mit Unternehmern aus der EG oder dem EWR soll gestärkt werden. Das Vertrauen des europäischen Verbrauchers auf die Geltung des ihm bekannten europäischen Verbraucherschutzstandards soll nicht durch eine vom Unternehmer forcierte kollisionsrechtliche Rechtswahl einer Drittstaatenrechtsordnung enttäuscht werden. Art. 12 Abs. 2 dient somit der Sicherung eines grundsätzlich, d.h. bei objektiver Anknüpfung bestehenden Verbraucherschutzes.

Nur wenn bei objektiver Anknüpfung das Recht eines EG- oder EWR-Staates zur Anwendung käme, kann es gerechtfertigt sein, wenn sich der Verbraucher auf die Sicherung des europäischen Verbraucherschutzstandards verlässt. Art. 12 Abs. 2 Fernabsatzrichtlinie soll vor dem Missbrauch der wirtschaftlich stärkeren Stellung des Unternehmers bei der Rechtswahl schützen. In der Forcierung der Wahl des Rechts eines Drittstaates liegt insbesondere dann Missbrauchsgefahr, wenn sich der Unternehmenssitz anstatt in dem betreffenden Drittstaat, in einem EU- oder EWR-Staat befindet[411]. Bei der Umsetzung von Art. 12 Abs. 2 Fernabsatzrichtlinie in anderen europäischen Staaten wurde die Anwendbarkeit des Rechts eines EU- Staats bei theoretischer objektiver Anknüpfung sogar zu einer tatbestandli-

[410] *Nemeth*, Kollisionsrechtlicher Verbraucherschutz in Europa, 88; *v.Hoffmann*, IPR, § 10 Rn. 73c; *Freitag/Leible*, EWS 2000, 342, 345.
[411] Vgl hierzu 2. Teil:C.1, Seite 106 ff.

chen Voraussetzung für eine Sonderanknüpfung gemacht[412]. Art. 12 Abs. 2 Fernabsatzrichtlinie spricht somit dafür, dass eine Sonderanknüpfung nach Art. 29a EGBGB, die Anwendbarkeit des Rechts eines EG- oder EWR-Staates bei hypothetischer objektiver Anknüpfung erfordert.

b) Auslegung von Art. 29a EGBGB

aa) Der Wortlaut von Art. 29a EGBGB

Nach dem Wortlaut von Art. 29a EGBGB setzt eine Sonderanknüpfung voraus, dass der Vertrag „*aufgrund einer Rechtswahl*" nicht dem Recht eines Mitgliedstaates der EU oder eines anderen Vertragsstaats des Abkommens über den EWR unterliegt. Der Wortlaut von Art. 29a EGBGB kann in derselben Weise wie Art. 12 Abs. 2 der Fernabsatzrichtlinie dahingehend verstanden werden, dass bei objektiver Anknüpfung das Recht eines EU- oder EWR-Staates zur Anwendung kommen müsste. Nach einer Ansicht in der Literatur sollte Art. 29a EGBGB aus diesem und den zur Auslegung von Art. 12 Abs. 2 Fernabsatzrichtlinie genannten Gründen teleologisch reduziert werden[413].
Aufgrund des Vorrangs der Parteiautonomie vor der objektiven Anknüpfung kommt das Drittstaatenrecht jedoch auch dann „*aufgrund*" der Rechtswahl zur Anwendung, wenn die Rechtswahl und die objektive Anknüpfung zur Anwendung desselben Rechts führen. Nach dem Wortlaut könnte die Rechtswahl also auch eine schlichte Anknüpfungsvoraussetzung sein.

bb) Die Begrenzung der Anwendbarkeit von Art. 29a EGBGB auf Verträge mit Unternehmerbeteiligung aus EG- oder EWR-Staaten und die Funktion des Begriffes des „engen Zusammenhangs"

Dagegen, die objektive Anwendbarkeit des Rechts eines EG- oder EWR-Staates zu einer Anwendungsvoraussetzung von Art. 29a EGBGB zu erheben sprechen zudem die Konsequenzen, die diese Forderung hätte. Wenn die Anwendbarkeit eines EG- oder EWR-Staatenrechts nach objektiver Anknüpfung Anwendungsvoraussetzung von Art. 29a EGBGB wäre, müssten Art. 29 Abs. 2 EGBGB oder Art. 28 Abs. 1, Abs. 2 EGBGB als einschlägige objektive Anknüpfungsnormen

---

[412] 1. Teil:B.V, Seite 41. *Nemeth*, Kollisionsrechtlicher Verbraucherschutz in Europa, 89.
[413] A.A.: *v.Hoffmann*, IPR, § 10 Rn. 73c; *Freitag/Leible*, EWS 2000, 342, 345.

bei grenzübergreifenden Fernabsatzverträgen zu deren Anwendbarkeit führen. Die folgende Untersuchung wird zeigen, dass in der Folge Art. 29a EGBGB nur anwendbar wäre, wenn sich der Sitz des an einem Fernabsatzvertrag beteiligten Unternehmers in einem EG- oder EWR-Staat befindet.

(1) Die Anwendbarkeit von Art. 29 Abs. 2 EGBGB als ungeeignete Voraussetzung für die Anwendbarkeit von Art. 29a EGBGB

Art. 29 Abs. 2 EGBGB hat dieselben Anknüpfungsvoraussetzungen wie Art. 29 Abs. 1 EGBGB. Da letzterer vorrangig vor Art. 29a EGBGB zu prüfen ist, wäre die Anwendbarkeit von Art. 29a EGBGB ausgeschlossen, wenn Art. 29 Abs. 2 EGBGB und somit Art. 29 Abs. 1 EGBGB anwendbar wären. Zur Überprüfung der objektiven Anwendbarkeit der Rechts eines EG- oder EWR-Staates als Anwendungsvoraussetzung von Art. 29a EGBGB wäre also nur Art. 28 Abs. 1, Abs 2 EGBGB von Bedeutung. Zudem erweitert Art. 29a EGBGB den Verbraucherschutz im Verhältnis zu Art. 29 Abs. 1 EGBGB dadurch, dass er genereller gehaltene Anknüpfungsvoraussetzungen hat. Dieser Effekt ginge verloren, wenn die Anwendbarkeit von Art. 29 Abs. 2 EGBGB Anwendungsvoraussetzung von Art. 29a EGBGB wäre. So ist der sachliche Anwendungsbereich von Art. 29a EGBGB weiter als der von Art. 29 EGBGB, da dieser z.B. Mietverträge nicht erfasst. Im Gegensatz zu Art. 28 Abs. 1, Abs. 2 EGBGB setzt die Anwendbarkeit eines EG- oder EWR-Staatenrechts nach Art. 29 Abs. 2 EGBGB jedoch nicht voraus, dass sich der Sitz des Unternehmers in diesem Gebiet befindet.

(2) Die Anwendbarkeit eines EG- oder EWR-Staatenrechts nach Art. 28 Abs. 1, Abs. 2 EGBGB

Die Anwendbarkeit eines EG- oder EWR-Staatenrechts nach der objektiven Anknüpfung über Art. 28 Abs. 1, Abs. 2 EGBGB setzt voraus, dass sich der Sitz des Unternehmers in diesem Gebiet befindet. Nur wenn im Einzelfall eine noch engere Verbindung zum Gebiet dieser Staaten besteht, ist die objektive Anwendbarkeit dieser Rechtsordnungen auch dann möglich, wenn sich der Sitz des Unternehmers in einem Drittstaat befindet. Wenn man die objektive Anwendbarkeit des Rechts eines EG- oder EWR-Staates zur Anwendungsvoraussetzung von Art. 29a EGBGB erhebt, hat dies somit in den meisten Fällen die Konsequenz, dass auch Art. 29a EGBGB nur anwendbar ist, wenn sich der Sitz des an dem grenzübergreifenden Fernabsatzvertrag beteiligten Unternehmers in einem EG- oder EWR-Staat befindet.

(3) Das Regelbeispiel eines engen Zusammenhangs nach Art. 29a Abs. 2 EGBGB

Es kann angenommen werden, dass ein enger Zusammenhang i.S.d. Art. 29a EGBGB zum Gebiet der EU oder des EWR jedenfalls dann besteht, wenn sowohl der Unternehmer als auch der Verbraucher in diesem Gebiet ihren Unternehmenssitz bzw. ihren gewöhnlichen Aufenthaltsort haben. Da die Anwendbarkeit des Art. 29a EGBGB nach dem eben Gesagten in der Regel voraussetzt, dass sich der Sitz des Unternehmers im Gebiet der EU oder des EWR befindet, hat das Regelbeispiel des Art. 29a Abs. 2 EGBGB hauptsächlich dann Bedeutung, wenn der Verbraucher nicht aus diesem Gebiet stammt. Dies widerspricht jedoch dem Inhalt des Art. 29a Abs. 2 Nr. 2 EGBGB. Daraus kann geschlossen werden, dass Art. 29a EGBGB nicht die objektive Anwendbarkeit eines EU- oder EWR-Staatenrechts voraussetzt.

(4) Die Privilegierung von Unternehmern aus Drittstaaten gegenüber solchen aus dem Gebiet der EU und des EWR

Gegen die Anwendbarkeit von EG- oder EWR-Staatenrecht bei hypothetischer objektiver Anknüpfung als Anknüpfungsvoraussetzung des Art. 29a EGBGB spricht zudem, dass dies zu einer ungewollten Privilegierung von Unternehmern aus Drittstaaten gegenüber den Unternehmern aus EG- oder EWR-Staaten führen würde. Da Art. 28 Abs. 1, Abs. 2 EGBGB in der Regel nicht zur objektiven Anwendbarkeit von EG-Recht auf Verträge führt, an denen Unternehmer mit Sitz in Drittstaaten beteiligt sind und so auch Art. 29a EGBGB auf diese Verträge nicht zur Anwendung käme, würden Unternehmer aus Drittstaaten gegenüber solchen aus EG- oder EWR-Staaten privilegiert[414]. Der Verbraucherschutz nach Art. 29a EGBGB käme nämlich nicht zum Einsatz, wenn ein Unternehmer aus einem Drittstaat an dem Vertrag beteiligt wäre.

cc) Die Änderung der Zweckrichtung von Art. 29a EGBGB im Vergleich zu Art. 12 Abs. 2 Fernabsatzrichtlinie

Dagegen, die Anwendbarkeit des Rechts eines EG- oder EWR-Staates zur Voraussetzung für die Anwendung von Art. 29a EGBGB zu machen, spricht des weiteren die veränderte Zweckrichtung der Regelung des Art. 29a EGBGB im Ver-

---

[414] *Staudinger*, RIW 2000, 416, 418; *Papathoma-Baetge/Nehrenberg/Finke*, in: Rechtshandbuch E-Business, 79 Rn. 96; *Staudinger-Magnus*, Art 29a EGBGB Rn. 50.

gleich zu Art. 12 Abs. 2 Fernabsatzrichtlinie. Art. 29a EGBGB gilt auch für Verträge, an denen Unternehmer und Verbraucher aus Drittstaaten beteiligt sind. Sinn und Zweck der Regel des Art. 29a EGBGB wurden insofern im Verhältnis zu Art. 12 Abs. 2 erweitert, als dass er nicht in erster Linie der Förderung des Binnenmarktes dient. Art. 29a EGBGB dient in verstärkter Weise auch dem allgemeinen Verbraucherschutz vor missbräuchlicher Rechtswahl in grenzübergreifenden Fernabsatzverträgen und ist insofern eine überschießende Umsetzung von Art. 12 Abs. 2 Fernabsatzrichtlinie. Diesem erweiterten Schutzzweck stünde es entgegen, wenn die Anwendbarkeit von Art. 29a EGBGB auf grenzübergreifende Fernabsatzverträge begrenzt wäre, an denen ein Unternehmer mit Sitz im Gebiet der EG- oder des EWR beteiligt wäre.

Aus den Vorgaben von Art. 12 Abs. 2 Fernabsatzrichtlinie wurde in Art. 29a EGBGB jedoch die einseitige Berufung von EG-Recht übernommen. Da Art. 29a EGBGB europäische Verbraucherschutzwerte bei entsprechender Nähe zu einem EU- oder EWR-Staat zur Geltung bringen will, sollte Art. 29a EGBGB auch angewendet werden können, wenn die objektive Anknüpfung zur Anwendung eines Drittstaatenrechts führen würde[415]. Es entspricht dem Sinn und Zweck der Fernabsatzrichtlinie, dass die objektive Anwendbarkeit eines EG- oder EWR-Staatenrechts oder zumindest eine entsprechend enge Verbindung des Vertrages zu einem dieser Staaten Voraussetzung von Art. 12 Abs. 2 Fernabsatzrichtlinie ist. Nach dessen Umsetzung in Art. 29a EGBGB und der Ausgestaltung der objektiven Anknüpfung im deutschen Kollisionsrecht ist die objektive Anwendbarkeit eines EU- oder EWR-Staatenrechts jedoch keine Anwendungsvoraussetzung von Art. 29a EGBGB[416].

2. *Die Anwendbarkeit von Art. 29a EGBGB auf Fernabsatzverträge mit Beteiligung eines Verbrauchers mit gewöhnlichem Aufenthalt in einem Drittstaat*

Nach einer in der Literatur vertretenen Ansicht ist es eine ungeschriebene Anknüpfungsvoraussetzung von Art. 29a EGBGB, dass der gewöhnliche Aufenthaltsort des an einem grenzübergreifenden Fernabsatzvertrag beteiligten Verbrau-

---

[415] Zu dem gleich lautenden Art. 6 Klauselrichtlinie vgl. *Pfeiffer*, NJW 1997, 1206, 1212; *Kühne*, FS Kegel, 65, 74 und 82; *Nemeth*, Kollisionsrechtlicher Verbraucherschutz in Europa, 88; *v.Hoffmann*, IPR, § 10 Rn. 73c; *Freitag/Leible*, EWS 2000, 342, 345.
[416] Vgl. dazu *Freitag/Leible*, EWS 2000, 342, 345.

chers in einem EU- oder EWR-Staat liegt[417]. Ob sich der Anwendungsbereich von Art. 29a EGBGB in dieser Weise einschränken lässt, muss die Auslegung von Art. 29a EGBGB vor dem Hintergrund von Art. 12 Abs. 2 Fernabsatzrichtlinie ergeben.

a) Auslegung von Art. 12 Abs. 2 Fernabsatzrichtlinie

Nach dem Wortlaut von Art. 12 Abs. 2 Fernabsatzrichtlinie ist der Schutz der an einem Fernabsatzvertrag beteiligten Verbraucher vor der Derogation fernabsatzrechtlicher Bestimmungen nicht auf Verbraucher aus bestimmten Staaten beschränkt[418]. Der Wortlaut von Art. 12 Abs. 2 Fernabsatzrichtlinie enthält keine Beschränkung des kollisionsrechtlichen Schutzes auf Verbraucher aus EG- oder EWR-Staaten. Wie schon oben erwähnt, dient Art. 12 Abs. 2 als Teil der Fernabsatzrichtlinie primär dem Zweck der Förderung der Verwirklichung des europäischen Binnenmarktes[419]. Durch die Stärkung des Verbrauchervertrauens soll der innereuropäische Handel angeregt werden und auf diese Weise eine europäische Wirtschaftseinheit entstehen. Die Verbraucher mit gewöhnlichem Aufenthalt in der EG oder dem EWR sollen sich beim Abschluss von Fernabsatzverträgen mit Unternehmern aus demselben Gebiet auf die Geltung eines europäischen Mindest-Verbraucherschutzniveaus verlassen können. Die Fernabsatzrichtlinie basiert auf Art. 95 EG. Dieser ermächtigt nur zu Maßnahmen, die der Vollendung des Binnenmarktes dienen und nicht zu allgemeinen Verbraucherschutzmaßnahmen[420]. Daher sind die europäischen Verbraucher das hauptsächliche Schutzobjekt der gesamten Fernabsatzrichtlinie. Nach der Regelungsabsicht von Art. 12 Abs. 2 Fernabsatzrichtlinie gibt dieser mithin vor, dass der kollisionsrechtliche Schutz bei Fernabsatzverträgen nur für Verbraucher aus EG- oder EWR-Staaten bestehen soll. Die Fernabsatzrichtlinie gibt somit kein einheitliches Bild, ob nur Verbraucher aus bestimmten Staaten von Art. 12 Abs. 2 Fernabsatzrichtlinie geschützt werden sollen.

---

[417] Dazu *Papathoma-Baetge/Nehrenberg/Finke*, in: Rechtshandbuch E-Business, 79 Rn. 96; *Mankowski*, MMR-Beilage 2000, 22, 37; *Staudinger*, IPRax 1999, 414, 416; *Kronke*, RIW 1996, 985, 989; Abstrakt dazu *Keller*, FS Vischer, 175, 181. Die Anwendbarkeit der entsprechenden Rechtsnorm im *luxemburgischen* Recht setzt dies ebenfalls voraus (Art. 11, loi du 16 avril 2003).

[418] Gleiches gilt für die Definition des Verbraucherbegriffes in Art. 2 Nr. 2 Fernabsatzrichtlinie.

[419] *Staudinger-Magnus*, Art. 29a EGBGB Rn. 50, der zu diesem Zweck auf Erwägungsgrund Nr. 2 f der Fernabsatzrichtlinie verweist; *Kronke*, RIW 1996, 985, 989. Siehe 3. Teil:C.III.1.b)cc), Seite 142.

[420] Siehe unten 3. Teil:D.III.1.bb)(2), Seite 174.

b) Auslegung von Art. 29a EGBGB

Dem Wortlaut von Art. 29a EGBGB kann keine Beschränkung seiner Anwendbarkeit auf europäische Verbraucher entnommen werden. Die ausdrückliche Nennung des gewöhnlichen Aufenthaltes des Verbrauchers in einem EU- oder EWR-Staat als Teilvoraussetzung eines engen Zusammenhangs nach dem Regelbeispiel des Art. 29a Abs. 2 Nr. 2 EGBGB wäre nicht erforderlich gewesen, wenn Art. 29a EGBGB ohnehin nur auf europäische Verbraucher anwendbar wäre.
Art. 29a EGBGB dient im Gegensatz zu Art. 12 Abs. 2 Fernabsatzrichtlinie nicht vordringlich der Förderung des Binnenmarktes, sondern auch dem allgemeinen Verbraucherschutz[421]. Bei der überschießenden Umsetzung von Art. 12 Abs. 2 in das deutsche Recht wurde der Anwendungsbereich auf Fernabsatzverträge mit Beteiligung von Unternehmern und Verbrauchern aus Drittstaaten erweitert[422]. Der verbraucherschützenden Regelungsabsicht von Art. 29a EGBGB liefe eine strenge Anlehnung seiner Auslegung an Art. 12 Abs. 2 Fernabsatzrichtlinie entgegen, da er in der Folge nur auf reine Binnenmarkt-Fernabsatzverträge anwendbar wäre. Dass Art. 29a EGBGB auch der rechtlichen Binnenmarktabgrenzung dient, steht jedoch einer Anwendung auf Verträge mit Beteiligung von Verbrauchern und Unternehmern aus Drittstaaten nicht entgegen.
Im Ergebnis spricht die Regelungsabsicht von Art. 29a EGBGB dafür, seine Anwendung nicht auf Fernabsatzverträge zu begrenzen, an denen Verbraucher aus EG- oder EWR-Staaten beteiligt sind. Auch der Wortlaut der Fernabsatzrichtlinie und von Art. 29a EGBGB sprechen nicht für eine solche Beschränkung. Auch wenn noch der Regelungszweck der Fernabsatzrichtlinie für eine Begrenzung des kollisionsrechtlichen Verbraucherschutzes auf europäische Verbraucher spricht, so gilt dies nach der Erweiterung der verbraucherschützenden Regelungsabsicht bei der Umsetzung von Art. 12 Abs. 2 Fernabsatzrichtlinie in Art. 29a EGBGB für letzteren nicht mehr.

---

[421] Siehe hierzu oben 3. Teil:C.III.1.b)cc), Seite 142.
[422] Dahingehende Beschränkungen finden sich auch nicht in den Umsetzungen von Art. 12 Abs. 2 Fernabsatzrichtlinie in anderen EU- oder EWR-Staaten.

3. Der enge Zusammenhang des Vertrages mit dem Gebiet eines EU- oder EWR-Staates beim Abschluss eines grenzübergreifenden Fernabsatzvertrages

a) Kriterien zur Begründung eines engen Zusammenhangs i.S.d. Art. 29a EGBGB

Während der Richtliniengeber keine Vorgaben für das Bestehen eines engen Zusammenhangs machte, wurde der Begriff vom deutschen Gesetzgeber in dem Regelbeispiel des Art. 29a Abs. 2 EGBGB ausgeformt. Zusätzlich obliegt die Ausfüllung des Begriffes der Auslegung durch die europäischen Gerichte[423]. Aufgrund der Parallelität der Begriffe des *„engen Zusammenhangs"* mit dem der *„engsten Verbindung"* aus Art. 28 Abs. 1 EGBGB sind dieselben Kriterien zu ihrer Feststellung maßgeblich[424]. Hinsichtlich der erforderlichen Intensität des Nähebezuges dient das besondere Beispiel in Art. 29a Abs. 2 EGBGB im deutschen Recht als Leitvorgabe[425].

b) Sonderfälle eines engen Zusammenhangs zwischen einem grenzübergreifenden Fernabsatzvertrag und einem Staat

Die Anwendbarkeit von Art. 29a EGBGB setzt voraus, dass ein enger Zusammenhang zu einem europäischen Staat besteht. Es stellt sich die Frage, ob Art. 29a EGBGB auch dann anwendbar ist, wenn zwar nicht zu einem einzelnen Staat ein solch enger Bezug besteht, jedoch zum Gebiet der EG ein enger Zusammenhang durch Kumulation von Bezügen zu mehreren einzelnen Staaten begründet wird. In diesen Fällen und wenn ein enger Zusammenhang i.S.d. Art. 29a Abs. 1 EGBGB zu mehr als einem europäischen Staat besteht, ist zudem fraglich, welche Rechtsordnung letztlich zur Anwendung berufen wird.

---

423 *Staudinger-Magnus*, Art. 29a EGBGB Rn. 40; *v.Hoffmann*, IPR, § 10 Rn. 73b-c; *Kronke*, RIW 1996, 985, 989; *Vékás*, FS Siehr, 775, 786. *Lurger*, FS Posch, 181, 202.

424 *Staudinger/Magnus*, Art. 29a EGBGB Rn. 48; *Bamberger/Roth-Spickhoff*, Art. 29a EGBGB Rn. 10, 11; *Sonnenberger*, ZEuP 1996, 382, 388, 394 ff.; *Staudinger*, IPRax 1999, 414, 415 Rn. 5; *Rusche*, IPRax 2001, 420, 421; *Palandt-Heldrich*, Art. 29a EGBGB Rn. 3. Zum Zusammenhang zwischen diesen beiden Begriffen auch Begründung zum Regierungsentwurf eines Fernabsatzgesetzes, BR-Drs, 25/00, 135-136; *Bachmann*, in Rechtsgeschäfte im Netz-Electronic Commerce, 205, 218. Siehe oben 2. Teil:C.4.b), Seite 119.

425 Während sich das Regelbeispiel hauptsächlich auf die Vertragsanbahnung und den Vertragsabschluss bezieht, kann ein enger Zusammenhang aber insbesondere auch durch Vertragsdurchführung innerhalb des EU- bzw. EWR-Gebietes begründet werden. *Staudinger*, IPRax 1999, 414, 415; *Staudinger-Magnus*, Art. 29 a EGBGB Rn. 48; *Palandt-Heldrich*, Art. 29a EGBGB Rn. 3; *Bachmann*, in: Rechtsgeschäfte im Netz-Electronic Commerce, 205, 218.

aa) Die Anwendbarkeit von Art. 29a EGBGB bei der Begründung eines engen Zusammenhangs durch eine Kumulation von Bezügen zu mehreren EU- oder EWR- Staaten

Seinem Wortlaut nach setzt Art. 29a EGBGB einen engen Zusammenhang zum Gebiet *eines* EU- oder EWR-Staates voraus. Dennoch ist Art. 29a EGBGB auch anwendbar, wenn ein Sachverhalt Bezüge zu mehreren EU- oder EWR-Staaten hat, von denen jeder einzelne zwar nicht die Intensität eines *„engen Zusammenhangs“* hat, wohl aber in der Kumulation ein solcher zum Gesamtgebiet der EU vorliegt[426]. Für ein solches Verständnis spricht zum einen der Wortlaut von Art. 12 Abs. 2 Fernabsatzrichtlinie, der *„einen Zusammenhang mit dem Gebiet eines oder mehrerer Mitgliedstaaten“* fordert[427]. Auch nennt das Regelbeispiel des Art. 29a Abs. 2 EGBGB zwei getrennte Nähebezüge zu EU- oder EWR-Staaten, als Voraussetzung für einen engen Zusammenhang, die nicht zu demselben Staat bestehen müssen. Da Art. 29a EGBGB das gesamteuropäische Regelungsziel der Sicherung des europäischen Verbraucherschutzstandards verfolgt, sollte Art. 29a EGBGB auch dann anwendbar sein, wenn ein enger Zusammenhang zum Gesamtgebiet der EU, bzw. des EWR besteht und nicht nur dann, wenn ein solcher zu einem einzelnen europäischen Staat besteht.

bb) Das anwendbare Recht bei der Begründung eines engen Zusammenhangs durch eine Kumulation von Bezügen zu mehreren EU- oder EWR- Staaten und bei engen Zusammenhängen zu mehreren EU- oder EWR-Staaten

Wenn der enge Zusammenhang i.S.d. Art. 29a EGBGB durch die Kumulation von Bezügen zu mehreren Staaten begründet wird, ist nicht eindeutig, welchen Staates Fernabsatzrecht über Art. 29a EGBGB zur Anwendung berufen wird. Gegen eine Sonderanknüpfung desjenigen der betroffenen nationalen Fernabsatzrechte, das für den Verbraucher im Einzelfall die günstigste Regelung bereithält spricht, dass der Verbraucher durch einen Günstigkeitsvergleich besser gestellt würde, als im Normalfall des Art. 29a EGBGB.

---

426 Der Referentenentwurf zum Fernabsatzgesetz, BMJ, 31.5.1999, Referat I B 2, 3420/ 124 sah noch vor, dass ein enger Zusammenhang auch durch Bezüge zu mehreren EU- oder EWR-Staaten begründet werden könnte. *Staudinger*, RIW 2000, 416, 416; *v. Wilmowsky*, ZEuP 1995, 735, 744; *Grabitz/ Hilf-Micklitz*, Das Recht der Europäischen Union, Band III, A 3 Rn. 200; *Dilger*, Verbraucherschutz bei Vertragsabschlüssen im Internet, 217.

427 *Leible*, in: Europäische Rechtsangleichung und nationale Privatrechte, 353, 365 ff. Der Entwurf von Art. 29a EGBGB sprach noch von einem Bezug zu „mindestens“ einem EU- oder EWR-Staat. BT-Drs. 14/2658, 50.

Dem Regierungsentwurf zu Art. 29a EGBGB zufolge sollte das Fernabsatzrecht desjenigen Staates zur Anwendung kommen, zu dem der Vertrag den relativ engsten Zusammenhang aufweist, obwohl es der Rechtssicherheit abträglich ist, dass zu dessen Festlegung keinerlei Vorgaben auf europäischer oder mitgliedstaatlicher Ebene bestehen[428]. Mit dem Ziel europaweit einheitliche Kriterien herauszubilden, sollte zunächst der gewöhnliche Aufenthalt des Verbrauchers und subsidiär der Sitzstaat des Unternehmers ausschlaggebend sein, wenn diese im Gebiet der EG oder des EWR liegen[429]. Anderenfalls sollte dem Prinzip der Marktanknüpfung folgend subsidiär das Recht des Staates, auf den sich die für den Vertragsschluss kausale unternehmerische Tätigkeit ausgerichtet hat, zur Anwendung berufen werden. Aufgrund entsprechender Erwägungen sollte nach Art. 29a EGBGB das Fernabsatzrecht des Staates, zu dem die relativ engste Verbindung besteht, auch dann zur Anwendung berufen werden, wenn zu mehr als einem EG- oder EWR-Staat Verbindungen der Intensität eines engen Zusammenhanges bestehen[430].

c) Grenzübergreifende Fernabsatzverträge und das Regelbeispiel eines engen Zusammenhangs nach Art. 29a Abs. 2 EGBGB

Bei der Umsetzung von Art. 12 Abs. 2 Fernabsatzrichtlinie in Art. 29a EGBGB ist der deutsche Gesetzgeber insofern über die Vorgaben der Fernabsatzrichtlinie hinausgegangen, als dass er den generalklauselartigen Ausdruck des *„engen Zusammenhangs mit dem Gebiet eines oder mehrerer Mitgliedstaaten“* in Form eines Regelbeispiels in Art. 29a Abs. 2 EGBGB konkretisierte[431]. Die Formulierung des Regelbeispiels lehnt sich einerseits an Art. 29 Abs. 1 Nr. 1 EGBGB an und wirft daher teilweise ähnliche Anwendungsprobleme auf. Andererseits wurde die an Art. 29 Abs. 1 EGBGB geübte Kritik schon teilweise bei der Formulierung von Art. 29a EGBGB berücksichtigt.

---

[428] Begründung zum Entwurf des Fernabsatzgesetzes, BT-Drs. 14/2658, 50. *Staudinger-Magnus*, Art. 29 a EGBGB Rn. 38; *Freitag/ Leible*, EWS 2000, 342, 345; *Staudinger*, RIW 2000, 416, 418; *MünchKomm-Wendehorst*, Vor § 312b Rn. 37; *Freitag/Leible*, ZIP 1999, 1296, 1300. A.A.: *v.Hoffmann*, ZfRV 1995, 45, 54; *v.Wilmowsky*, ZEuP 1995, 735, 760. Diese Autoren messen der Marktanknüpfung entscheidende Bedeutung bei.

[429] *Staudinger-Magnus*, Art. 29a EGBGB Rn. 40; *v.Hoffmann*, IPR, § 10 Rn. 73b; *Staudinger*, RIW 2000, 416, 418; *Dilger*, Verbraucherschutz bei Vertragsabschlüssen im Internet, 219.

[430] Begründung zum Regierungsentwurf eines Fernabsatzgesetzes BR-Drs. 25/00, 136; BT-Drs. 14/2658, 50; *Wendehorst*, in: Europarechtliche Bezüge des Privatrechts, S. 343 Rn. 23; *Staudinger-Magnus*, Art. 29 a EGBGB Rn. 38, 39; *Freitag/ Leible*, EWS 2000, 342, 345; *Staudinger*, RIW 2000, 416, 418. A.A.: *v.Hoffmann*, IPR, § 10 Rn. 73d.

[431] Die entsprechende Rechtsnorm des *luxemburgischen* Rechts ist mit Art. 29a Abs. 2 EGBGB vergleichbar (Art. 11, loi du 16 avril 2003).

Das Regelbeispiel des Art. 29a Abs. 2 EGBGB setzt zum einen voraus, dass „*der Vertrag aufgrund eines öffentlichen Angebotes, einer öffentlichen Werbung oder einer ähnlichen geschäftlichen Tätigkeit zustande kommt, die in einem Mitgliedstaat der EU oder einem anderen EWR-Staat entfaltet wird*“. Als zweite Teilvoraussetzung muss „*der andere Teil bei Abgabe seiner auf den Vertragsschluss gerichteten Erklärung seinen gewöhnlichen Aufenthalt in einem Mitgliedsstaat der EU oder des EWR haben*“. Der enge Zusammenhang zwischen einem Vertrag und dem Gebiet der EU bzw. des EWR begründet sich durch einen wirtschaftlichen Bezug auf Seiten der zu beruflichen Zwecken handelnden Vertragspartei und durch einen persönlichen Bezug auf Seiten der zu privaten Zwecken handelnden Vertragspartei. Die beiden geforderten Bezüge müssen nicht zu demselben Staat bestehen, aber jeweils zu einem Staat der EU oder des EWR[432]. Anders als Art. 29 Abs. 1 EGBGB setzt das Regelbeispiel des Art. 29a Abs. 2 EGBGB keinen körperlichen Bezug einer Vertragspartei bei der Abgabe ihrer Vertragsschlusserklärung zu dem Staat voraus, dessen Recht zur Anwendung berufen wird[433]. Da der Aufenthaltsort der Vertragsparteien beim Abschluss eines Fernabsatzvertrages aufgrund der Benutzung von Fernkommunikationsmitteln völlig variabel ist, passen die Nähevoraussetzungen des Regelbeispiels für einen engen Zusammenhang in Art. 29a Abs. 2 EGBGB gut auf die für das Vorliegen eines Fernabsatzvertrages geforderten Vertragsschlussumstände.

aa) Das Erfordernis der Öffentlichkeit von Angeboten und Werbung

Angesichts des Wortlautes ist fraglich, ob auch individuelle Kontaktaufnahmen zwischen Verbrauchern und Unternehmern von der ersten Teilvoraussetzung des Regelbeispiels nach Art. 29a Abs. 2 Nr. 1 EGBGB erfasst sind. Der Wortlaut macht einen engen Zusammenhang wiederholt ausdrücklich davon abhängig, dass es sich um öffentliche Angebote und öffentliche Werbung handelt.
Da Art. 29a EGBGB das Prinzip der Marktanknüpfung zugrunde liegt, ist das entscheidende Anknüpfungskriterium nicht die Einwirkung des Unternehmers auf einen bestimmten individuellen Verbraucher, sondern die Ausrichtung seiner kommerziellen Tätigkeiten auf einen bestimmten Markt. Nach Sinn und Zweck des Öffentlichkeitserfordernisses muss es sich um eine personenunspezifische, allgemein auf einen EU- oder EWR-Staat ausgerichtete Maßnahme handeln. Die

---

[432] *Staudinger-Magnus*, Art. 29a EGBGB Rn. 42; *Freitag/ Leible*, EWS 2000, 342, 345; *Bamberger/Roth-Spickhoff*, Art. 29a EGBGB Rn. 12.

[433] *Staudinger-Magnus*, Art. 29a EGBGB Rn. 46; *Palandt-Heldrich*, Art. 29a EGBGB Rn. 3; *Bamberger/Roth-Spickhoff*, Art. 29a EGBGB Rn. 12; A.A.: *Mankowski*, in: Internetauktionen, 203.

Sonderanknüpfung von fernabsatzrechtlichen Normen eines Staates rechtfertigt sich aus der Verbindung des Vertrages zu einem Staat und nicht aus der Verbindung zu Einzelpersonen. Bei individueller Einzelkontaktaufnahme zwischen dem Verbraucher und dem Unternehmer und der Anbahnung eines grenzübergreifenden Fernabsatzvertrages auf diesem Wege ist Art. 29 Abs. 2 Nr. 1 EGBGB daher in der Regel nicht einschlägig[434]. Angebote und Werbung auf einer Internetseite sind öffentlich i.S.d. Art. 29a Abs. 2 Nr. 1 EGBGB[435]. Angebote i.S.d. Art. 29a Abs. 2 Nr. 1 EGBGB sind ausschließlich „invitationes ad offerendum", da anderenfalls das Öffentlichkeitserfordernis dem Angebotscharakter entgegenstünde. Entsprechend dem Sinn und Zweck des Öffentlichkeitserfordernisses und dem Prinzip der Marktanknüpfung könnte jedoch eine „ähnliche geschäftliche Tätigkeit" dann bestehen, wenn der Einzelkontakt Teil einer groß angelegten Kundenaquisitionsmaßnahme des Unternehmers ist, die sich auf das Gebiet eines EU- oder EWR-Staates ausrichtet. Die Verschickung von E-Mails in großer Stückzahl mit einheitlichem Inhalt an Adressen mit derselben Länderkennung hat beispielsweise nicht den Charakter einer bewussten individuellen Kontaktaufnahme, sondern kommt der Ausrichtung der kommerziellen unternehmerischen Tätigkeit auf den entsprechenden Markt gleich.

bb) Das „Entfalten" der Tätigkeit in einem EU- oder EWR-Staat

Der Begriff „*Entfalten*" bezeichnet nicht den Ausgangsort eines Angebotes, einer Werbung oder einer ähnlichen geschäftlichen Tätigkeit, sondern den Ort, an dem sie ihre Wirkung entfalten und zur Kenntnis genommen werden können[436]. Auch ist kein Zugang beim Rezipienten im Sinne des deutschen Rechts erforderlich, sondern ausschließlich die Erreichbarkeit und Wahrnehmbarkeit einer unternehmerischen Tätigkeit in einem EU- oder EWR-Staat. Getreu dem Prinzip der Marktanknüpfung ist die Ausrichtung der unternehmerischen Tätigkeit auf einen bestimmten Markt für die Anknüpfung entscheidend.
Entsprechend den Untersuchungen zum Vorausgehen eines Angebotes oder einer Werbung im Staat des gewöhnlichen Aufenthaltes des Verbrauchers nach Art. 29 Abs. 1 EGBGB entfalten sich auch ein öffentliches Angebot und eine öffentliche Werbung auf einer Internetseite in allen Staaten, von denen aus die Internetseite

---

[434] Angebote und Werbung am Telefon, per Fax oder als E-Mail sind daher nicht öffentlich. A.A.: *Ende/Klein*, Grundzüge des Vertriebsrechts im Internet, 2001, 221. Entgegen *Staudinger-Magnus*, Art. 29a EGBGB Rn. 44 kann die telefonische Vertraganbahnung im Wege des „cold calling" nicht erfasst sein, da diese dem Erfordernis der „Öffentlichkeit" der Tätigkeit entgegenstünde.
[435] *Bamberger/Roth-Spickhoff*, Art. 29a EGBGB Rn. 11; *Freitag/Leible*, EWS 2000, 342, 345; *Roth/Schulze*, RIW 1999, 924, 932.
[436] *Palandt-Heldrich*, Art. 29a EGBGB Rn. 3.

abgerufen werden kann und nicht nur in den Staaten, auf die die Internetseite der Aufmachung zufolge ausgerichtet ist[437]. Der Standort der vom Unternehmer und vom Verbraucher genutzten Server ist nicht dafür entscheidend, wo sich eine auf einer Homepage vorgenommene geschäftliche Tätigkeit entfaltet[438]. Eine Konkretisierung des engen Zusammenhangs anhand des Regelbeispiels ist nicht bei E-Mail-Adressen möglich, die keine Nationalitätenkennung enthalten.

cc) Das Erfordernis der Kausalität zwischen geschäftlicher Tätigkeit und Zustandekommen des Fernabsatzvertrages

Der Vertragsschluss muss *„aufgrund"* der in einem EU- oder EWR-Staat entfalteten geschäftlichen Tätigkeit zustande gekommen sein, also kausal auf der unternehmerischen Tätigkeit beruhen. Da im deutschen Prozessrecht der Grundsatz gilt, dass jede Partei die für sie günstigen Tatsachen beweisen muss und der Verbraucher ein Interesse daran hat, dass das Regelbeispiel des Art. 29a Abs. 2 EGBGB erfüllt und somit ein enger Zusammenhang gegeben ist, liegt die Beweislast für die Kausalität beim Verbraucher. Da die Erbringung dieses Beweises für den Verbraucher zumeist sehr schwierig wäre, erhält der Verbraucher nach herrschender Ansicht eine dahingehende Beweiserleichterung, dass aufgrund *„psychisch vermittelter Kausalität"* der Vertragsschluss der Tätigkeit mit überwiegender Wahrscheinlichkeit zugerechnet werden können muss[439], bzw. eine *„abstrakte Möglichkeit der Kausalität"* bestehen muss[440].
Hauptursache und Voraussetzung für eine Kausalität zwischen der unternehmerischen Tätigkeit und dem Zustandekommen des Vertrages ist die Kenntnis des Verbrauchers von der geschäftlichen Tätigkeit. Das Kausalitätserfordernis sollte

---

437 Siehe oben 2. Teil:B.III.2.a)aa)(3), Seite 89. *Staudinger-Magnus*, Art. 29 a EGBGB Rn. 43; *Bamberger/Roth-Spickhoff*, Art. 29a EGBGB Rn. 11; *Freitag/Leible*, EWS 2000, 342, 345; *Roth/Schulze*, RIW 1999, 924, 932; *MünchKomm-Wendehorst*, Vor § 312b Rn. 44; *Palandt-Heldrich*, Art. 29a EGBGB Rn. 3; *Freitag/Leible*, EWS 2000, 342, 345; *Lütcke*, Fernabsatzgesetz, Art. 29a EGBGB Rn. 27; *Köhler/Arndt*, Recht des Internet, 266; *Ende/Klein*, Grundzüge des Vertriebsrechts im Internet, 222; *Spindler*, MMR 2000, 18, 20. A.A.: Für das Entfalten nur in den Staaten, auf die die Internetseite inhaltlich ausgerichtet ist *Härting*, FernAbsG, Einl. Rn. 160; *Lehmann*, in: Rechtsgeschäfte im Netz- Electronic Commerce, 169, 178 ff.; *Dilger*, Verbraucherschutz bei Vertragsabschlüssen im Internet, 217.

438 *Papathoma-Baetge/Nehrenberg/Finke*, in: Rechtshandbuch E-Business, 80 Rn. 96. Vgl. hierzu 2. Teil:B.III.2.a)aa)(3), Seite 89.

439 *Bamberger/Roth-Spickhoff*, Art. 29a EGBGB Rn. 11; *Palandt-Heldrich*, Art. 29a EGBGB Rn. 3.

440 *Staudinger-Magnus*, Art. 29a EGBGB Rn. 45; *Roth/Schulze*, RIW 1999, 924, 930; *Ende/Klein*, Grundzüge des Vertriebsrechts im Internet, 222.

als erfüllt angesehen werden, wenn der Verbraucher behauptet, vor Vertragsschluss von der geschäftlichen Tätigkeit des Unternehmers Kenntnis erlangt zu haben und dem Unternehmer der Gegenbeweis nicht gelingt.

IV. Der Günstigkeitsvergleich als Rechtsfolge des Art. 29a EGBGB nach ergänzender Auslegung ?

Nach den Vorgaben von Art. 12 Abs. 2 der Fernabsatzrichtlinie müssen die Mitgliedstaaten die erforderlichen Maßnahmen ergreifen, damit der Verbraucher den durch die Fernabsatzrichtlinie gewährten Schutz nicht einbüßt. Art. 29a EGBGB bestimmt zwingend die Sonderanknüpfung der nationalen Bestimmungen, die die Fernabsatzrichtlinie umsetzen. Da die Mitgliedstaaten aufgrund des Mindestschutzprinzips der Fernabsatzrichtlinie bei der Umsetzung über ihr Schutzniveau hinausgingen, führt die Sonderanknüpfung der nationalen Umsetzungsbestimmungen häufig zu einem höheren Schutz als dem in der Fernabsatzrichtlinie vorgesehenen[441]. Art. 12 Abs. 2 Fernabsatzrichtlinie wurde auch vom deutschen Gesetzgeber in überschießender Weise umgesetzt und der kollisionsrechtliche Verbraucherschutz durch Art. 29a EGBGB erhöht. Der Grundsatz der richtlinienkonformen Auslegung zwingt jedoch nicht dazu, die Sonderanknüpfung des Art. 29a EGBGB auf den Mindeststandard der Fernabsatzrichtlinie zu beschränken[442].

Dass Art. 12 Abs. 2 Fernabsatzrichtlinie (und die kollisionsrechtlichen Bestimmungen der anderen Verbraucherschutzrichtlinien) mit Art. 29a EGBGB jedoch in Form einer zwingenden Sonderanknüpfung der europäischen Verbraucherschutzbestimmungen umgesetzt wurde anstatt in der Form eines Günstigkeitsvergleiches, ist in der Literatur auf Kritik gestoßen. Diese Kritik wirft die Frage auf, ob Art. 29a EGBGB ergänzend dahingehend ausgelegt werden kann, dass das Recht desjenigen europäischen Staates, zu dem der enge Zusammenhang besteht, nur dann anzuwenden ist, wenn es für den Verbraucher günstiger ist als das gewählte Drittstaatenrecht.

Ein Günstigkeitsvergleich wäre für den Verbraucher vorteilhafter als der zwingende Anwendungsbefehl des Art. 29a EGBGB, da das gewählte Drittstaatenrecht günstiger sein könnte als das des EU- oder EWR-Staates, zu dem der Vertrag den engen Zusammenhang aufweist. Der Wortlaut von Art. 12 Abs. 2 der Fernabsatz-

---

[441] *Thorn*, IPRax 1999, 1, 7.

[442] Dazu *Nemeth*, Kollisionsrechtlicher Verbraucherschutz in Europa, 96; *Freitag/ Leible*, EWS 2000, 342, 346; *Staudinger*, RIW 2000, 416, 417.

richtlinie ließe eine Umsetzung in Form eines Günstigkeitsvergleiches jedenfalls zu[443] und macht diese nach einer Ansicht sogar zwingend erforderlich[444]. Der zwingende Anwendungsbefehl des Art. 29a EGBGB stellt zudem einen systematischen Bruch im Vergleich zum kollisionsrechtlichen Verbraucherschutz des Art. 29 Abs. 1 EGBGB dar.

Gegen die Ergänzung von Art. 29a EGBGB um einen Günstigkeitsvergleich steht jedoch der eindeutige Wortlaut der Norm[445]. Trotz aller Parallelität ist der Bruch im System des kollisionsrechtlichen Verbraucherschutzes aufgrund der unterschiedlichen Herkunft und der bewussten Abweichungen in Art. 29a EGBGB von Art. 29 EGBGB kein zwingendes Argument für die Ergänzung von Art. 29a EGBGB um einen Günstigkeitsvergleich[446]. Die Verkomplizierung der Rechtsermittlung durch einen Günstigkeitsvergleich würde zudem den verbraucherschützenden Effekt von Art. 29a EGBGB schmälern[447]. Die Kritik an einer Umsetzung von Art. 12 Abs. 2 Fernabsatzrichtlinie in Form einer zwingenden Anknüpfung wurde schon während des Gesetzgebungsverfahrens in der Literatur geäußert. Da der Gesetzgeber sich trotzdem für eine zwingende Sonderanknüpfung entschied, steht einer ergänzenden Auslegung zudem die eindeutige gesetzgeberische Regelungsabsicht entgegen[448]. Sie ist daher abzulehnen.

Aufgrund der systematischen Nähe einer ergänzenden Auslegung zur Analogie muss auch die Frage nach dem Bedarf nach einer Ergänzung von Art. 29a EGBGB durch einen Günstigkeitsvergleich in die Überlegungen mit einbezogen werden. Ein Bedarf für eine derartige Ergänzung von Art. 29a EGBGB im Wege der Auslegung besteht nach einer Ansicht zum einen deshalb nicht, weil der zwingende Anwendungsbefehl des Art. 29a EGBGB die Geltung des gewählten Rechts nicht ausschließt[449]. Die europäische Rechtsordnung verdrängt nicht das gewählte Drittstaatenrecht, sondern kommt kumulativ zur Anwendung. Aufgrund

---

[443] *Palandt-Heldrich*, Art. 29a EGBGB Rn. 5; *Wagner*, IPRax 2000, 249, 255; *Paefgen*, ZEuP 2003, 266, 279.

[444] *Staudinger*, IPRax 1999, 414, 417; *Staudinger*, RIW 2000, 416, 418; *Roth/Schulze*, RIW 1999, 929, 931; *v.Hoffmann*, IPR, § 10 Rn. 73d; *Staudinger-Magnus*, Art. 29a EGBGB Rn. 54; *Freitag/Leible*, ZIP 99, 1296, 1300; *Thorn*, IPRax 1999, 1, 8. Siehe hierzu auch *Nemeth*, Kollisionsrechtlicher Verbraucherschutz in Europa, 90; *Hoeren*, Grundzüge des Internetrechts, 26.

[445] *Freitag/Leible*, EWS 2000, 342, 347; *Bamberger/Roth-Spickhoff*, Art. 29a EGBGB Rn. 5; *Staudinger-Magnus*, Art. 29a EGBGB Rn. 54; *Papathoma-Baetge/Nehrenberg/Finke*, in: Rechtshandbuch E-Business, 79 Rn. 96.

[446] *Wagner*, IPRax 2000, 249, 254.

[447] *Wagner*, IPRax 2000, 249, 255.

[448] *v.Hoffmann*, IPR, § 10 Rn. 73d; Die jetzige Umsetzung erfolgte auch vor dem Hintergrund der vorangegangenen entsprechenden Kritik an Art. 12 AGBG. Siehe hierzu *Mankowski*, BB 1999, 1225, 1227.

[449] *Wendehorst*, in: Europarechtliche Bezüge des Privatrechts, Kap. 7 Rn. 32.

der Umsetzungen von Art. 12 Abs. 1 der Fernabsatzrichtlinie in den europäischen Rechtsordnungen setzt sich auf materieller Ebene das günstigere Recht durch. Vor dem Hintergrund der anstehenden Novellierung des EVÜ ist Art. 29a EGBGB zudem als bloße „Übergangsregelung" konzipiert[450]. Bis zur Überarbeitung der Norm im Rahmen dieser Novellierung durch die Kommission der Europäischen Gemeinschaften ist die von Art. 29a EGBGB vorgesehene Rechtsfolge unter Verbraucherschutzgesichtspunkten tragbar. Obwohl die Umsetzung von Art. 12 Abs. 2 Fernabsatzrichtlinie in Form eines Günstigkeitsvergleiches nach überwiegender Ansicht richtiger gewesen wäre[451], ist eine dahingehende ergänzende Auslegung von Art. 29a EGBGB nicht zulässig und auch nicht erforderlich.

V. Analoge Anwendbarkeit von Art. 29a EGBGB als objektive Anknüpfungsnorm ?

Trotz der Verbesserungen des kollisionsrechtlichen Verbraucherschutzes in Art. 29a EGBGB im Verhältnis zu Art. 29 Abs. 1 EGBGB ist der von Art. 29a EGBGB gewährte Schutz weiterhin begrenzt. Der Anwendungsbereich von Art. 29a EGBGB wird im Vergleich zu Art. 29 EGBGB zusätzlich dadurch eingeschränkt, dass er die Rechtswahl eines Drittstaatenrechts voraussetzt. Ein Verbraucher, der an einem grenzübergreifenden Fernabsatzvertrag mit Bezug zu einem EU- oder EWR-Staat beteiligt ist, wird nicht durch Art. 29a EGBGB geschützt, wenn eine Rechtswahl nicht erfolgt ist und nach objektiver Anknüpfung Drittstaatenrecht anwendbar ist.

Diese Lücke im Verbraucherschutzsystem des Art. 29a EGBGB könnte möglicherweise durch eine analoge Anwendung von Art. 29a EGBGB geschlossen werden[452]. Eine Erweiterung von Art. 29a EGBGB durch Analogie zu einer objektiven Anknüpfungsnorm entspräche auch systematisch dem kollisionsrechtlichen Verbraucherschutz des Art. 29 Abs. 2 EGBGB[453]. Auch der Vergleich der Umsetzungen von Art. 12 Abs. 2 Fernabsatzrichtlinie in den anderen europäischen

---

[450] Vgl. die Begründung im Regierungsentwurf, BT-Drs. 14/2658, 50.

[451] Vgl. *Palandt-Heldrich*, Art. 29a EGBGB Rn. 5; *Staudinger-Magnus*, Art. 29a EGBGB Rn. 54; *Erman-Hohloch*, Art. 29a EGBGB Rn. 21 m.w.N. A.A.: *Tonner*, BB 2000, 1413, 1419 Rn. 53; *Paefgen*, ZEuP 2003, 266, 279.

[452] *v.Hoffmann*, IPR, § 10 Rn. 73c; *Thorn*, IPRax 1999, 1, 8 ff.; Entsprechend der Regelungsvorschlag von *Lurger*, FS Posch, 181, 202; *Bachmann*, in: Rechtsgeschäfte im Netz- Electronic Commerce, 205, 218. Siehe hierzu auch *Pfeiffer*, NJW 1999, 3674, 3679; *Rühl*, RIW 1999, 321, 324; *v.Wilmowsky*, ZEuP 1995, 735, 759; *Reich*, EuZW 2001, 51, 52.

[453] *Thorn*, IPRax 1999, 1, 8.

Rechtsordnungen steht einer Analogie der deutschen Umsetzung auf Fälle der objektiven Anwendbarkeit von Drittstaatenrecht nicht entgegen, da eine dahingehende erweiternde Umsetzung von Art. 12 Abs. 2 nämlich in einigen europäischen Staaten vorgenommen wurde[454]. Wenn man der Fernabsatzrichtlinie und insbesondere Art. 12 Abs. 2 einen international zwingenden Geltungsanspruch des europäischen Mindest-Verbraucherschutzstandards bei Fernabsatzverträgen entnimmt, so macht dieser eine Art. 29a EGBGB entsprechende objektive Anknüpfungsnorm erforderlich[455].

Die Voraussetzungen für eine Analogie zu Art. 29a EGBGB bei Fehlen einer Rechtswahl und objektiver Anwendbarkeit von Drittstaatenrecht liegen jedoch nicht vor. Der Fernabsatzrichtlinie zufolge muss der fernabsatzrechtliche Schutzstandard nur bei der Wahl eines Drittstaatenrechts gewahrt werden und nicht bei objektiver Anknüpfung. Aufgrund dessen wäre eine überschießende Umsetzung in Form einer objektiven Anknüpfungsnorm zwar möglich gewesen[456]. Die Vorgabe von Art. 12 Abs. 2 Fernabsatzrichtlinie macht eine Analogie aber nicht erforderlich. Die objektive Anknüpfungsnorm des Art. 29a Abs. 3 EGBGB macht deutlich, dass sich der Gesetzgeber der Möglichkeit einer Umsetzung in Form einer objektiven Anknüpfungsnorm bewusst war, sich jedoch absichtlich dagegen entschieden hat[457].
Zudem ist ein international zwingender Anwendungswille des Mindest-Verbraucherschutzstandards der Fernabsatzrichtlinie fraglich. Der Wortlaut von Art. 12 Abs. 2 Fernabsatzrichtlinie spricht vielmehr gegen einen unbedingten Geltungswillen des europäischen Schutzstandards[458]. Die Nichtanwendbarkeit von Art. 29a EGBGB bei objektiver Anwendbarkeit von Drittstaatenrechts stellt mithin keine planwidrige Regelungslücke dar.
Die Formulierungen von Art. 12 Abs. 2 Fernabsatzrichtlinie und Art. 29a EGBGB sprechen eher dafür, dass der Verbraucher ausschließlich davor geschützt werden soll, dass der Unternehmer unter Ausnutzung der stärkeren Verhandlungsposition eine Rechtswahl bewirkt, durch die der Verbraucher den europäischen Schutzstandard verliert, obwohl dessen Geltung aufgrund eines engen Zusammenhangs des Vertrages zum Gebiet eines EU-Staates gerechtfertigt wäre[459]. Es soll nicht

---

[454] Siehe oben 1. Teil:B.V, Seite 41.
[455] Siehe hierzu für Art. 6 Klauselrichtlinie *Pfeiffer*, NJW 1997, 1206, 1212; *Kühne*, FS Kegel, 65, 74 und 82; *Nemeth*, Kollisionsrechtlicher Verbraucherschutz in Europa, 93, 97; *Legerer*, FS Reichert-Facilides, 53 ff.; *Keller*, FS Vischer, 175, 180; *Mankowski*, MDR 2002, 1352, 1353.
[456] A.A.: *Rusche*, IPRax 2001, 420, 424.
[457] Siehe auch *Erman-Hohloch*, Art. 29a EGBGB Rn. 26 und BT-Drs. 14/2658, 50.
[458] Siehe hierzu ausführlicher 3. Teil:D.III.3, Seite 178. Zum Geltungsanspruch der Verbraucherschutzrichtlinien nach dem EuGH-Urteil in der Sache „Ingmar GB“ siehe auch *Paefgen*, ZEuP 2003, 266, 291.
[459] *Thorn*, IPRax 1999, 1, 9; *Martiny*, ZEuP 2003, 590, 603.

die Anknüpfungsgerechtigkeit der objektiven Anknüpfung nach Art. 29 Abs. 2 EGBGB und Art. 28 EGBGB in Frage gestellt werden. Art. 29a EGBGB soll den Verbraucher nicht vor den Wertungen der objektiven Anknüpfungsnormen schützen, sondern nur vor dem Missbrauch der Rechtswahlmacht des Vertragspartners[460].

Nach einer Ansicht in der Literatur verbietet sich eine Analogie zu Art. 29a EGBGB auf Fälle der objektiven Anknüpfung auch aus dem Grunde, dass eine dahingehende überschießende Umsetzung der Richtlinie gegen ein völkerrechtliches Verbot der EVÜ-Staaten verstößt, im Kollisionsrecht nationale Alleingänge zu unternehmen[461].

Nach dem derzeitigen Regelungskonzept von Art. 12 Abs. 2 Fernabsatzrichtlinie und Art. 29a EGBGB und deren Wortlaut ist zur Erreichung der ihnen zugrunde liegenden Schutzziele daher eine besondere objektive Anknüpfungsregelung nicht erforderlich und eine analoge Anwendung von Art. 29 a EGBGB nicht möglich.

---

[460] *Wagner*, IPRax 2000, 249, 253; *Kronke*, RIW 1996, 935, 941; *Bitterich*, VuR 2002, 550, 560.

[461] *Rusche*, IPRax 2001, 420, 424.

D. Der international zwingende Charakter des Fernabsatzrechts

Nach Art. 34 EGBGB sind die Bestimmungen des deutschen Rechts, die den Sachverhalt ohne Rücksicht auf das auf den Vertrag anzuwendende Recht zwingend regeln, vorrangig vor den über die Art. 27 ff. EGBGB zur Anwendung berufenen Bestimmungen[462]. Als ungeschriebene Tatbestandsmerkmale setzt der Geltungsanspruch der international zwingenden Normen voraus, dass das deutsche Recht nicht Vertragsstatut ist und ein hinreichender Inlandsbezug zur Bundesrepublik Deutschland besteht[463].

I. National und international zwingende Bestimmungen

(National) zwingend im Sinne von Art. 27 Abs. 3 EGBGB und Art. 29 Abs. 1 EGBGB sind solche Bestimmungen, die trotz gegenläufiger materiellrechtlicher Vertragsvereinbarungen anzuwenden sind. Wenn Vertragsparteien bei einem reinen Inlandssachverhalt eine Vereinbarung treffen, die mit den zwingenden Normen des jeweiligen Staates nicht konform geht, so sind die national zwingenden Normen trotz und vorrangig vor der Parteivereinbarung anzuwenden[464]. Art. 27 Abs. 3 und Art. 29 Abs. 1 EGBGB ermöglichen, dass diese sich auch bei grenzübergreifenden Sachverhalten gegenüber der Rechtswahl einer anderen Rechtsordnung durchsetzen.

International zwingende Normen[465] im Sinne des Art. 34 EGBGB haben in der eigenen Rechtsordnung einen solch hohen Stellenwert, dass sie nicht nur trotz gegenläufiger materiellrechtlicher Vereinbarungen bei Inlandssachverhalten, sondern auch bei grenzübergreifenden Sachverhalten anzuwenden sind, wenn nach objektiver Anknüpfung oder aufgrund einer Rechtswahl eine andere Rechtsordnung Vertragsstatut ist[466]. Da international zwingende Bestimmungen den eigenen international zwingenden Geltungsanspruch in sich selbst tragen, hat Art. 34 EGBGB nicht die Funktion, diese nationalen Bestimmungen zur Anwendung zu berufen. Art. 34 EGBGB hat vielmehr als so genannte „*Öffnungsklausel*" eine

---

[462] Art. 34 EGBGB ist die Umsetzung von Art. 7 Abs. 2 EVÜ in das deutsche Kollisionsrecht. Deutschland hat sich auf Grundlage von Art. 22 Abs. 1a) EVÜ vorbehalten, Art. 7 Abs. 1 EVÜ nicht umzusetzen.

[463] *Staudinger-Magnus*, Art. 34 EGBGB Rn. 48, 72 ff.

[464] *MünchKomm-Martiny*, Art. 34 EGBGB Rn. 7.

[465] Auf Englisch: *Mandatory rules*. Auf Französisch: *Lois de police*.

[466] *Sonnenberger*, IPRax 2003, 104, 105.

Hinweis- und Erinnerungsfunktion[467]. Art. 34 EGBGB beschränkt aber die Berücksichtigung des internationalen Geltungsanspruchs von Normen auf die international zwingenden Bestimmungen des deutschen Rechts[468]. Eine Bestimmung hat zum einen international zwingenden Charakter, wenn sie die eigene Geltung unabhängig vom Vertragsstatut ausdrücklich anordnet. Bestimmt eine Norm dies nicht selbst ausdrücklich, so ist im Wege der Auslegung, insbesondere unter Berücksichtigung des Normzwecks zu ermitteln, ob sie international zwingenden Charakter hat[469].

II. Der Begriff der international zwingenden Bestimmung

1. Eingriffsnormen als international zwingende Bestimmungen

a) Der Begriff der Eingriffsnormen

Nach herkömmlichem Verständnis haben in erster Linie Eingriffsnormen international zwingenden Charakter. Der eingriffsrechtliche Charakter einer Rechtsnorm ergibt sich jeweils aus den Rechtsmaßstäben der Rechtsordnung, der sie zugehört[470]. Während in der Literatur teilweise verschiedene Methoden zur Eingrenzung von Eingriffsnormen vorgeschlagen werden[471], besteht nach der wegweisenden Rechtsprechung des Bundesarbeitsgerichts das entscheidende Charakteristikum von Eingriffsnormen darin, dass diese öffentlichen Gemeinschaftsinteressen dienen[472]. Keine Eingriffsnormen sind daher zwingende Bestimmungen, die dem

---

[467] *Mentzel*, Sonderanknüpfung von Eingriffsrecht, 210; *Schurig*, RabelsZ 54 (1990), 217, 234; *Junker*, IPRax 2000, 65, 66.

[468] Kritikgegenstand bei *Mentzel*, Sonderanknüpfung von Eingriffsrecht, 217 ff.

[469] Siehe hierzu nur beispielhaft *Wengler*, ZVglRWiss. 54 (1941), 176 ff.; *MünchKomm-Martiny*, Art. 34 EGBGB Rn. 9; *Kropholler*, IPR, § 52 VIII, 1; *Sonnenberger*, IPRax 2003, 104, 107 ff.; *Mentzel*, Sonderanknüpfung von Eingriffsrecht, 209 ff.

[470] *Staudinger-Magnus*, Art. 34 EGBGB Rn. 52; *Kropholler*, IPR, § 52 VIII, 1; *Dicey/Morris*, The Conflict of laws, Rn. 32-138; *MünchKomm-Martiny*, Art. 34 EGBGB Rn. 10; *Püls*, Parteiautonomie, 194; *Härting*, Internetrecht, 14 Rn. 14.

[471] Andere Wege der Eingrenzung von Eingriffsnormen bei *MünchKomm-Martiny*, Art. 34 EGBGB Rn. 18 und 22; *Palandt-Heldrich*, Art. 23 EGBGB Rn. 3; *Staudinger-Magnus*, Art. 34 EGBGB Rn. 61 ff., 64 ff.; *v.Hoffmann*, IPRax 1989, 261, 265 ff.; Ablehnung anderer Herangehensweisen zur Eingrenzung von Eingriffsnormen bei *Mankowski*, RIW 1993, 453, 462; Skizzierung der Entwicklung bei *Sonnenberger*, IPRax 2003, 104, 106 ff.

[472] BAG, Urt. v. 29.10.1992, IPRax 1994, 123, 128; BAG, Urt. v. 3.5.1995, IPRax 1996, 417, 419.

Ausgleich widerstreitender privater Interessen von Vertragsparteien dienen und die *„im Dienste des privaten Rechtsverkehrs stehen“*[473]. Schuldverhältnisse betreffende zwingende Bestimmungen haben regelmäßig international zwingenden Charakter, wenn sie wirtschafts- oder sozialpolitischer Natur sind und der Regelung des Wirtschafts- oder des Arbeitslebens eines Staates dienen[474].

b) Die Ablehnung des international zwingenden Charakters verbraucherschützender Bestimmungen nach herkömmlicher Auffassung

Die Literatur[475] und die Rechtsprechung[476] schlossen sich bislang überwiegend der Lehre von den Eingriffsnormen an und lehnten die Anwendbarkeit von Art. 34 EGBGB und den international zwingenden Charakter von Verbraucherschutznormen ab. Das Hauptargument, auf dem diese Ansicht fußt, ist dass Verbraucherschutznormen der Wahrnehmung von Individualinteressen dienen und nicht staatlichen Interessen und dass das Verbraucherschutzrecht daher kein Eingriffsrecht ist[477]. Da das Fernabsatzrecht, abgesehen vom Zweck der Binnenmarktvereinheitlichung, ausschließlich den Verbraucherschutz betreffenden Individualinte-

---

[473] BAG, SAE 1997, 31, 34; BAGE 63, 17, 31 ff; BAGE 71, 297, 316 ff.; *Erman-Hohloch*, Art. 34 EGBGB Rn. 12; *Kropholler*, IPR, § 52 VIII, 1; *Magnus*, IPRax 1991, 985, 985; *MünchKomm-Martiny*, Art. 34 EGBGB Rn. 13; *Reithmann/Martiny-Limmer*, Internationales Vertragsrecht, Rn. 400; *v.Bar*, IPR II, Rn. 452 ff.; *Vischer/Huber/Oser*, Internationales Vertragsrecht, Rn. 912; *Sonnenberger*, IPRax 2003, 104, 105 ff.; *Kühne*, FS Kegel, 65, 74.

[474] *MünchKomm-Martiny*, Art. 34 EGBGB Rn. 11; *Staudinger-Magnus*, Art. 34 EGBGB Rn. 56 ff.; *Lorenz*, RIW 1987, 569, 578; *Reithmann/Martiny-Limmer*, Internationales Vertragsrecht, Rn. 400; siehe auch Begründung zum Entwurf eines Gesetzes zur Neuregelung des IPR, BT-Drs. 10/504, 83.

[475] *Mankowski*, RIW 1998, 287, 287 ff.; *Junker*, IPRax 2000, 65, 71; *Sonnenberger*, IPRax 2003, 104, 105-108; *Ebke*, in: Europäisches Gemeinschaftsrecht und Internationales Privatrecht, 99, 101; *Taupitz*, BB 1990, 642, 649; *MünchKomm-Martiny*, Art. 34 EGBGB Rn. 32; *ders.*, in: Europäisches Gemeinschaftsrecht und Internationales Privatrecht, 107; *Van Meenen*, Lauterkeitsrecht und Verbraucherschutz im IPR, 88; *Droste*, Der Begriff der „zwingenden Bestimmung“ in den Art. 27 ff. EGBGB, 143 ff.; *Pützhoven*, Europäischer Verbraucherschutz im Fernabsatz, 186; *Staudinger-Magnus*, Art. 29 EGBGB Rn. 26-27; *ders.*, Art. 34 EGBGB Rn. 60 ff. Für das HautürWG *Baumert*, RIW 1997, 805, 811; *Coester-Waltjen*, FS Lorenz, 297, 313; *Kothe*, EuZW 1990, 150, 153-155; *Kropholler*, IPR, § 52 V, 1a); *Reithmann/Martiny-Limmer*, Internationales Vertragsrecht, Rn. 405; *Waldenberger*, BB 1996, 2365, 2371; *Hoeren/Oberscheidt*, VuR 1999, 371, 387.

[476] BGHZ 135, 125, 135, NJW 1997, 1679, 1699; AG Lichtenfels, Urt. v. 24.5.1989, IPRax 1990, 235, IPRspr. 1989, Nr. 40; LG Stade, Urt. v. 19.4.1989, IPRspr. 1989, Nr. 29; LG Koblenz, Urt. v. 13.6.1989, IPRspr. 1989, Nr. 43; LG Hamburg, Urt. v. 21.2.1990, NJW-RR 1990, 695; OLG Hamm, Urt. v. 1.12.1988, NJW-RR 1989, 496, IPRax 1990, 242; OLG Celle, Urt. v. 28.8.1990, NJW-RR 1991, 122 Nr. 71.

[477] Siehe beispielhaft *Mankowski*, RIW 1993, 453, 461.

ressen, nicht aber öffentlichen Interessen dient, steht es systematisch dem Charakter des Eingriffsrechts entgegen[478]. Mit einem eingriffsrechtlichen Charakter lässt sich somit ein international zwingender Anwendungswille des deutschen Fernabsatzrechts nicht begründen.
Ein international zwingender Charakter verbraucherschützender Bestimmungen wird des Weiteren mit dem Argument abgelehnt, dass eine materielle Norm nicht international zwingend sein kann und gleichzeitig in den Anwendungsbereich von Art. 29 EGBGB oder von Art. 29a EGBGB fallen kann. International zwingende Normen und deren Anwendung seien ihrem Wesen nach von den Parteiinteressen losgelöst. Art. 29 EGBGB hingegen sei darauf ausgelegt, Verbraucherschutznormen zur Anwendung zu berufen, die dem Ausgleich privater Parteiinteressen bezwecken[479].
Verbraucherschutzvorschriften, für deren Anknüpfung Art. 29 EGBGB zuständig sei, hätten eine volkswirtschaftliche Mikrofunktion, wohingegen international zwingende Bestimmungen staatlichen Interessen dienten und somit eine volkswirtschaftliche Makrofunktion ausübten[480]. Auch aus diesem Grunde würden diese unterschiedlichen Bestimmungen auf unterschiedlichem Wege zur Anwendung berufen. Diese wesensverschiedenen Normen könnten nicht beide über Art. 29 EGBGB zur Anwendung berufen werden.
Ferner wird auf den abschließenden Charakter des über Art. 29, 29a EGBGB gewährten kollisionsrechtlichen Verbraucherschutzes hingewiesen. Durch die exakte Formulierung von Art. 29 und 29 a EGBGB sei dem kollisionsrechtlichen Verbraucherschutz eine Grenze gesetzt worden, aus der deutlich würde, dass nur in dem begrenzten Bereich Schutz gewährt werden sollte[481].
Insbesondere der Anwendungsbereich von Art. 29a EGBGB bestimmt sich im Wesentlichen aus dem Anwendungsbereich der Bestimmungen, auf die er Bezug nimmt. Hier wäre es offensichtlich systemwidrig, die Grenzen von Art. 29a EGBGB durch eine Anwendung von Art. 34 EGBGB als verbraucherschützendes Auffangbecken hinfällig zu machen[482]. Der aufgeführten Argumentation mit der Spezialität und der abschließenden Wirkung von Art. 29 und 29a EGBGB ist jedoch entgegen zu halten, dass die Begrenzung des kollisionsrechtlichen Verbrau-

---

[478] Für das Verbraucherschutzrecht allgemein *Mankowski*, RIW 1993, 453, 461; die Verfolgung von Gemeininteressen kann auch nicht auf das Ziel der Binnenmarktverwirklichung gestützt werden, nach *Sonnenberger*, IPRax 2003, 104, 109.
[479] *Mankowski*, RIW 1993, 453, 461.
[480] *Mankowski*, RIW 1993, 453, 461.
[481] *Dilger*, Verbraucherschutz bei Vertragsabschlüssen im Fernabsatz, 214; *Waldenberger*, in: Handbuch Multimedia-Recht, Kap. 13.4. Rn. 104; *Mankowski*, RIW 1998, 287, 289 ff. A.A.: *v.Hoffmann*, IPRax 1989, 261, 264; *Waldenberger*, BB 1996, 2365, 2371.
[482] *Bamberger/Roth-Spickhoff*, Art. 29a EGBGB Rn. 1; *Freitag/Leible*, ZIP 1999, 1296, 1298 ff.; angesprochen aber offen gelassen von *Wagner*, IPRax 2000, 249, 251 ff.; *Palandt-Heldrich* Art. 29a EGBGB Rn. 7; *Staudinger*, RIW 2000, 416, 419.

cherschutzes nur soweit gehen kann und soll, wie der Anwendungsbereich von Art. 29 und 29 a EGBGB reicht. Jenseits davon spricht nichts für eine Einschränkung des kollisionsrechtlichen Verbraucherschutzes. Darauf wird im Folgenden noch eingegangen werden[483].

Da sich international zwingende Bestimmungen selbst zur Anwendung berufen und Art. 29 EGBGB der Anknüpfung von Rechtsnormen dient, die dies nicht tun, besteht kein Bedarf nach dieser Funktion von Art. 29 EGBGB, soweit auch international zwingende Bestimmungen in seinen Anwendungsbereich fallen[484]. Da Art. 29 EGBGB nur unter engen Voraussetzungen Bestimmungen zur Anwendung beruft und international zwingende Bestimmungen stets Geltungsdrang haben, hat die gleichzeitige Anwendbarkeit von Art. 29 EGBGB die Wirkung, dass Art. 29 EGBGB den Geltungsanspruch von in seinen Anwendungsbereich fallenden international zwingenden Bestimmungen einschränkt.

Da Art. 34 EGBGB jedoch nur den Bestimmungen der lex fori den Weg zur Anwendung frei hält und Art. 29 EGBGB eine allseitige Anknüpfungsnorm ist, behält Art. 29 EGBGB auch dann eigene Bedeutung, wenn auch verbraucherschützende Bestimmungen international zwingenden Charakter haben können. Art. 34 und Art. 29 EGBGB verkörpern unterschiedliche kollisionsrechtliche Systeme. Art. 34 EGBGB gilt als allgemeine Norm für alle international zwingenden Normen des Vertragsrechts. Und Art. 29 EGBGB trifft eine Spezialregelung für die in seinen Anwendungsbereich fallenden Verbraucherverträge. Diese Spezialregelung kann jedoch auch Normen betreffen, die von Art. 34 EGBGB erfasst sind. Der folgende Abschnitt wird zeigen, dass die Ansicht, nach der privatschützende Bestimmungen keinen international zwingenden Charakters haben können, überkommen ist.

---

483 3. Teil:D.II.2.b), Seite 165.

484 Aufgrund der unterschiedlichen technischen Ausgestaltung der Anknüpfungsweise bei Art. 29 EGBGB und Art. 34 EGBGB, kann eine materielle Rechtsnorm nur über eine der beiden Kollisionsnormen zur Anwendung berufen werden; *Mankowksi*, RIW 1993, 453, 460; *Junker*, IPRax 1989, 69, 74. Aufgrund des Günstigkeitsvergleiches liegt die Anwendung von Art. 29 EGBGB anstatt des starren Anwendungsbefehls als international zwingende Norm viel eher im Sinne der verbraucherschützenden Intention des Fernabsatzrechts; *Staudinger-Magnus*, Art. 29 EGBGB Rn. 26; *Baumert*, Europäischer ordre public, 107, 108.

2. *Sonderprivatrecht als international zwingende Bestimmungen*

a) Die Erweiterung des Begriffs der international zwingenden Bestimmungen auf Individualinteressen dienende Rechtsnormen

Die Lehre von den international zwingenden Bestimmungen hat jedoch mittlerweile die Beschränkung auf öffentlichen Interessen dienende Eingriffsnormen aufgegeben und sich darüber hinaus fortentwickelt. Insbesondere nach der jüngsten Rechtsprechung des EuGH, auf die im Folgenden noch ausführlicher eingegangen wird[485], ist ein Umdenken bezüglich des Verständnisses von den international zwingenden Bestimmungen und ein Loslösen von der Lehre von den Eingriffsnormen erforderlich[486].
Nach mittlerweile herrschender Ansicht können neben Eingriffsnormen auch sozialpolitisch motivierte, privatschützende Bestimmungen international zwingenden Charakter haben[487]. Zu diesem Sonderprivatrecht zählen Rechtsnormen, die den Ausgleich typischer Ungleichgewichtslagen zwischen Vertragsparteien bezwecken[488], wie z.B. aus dem Wohnungsmietrecht, dem Arbeitsrecht und insbesondere auch dem Verbraucherschutzrecht[489]. Als solches könnte auch das Fernabsatzrecht der europäischen Staaten, das den Ausgleich des wirtschaftlichen Ungleichgewichts zwischen Verbrauchern und Unternehmern beim Abschluss von Verträgen auf Distanz bezweckt, als Sonderprivatrecht zu klassifizieren sein.

---

[485] 3. Teil:D.II.2.a)cc), Seite 164.

[486] *Wendehorst*, in: Europäische Bezüge des Privatrechts, S. 346 Rn. 35; *Jayme*, IPRax 2001, 190, 191; *Reich*, EuZW 2001, 51 ff.

[487] *Palandt-Heldrich*, Art. 34 EGBGB Rn. 3; *Fischer*, JZ 1994, 367, 370; *Lorenz*, IPRax 1994, 429, 431; *Reich*, NJW 1994, 2128, 2129; *v.Hoffmann*, IPRax 1989, 261, 266; *Lorenz*, RIW 1987, 569, 579; *Meyer-Sparenberg*, RIW 1989, 347, 350; *Jayme*, IPRax 1990, 220, 222; *v.Hoffmann*, IPR, § 10 Rn. 93, 96; *Roth*, RIW 1994, 275, 277; *Fetsch*, Eingriffsnormen und EG-Vertrag, 41 ff.; *Mäsch*, Rechtswahlfreiheit und Verbraucherschutz, 126 ff.; *Schmitt*, CR 2001, 838, 838; BT-Drs. 19/503, 21-28; *Roth*, FS Reichert-Facilides, 35, 40 und 44; *Baumert*, RIW 1997, 805, 811; *Baumert*, Europäischer ordre public und Sonderanknüpfung zur Durchsetzung von EG- Recht, 84 ff.; LG Detmold, Urt. v. 29.9.1994, NJW 1994, 3301; IPRax 1995, 249; *Jäckel-Hutmacher/Tonner*, VuR 1994, 9, 16.; *Jayme/ Kohler*, rev.crit.dr.int.pr. 1995, 1, 27 ff.; *Grabitz/Hilf-Micklitz*, Das Recht der Europäischen Union, Band III, A 3 Rn. 196; *Roth*, RIW 1994, 275, 277 ff.; *Münch-Komm-Wendehorst*, Vor § 312b Rn. 38; *Fetsch*, Eingriffsnormen und EG-Vertrag, 50; *Köhler/Arndt*, Recht des Internet, 268.

[488] *MünchKomm-Martiny*, Art. 34 EGBGB Rn. 14; *Soergel-v.Hoffmann*, Art. 34 EGBGB Rn. 5, 7; *v.Hoffmann*, IPRax 1989, 261, 266.

[489] *Staudinger-Magnus*, Art. 34 EGBGB Rn. 60; *MünchKomm-Martiny*, Art. 34 EGBGB Rn. 14; *Soergel-v.Hoffmann*, Art. 34 EGBGB Rn. 4 ff; 54 ff.; *v.Hoffmann*, IPRax 1989, 261, 266; *Bülow/Artz*, Verbraucherprivatrecht, 146.

aa) Der Bericht Giuliano/Lagarde und die Denkschrift der Bundesregierung zum EVÜ

Dass der Begriff der international zwingenden Bestimmungen nicht nur auf Eingriffsnormen beschränkt wird, die öffentlichen Interessen dienen, sondern auch Einzelinteressen schützende Bestimmungen erfasst, wird durch den Wortlaut des Berichts *Giuliano/Lagarde* gestützt. Demzufolge bestehen Eingriffsnormen *„vor allem auf den Gebieten des Kartell- und Wettbewerbsrechts, des Rechts zur Bekämpfung wettbewerbsbeschränkender Praktiken, des Verbraucherschutzrechts und des Beförderungsrechts“*[490]. In gleicher Weise ist auch die Denkschrift der Bundesregierung zum EVÜ zu verstehen, nach der auch *„sozialpolitische Vorschriften zum Schutze einzelner“* international zwingenden Charakter haben könnten[491].

bb) Die Rechtsprechung des Bundesgerichtshofes zur Anwendbarkeit von Verbraucherschutzbestimmungen über Art. 34 EGBGB

Dass Verbraucherschutzrecht international zwingenden Charakter haben kann, wird des Weiteren durch die Rechtsprechung des BGH bestätigt. In drei richtungweisenden Urteilen auf dem Gebiet des internationalen Vertragsrechts aus den Jahren 1993 , 1997 und 2005 geht der BGH ebenfalls von der Anwendbarkeit von Art. 34 EGBGB auf Verbraucherschutzvorschriften aus[492]. Der BGH bringt in den genannten Urteilen zum Ausdruck, dass der privatschützende Charakter des Verbraucherschutzrechts einem international zwingenden Charakter nicht entgegensteht. Erforderlich sei, dass die betreffende Vorschrift nicht nur dem Schutz und Ausgleich widerstreitender Interessen von Vertragsparteien und damit reinen Individualbelangen diene, sondern daneben zumindest auch öffentliche Gemeinwohlinteressen verfolge[493].
Ein international zwingender Geltungsanspruch des deutschen Verbraucherschutzrechts setzt nach der BGH-Rechtsprechung voraus, dass der Sachverhalt einen mindestens so engen Inlandsbezug aufweist, wie er in den situativen Voraussetzungen in Art. 29 Abs. 1 Nr. 1 bis 3 EGBGB gefordert wird[494]. Aufgrund des Anwendungsvorrangs von Art. 29 EGBGB vor Art. 34 EGBGB ist die Anwend-

[490] *Giuliano/Lagarde*, BT-Drs. 10/503, 60.
[491] Denkschrift der Bundesregierung zum EVÜ, BT-Drs. 10/503, 28; Begründung Gesetzentwurf zur Neuregelung des EGBGB, BT-Drs. 10/504, 83.
[492] BGHZ 123, 380, 391; BGHZ 135, 125, 135; BGH, Urt. v. 13. 12. 2006, NJW 2006, 762 ff.
[493] BGH, Urt. v. 13.12.2006, NJW 2006, 762, 764.
[494] BGHZ 135, 124, 135 ff.; BGH, RIW 1997, 875, 878; BGH JZ 1997, 612, 614; BGH NJW 1997, 1697, 1699; *Mankowski*, RIW 1998, 287, 290-291; *Lorenz*, IPRax 1994, 429, 431.

barkeit der deutschen international zwingenden Verbraucherschutzvorschriften ausgeschlossen, wenn der sachliche und persönliche Anwendungsbereich von Art. 29 EGBGB eröffnet ist, aber der von Art. 29 Abs. 1 Nr. 1 bis 3 EGBGB geforderte Nähebezug nicht vorliegt. Der BGH-Rechtsprechung zufolge kann daher das deutsche Fernabsatzrecht unter der Voraussetzung eines international zwingenden Charakters nur dann internationalen Geltungsanspruch haben, wenn im Einzelfall der Anwendungsbereich von Art. 29 EGBGB nicht eröffnet ist.

cc) Die Rechtsprechung des Europäischen Gerichtshofes in der Rechtssache Ingmar GB Ltd. gegen Eaton Leonard Technologies Inc.

Nach der Rechtsprechung des EuGH in der Rechtssache *Ingmar GB Ltd. gegen Eaton Leonard Technologies Inc.* können auch Normen, die einen Ausgleich zwischen den Interessen Einzelner im privaten Wirtschaftsverkehr schaffen sollen, international zwingenden Charakter haben[495]. In dem der Entscheidung zugrunde liegenden Sachverhalt war ein innerhalb der EG ansässiges Unternehmen als Handelsvertreter eines amerikanischen Unternehmens tätig. Nach dem Urteil des EuGH waren die nationalen Vorschriften zur Umsetzung der europäischen Richtlinie betreffend selbständige Handelsvertreter aufgrund ihres international zwingenden Charakters trotz einer anderweitigen Rechtswahl anwendbar[496].
Der EuGH ist zwar keine Instanz zur verbindlichen Auslegung des EVÜ[497]. Hinsichtlich der Auslegung von Richtlinien der europäischen Gemeinschaft ist seine Rechtsprechung hingegen bindend. Das genannte Urteil des EuGH betrifft unter anderem den internationalen Anwendungsbereich der Richtlinie über selbständige Handelsvertreter[498]. Dieser war durch Auslegung der Richtlinie zu ermitteln, wozu der EuGH auch die Kompetenz hat[499]. Obwohl die staatsvertragliche Legitimation zur Auslegung des EVÜ durch den EuGH fehlt, ist die Rechtsprechung des EuGH zusätzlich für das einheitliche Verständnis des EVÜ in allen Unterzeichnerstaaten richtungweisend.

---

[495] EuGH, Rechtssache C-381/98, Slg. 2000, I-9325 ff.; in IPRax 2001, 225 ff.; siehe auch die Schlussanträge des Generalanwalts, Slg I-9307 ff. Nr. 86 ff.; zustimmend *Jayme*, IPRax 2001, 190, 190; *Kindler*, BB 2001, 11 ff.; *Reich*, EuZW 2001, 50 ff.; *Staudinger*, NJW 2001, 1974 ff.; Kritisch: *Freitag*, EWiR 2000, 1061, 1062; *Freitag/Leible*, RIW 2001, 287, 290 ff.
[496] EuGH, Urt. v. 9.11.2000, Slg I-9325, 9327, Urteilserwägung Nr. 20 -26.
[497] Die Auslegungsprotokolle zum EVÜ vom 19.12.1988, BGBl. 1995, 916, 923 sind noch nicht in Kraft getreten.
[498] Richtlinie 86/653/EWG des Rates vom 18 Dezember 1986 zur Koordinierung der Rechtsvorschriften der Mitgliedstaaten betreffend die selbständigen Handelsvertreter, ABl.EG L 382, 17.
[499] Dazu auch *Kindler*, BB 2001, 11, 12.

Nach den Schlussanträgen des Generalanwalts in der Rechtssache *„Ingmar"*, auf die sich das Urteil im Wesentlichen stützt, setzt die Anwendbarkeit einer richtlinienbasierten privatschützenden Norm aufgrund ihres international zwingenden Charakters einen engen Binnenmarktbezug des Sachverhaltes voraus[500]. *„Das Verhalten der Parteien muss sich auf die Interessen der Gemeinschaft auswirken"* können.

b) Das Verhältnis zwischen Art. 34 EGBGB und Art. 29, 29 a EGBGB

Wenn jedoch auch individualschützende Verbraucherschutznormen international zwingenden Charakter haben können, ist das Verhältnis zwischen Art. 34 EGBGB und Art. 29, 29a EGBGB klärungsbedürftig. Gerade auch infolge der unterschiedlichen Ansichten dazu, welche Normen von dem Begriff der international zwingenden Bestimmungen erfasst sind, besteht ein breites Meinungsspektrum bezüglich des Verhältnisses zwischen Art. 34 und Art. 29, 29 a EGBGB[501]. Die Vertreter der Ansicht, dass sich international zwingende Bestimmungen unbedingt selbst zur Anwendung berufen und eine Rechtsnorm für deren Anknüpfung nicht erforderlich ist, sind der Ansicht, dass die über Art. 29 EGBGB berufenen Bestimmungen und international zwingende Bestimmungen wesensverschieden sind und daher Art. 34 und Art. 29, 29a EGBGB in einem Alternativitätsverhältnis stehen[502].
Nach anderer Ansicht hat die Anwendung von Art. 34 EGBGB aufgrund des unbedingten Geltungswillens der international zwingenden Bestimmungen unbedingten Vorrang vor Art. 29 und 29 a EGBGB. Diese Ansicht ist hingegen abzulehnen, da ansonsten die Begrenzung des kollisionsrechtlichen Verbraucherschutzes durch Art. 29 und 29a EGBGB hinfällig wäre.
Nach einer vielfach vertretenen dritten Ansicht hat Art. 34 EGBGB nur relativen Vorrang vor Art. 29 EGBGB[503]. Das heißt, wenn Art. 34 EGBGB zu einem noch

---

[500] Schlussanträge des Generalanwalts Philippe Léger vom 11. Mai 2000; Slg. 2000, I-9307 ff. Rn. 25, 32, 39; *Jayme*, IPRax 2001, 190, 191; *Staudinger*, NJW 2001, 1974, 1977.
[501] Nach der herrschenden Meinung der Befürworter eines international zwingenden Charakters von Verbraucherschutznormen ist Art. 34 EGBGB auch im Anwendungsbereich von Art. 29 EGBGB ergänzend anwendbar, wenn dieser keinen Schutz gewährt. Dazu *Püls*, Parteiautonomie, 191; *Roth*, FS Reichert-Facilides, 35 ff.; *Pützhoven*, Europäischer Verbraucherschutz im Fernabsatz, 186; *Palandt-Heldrich*, Art. 34 EGBGB Rn. 3; *Junker*, IPRax 2000, 65, 67 ff.; *Lorenz*, IPRax 1994, 429-431; *Kronke*, RIW 1996, 985, 990; *Lorenz*, IPRax 1994, 429, 429; *Baumert*, Europäischer ordre public, 104, 105; *Backert*, Kollisionsrechtlicher Verbraucherschutz, 191 ff.
[502] *Mankowski*, RIW 1993, 453, 460-462; *Paefgen*, ZEuP 2003, 266, 287; *Staudinger*, RIW 2000, 416, 417.
[503] Siehe hierzu *Staudinger-Magnus*, Art. 34 EGBGB Rn. 36 ff.

verbrauchergünstigeren Ergebnis als Art. 29 EGBGB kommt, so geht die Anwendung von Art. 34 EGBGB vor[504]. Diese Meinung ist jedoch abzulehnen. Erstens stellt sich hier noch die Frage, ob Art. 34 EGBGB anwendbar ist, wenn Art. 29 EGBGB zwar einschlägig ist, aber keine der Voraussetzungen von Art. 29 Abs. 1 Nr. 1 bis 3 EGBGB erfüllt sind[505]. Außerdem wirkt sich der relative Vorrang nur dann aus, wenn Art. 29 und 34 EGBGB nicht zum selben Ergebnis führen, also wenn der Verbraucher nicht aus dem Forumstaat stammt. Der international zwingende Charakter sollte jedoch absolut gelten und nicht relativ. Auch würden aufgrund dieser Ansicht die Wertungen des Günstigkeitsprinzips des Art. 29 EGBGB auf Art. 34 EGBGB übertragen. Dem steht insbesondere entgegen, dass es sich dabei um materiellrechtliche Wertungen des Rechtsanwendungsergebnisses handelt, die nicht in Art. 34 EGBGB hineintransferiert werden sollten.

Die Spezialität von Art. 29 EGBGB vor Art. 34 EGBGB sollte jedoch absolut und nicht relativ sein[506]. Wenn sich der gewöhnliche Aufenthaltsort des Verbrauchers nicht im Forumstaat befindet, kann Art. 29 EGBGB im Gegensatz zu Art. 34 EGBGB nicht zur Anwendung der lex fori führen. Die von Art. 29 EGBGB getroffenen Wertungen sind vorrangig vor Art. 34 EGBGB. Art. 29 Abs. 1 EGBGB zufolge ist je nach Günstigkeit eine Entscheidung zwischen den gewählten Recht und dem Recht am gewöhnlichen Aufenthaltsort des Verbrauchers zu treffen. Es entspricht nicht den Wertungen des Art. 29 EGBGB zur Erreichung der Anwendung einer noch günstigeren Rechtsordnung die lex fori zusätzlich in Betracht zu ziehen.

Aufgrund der Spezialität von Art. 29 und 29a EGBGB vor Art. 34 EGBGB[507] wird der Anwendungsbereich international zwingender Verbraucherschutznormen beschränkt[508]. Dies ändert nichts an dem international zwingenden Geltungswillen einer solchen Rechtsnorm. Der Geltungsanspruch wird jedoch teleologisch in bestimmten Bereichen reduziert, wenn ihre Geltung zu Lasten des am Verbrauchervertrag beteiligten Unternehmers unverhältnismäßig wäre. International zwingen-

---

504 Dagegen *Mankowski*, RIW 1993, 453, 460.

505 Siehe oben 3. Teil:D.II.2.a)bb), Seite 163.

506 BGH, Urt. v. 25.1.2005, ZIP 2005, 478, 481; *Bitterich*, VuR 2002, 155, 155, m.w.N. Siehe hierzu auch Grünbuch der Europäischen Gemeinschaften zur Umwandlung des EVÜ KOM (2002), 654 endg. vom 14.1.2003, 40.

507 Wendehorst, in: Europäische Bezüge des Privatrechts, S. 346 Rn- 36; BGHZ 123, 380, 391.

508 Dass der international zwingende Geltungsanspruch einer nationalen Rechtsnorm eingeschränkt werden kann, bringt auch der Vorschlag der europäischen Gruppe für Internationales Privatrecht zur Reformierung des EVÜ vom September 2000 zum Ausdruck. Englische Fassung abgedruckt bei *Staudinger-Magnus*, Vorbem. zu Art. 27-37 EGBGB Rn. 32. Nach diesem Vorschlag darf die international zwingende Geltung einer Bestimmung nicht zu ungerechtfertigten Beschränkungen der Grundfreiheit der Freizügigkeit nach dem EG-Vertrag führen.

de Verbraucherschutznormen sollten daher stets gelten, außer auf die von Art. 29 EGBGB erfassten Verträge, wenn die Voraussetzungen des Art. 29 Abs. 1 Nr. 1 bis 3 EGBGB nicht erfüllt sind[509].

c) Stellungnahme

Angesichts der untersuchten Auslegungsleitlinien von EVÜ und EGBGB und der höchstrichterlichen Rechtsprechung können von dem Begriff der international zwingenden Bestimmungen des Art. 34 EGBGB neben klassischem Eingriffsrecht auch Verbraucherschutzbestimmungen erfasst sein, die neben öffentlichen Gemeinwohlinteressen der Wahrnehmung von Individualinteressen dienen. Das staatliche Anliegen, sich mit einzelnen Rechtsnormen über sonstige kollisionsrechtliche Rechtsanwendungsinteressen hinwegzusetzen, kann auch bei privatschützenden Bestimmungen gerechtfertigt sein.

Mit der Zunahme von Anknüpfungsmethoden, durch die weitere Bestimmungen auf einen Sachverhalt zur Anwendung kommen können, erhöht sich in der Regel die Einzelfallgerechtigkeit, jedoch auch die Rechtsunsicherheit[510]. Da die unter den Begriff *„Sonderprivatrecht"* fallenden Bestimmungen quantitativ einen großen Anteil des Privatrechts ausmachen, würde das Überlappen des Vertragsstatuts durch das gesamte deutsche Sonderprivatrecht eine schwerwiegende Beeinträchtigung der Parteiautonomie der Vertragsparteien bedeuten[511]. Dem allgemeinen Kollisionsrecht würden wesentliche Teile des typischen Privatrechts entzogen[512]. Um die Folge einer schleichenden Ausweitung der Qualifikation als Eingriffsnorm und die damit einhergehende kollisionsrechtliche Sonderbehandlung[513] einzudämmen, empfiehlt sich eine restriktive Vorgehensweise und eine gesonderte Überprüfung des international zwingenden Charakters jeder einzelnen in Frage kommenden Bestimmung. Art. 34 EGBGB sollte nicht zur Durchsetzung von Wertungen der lex fori oder als Auffangklausel zur Berufung von Normen miss-

---

509 *So* auch BGH, Urt. v. 13. 12. 2006, NJW 2006, 762, 764 und BGHZ 135, 124, 135.

510 *Waldenberger*, BB 96, 2365,2371; *Schlosser*, FS Steindorff, 1379, 1387; Siehe schon Stellungnahme des Bundesrates zum Gesetzentwurf der Bundesregierung zur Neuregelung des EGBGB, BT-Drs. 10/504, 100.

511 *Backert*, Kollisionsrechtlicher Verbraucherschutz, 208; *Van Meenen*, Lauterkeitsrecht und Verbraucherschutz im IPR, 90; *Lorenz*, RIW 1987, 569, 578.

512 *Sonnenberger*, IPRax 2003, 104, 108; *Junker*, IPRax 2000, 65, 70; *Paefgen*, ZEuP 2003, 266, 287.

513 *Sonnenberger*, IPRax 2003, 104, 108; Für den Ausnahmecharakter von Eingriffsnormen auch *Taupitz*, BB 1990, 642, 649, 3074, 3075; *Lorenz*, RIW 1987, 569, 579.

braucht werden, die ansonsten von den Art. 27 ff. EGBGB nicht erfasst werden[514]. Das europäische internationale Vertragsrecht sollte in einer Weise novelliert werden, die eine klare Unterscheidung zwischen der Anknüpfung national zwingender und international zwingender Vorschriften ermöglicht. Der Bedarf der Anwendbarkeit von Art. 29 Abs. 1 EGBGB auch auf international zwingende Bestimmungen, wie vorliegend vertreten, sollte im Rahmen der Novellierung des EVÜ vermieden werden[515].

III. Die Bestimmungen des deutschen Fernabsatzrechts als international zwingende Bestimmungen im Sinne des Art. 34 EGBGB ?

Ob eine Rechtsnorm international zwingenden Charakter hat, ist durch Auslegung der Norm zu ermitteln[516]. Der Wortlaut, die Entstehungsgeschichte und die Normsystematik des deutschen Fernabsatzrechts geben keine verwertbaren Hinweise auf seinen international zwingenden Anwendungswillen. Entscheidende Bedeutung kommt daher seinem Sinn und Zweck zu. Bei der Auslegung nationaler Rechtsnormen, die auf europäischen Richtlinien basieren, ist ihr richtlinienrechtlicher Hintergrund zu beachten[517]. Innerhalb der Untersuchung von Sinn und Zweck des deutschen Fernabsatzrechts im Hinblick auf seinen international zwingenden Charakter ist daher auch der Wortlaut und die allgemeine Systematik der Fernabsatzrichtlinie zu berücksichtigen[518]. Für das richtige Verständnis des deutschen Fernabsatzrechts sind auch die Ziele des EG-Vertrages und die Ziele der Fernabsatzrichtlinie in Betracht zu ziehen. Die Rechtsprechung des EuGH in der Rechtssache *Ingmar GB Ltd. gegen Eaton Leonard Technologies Inc.* enthält richtungweisende und klare Vorgaben zur Auslegung richtlinienbasierten nationalen

---

[514] *Sonnenberger*, ZVglRWiss 1996, 1, 3; *Sonnenberger* IPRax 2003, 104, 112; *Kronke*, RIW 1996, 985, 990; *Hoeren*, Grundzüge des Internetrechts, 26; *Mentzel*, Sonderanknüpfung von Eingriffsrecht, 220 ff.; *Kühne*, FS Kegel, 65, 72 und 75 ff. Für den Charakter einer Ausweichklausel für von Art. 27 ff. EGBGB nicht erfasste Fälle *Mäsch*, Rechtswahlfreiheit und Verbraucherschutz, 159 ff.; *Palandt-Heldrich*, Art. 34 EGBGB Rn. 3; *Schmitt*, CR 2001, 838, 838.

[515] Die Frage nach einer Präzisierung der Begriffe zwingende und international zwingende Bestimmung wird auch vom Grünbuch der Europäischen Gemeinschaften über die Umwandlung des EVÜ gestellt. KOM (2002), 654 endg. vom 14.1.2003, 41.

[516] *Jayme*, IPRax 2001, 190, 190; *Neuhaus*, Grundbegriffe des Internationalen Privatrechts, 33; *Wengler*, ZVglRWiss 54 (1941), 168, 176.

[517] *Kindler*, BB 2001, 11, 12; EuGH, Slg 1990-I 4134; DB 1991, 157. Siehe auch 3. Teil:C.II, Seite 137.

[518] Zum Handelsvertreterrecht: Schlussantrag des Generalanwalts Nr. 73 in der Rechtssache „Ingmar", EuGH, Slg. I-9307 ff.; Allgemein zur Bedeutung des Zwecks der europarechtlichen Ausgangsregelung *Basedow*, FS Reichert-Facilides, 11, 29.

Rechts im Hinblick auf seinen international zwingenden Charakter[519]. Zum vollständigen Verständnis des EuGH-Urteils sind zu den Entscheidungsgründen des EuGH die ausführlichen Schlussanträge des Generalanwaltes zu berücksichtigen, auf die sich das richterliche Urteil im Wesentlichen bezieht[520].

1. Die Vorgaben der EuGH-Rechtsprechung in der Rechtssache „Ingmar" zum international zwingenden Charakter richtlinienbasierten einzelstaatlichen Rechts

Nach den Vorgaben des EuGH-Urteils setzt der international zwingende Charakter einer richtlinienbasierten Norm zunächst voraus, dass es sich um zwingendes Recht handelt[521]. Die Einhaltung der richtlinienbasierten Bestimmungen im Gemeinschaftsgebiet muss ferner für die Verwirklichung der Ziele des EG-Vertrages unerlässlich erscheinen und für die gemeinschaftliche Rechtsordnung von grundlegender Bedeutung sein[522]. Der Zweck der Bestimmungen muss erfordern, dass sie unabhängig davon anwendbar sind, welchem Recht der Vertrag nach dem Willen der Parteien unterliegen soll[523]. Die Anwendung der richtlinienbasierten Bestimmungen und die Erreichung ihrer Ziele müssen also für die grundlegenden Ziele der EG, wie die Verwirklichung der Grundfreiheiten und die Binnenmarktherstellung essentiell sein. Unter diesen Voraussetzungen stellt *„die Territorialität des Gemeinschaftsrechts eine objektive Anknüpfungsmethode dar"*[524].

---

[519] EuGH, Urt. v. 9.11.2000, Rs. C-381/98, Slg. 2000 I-09305 ff. Zusammengefasst auch bei *Staudinger-Magnus*, Art. 34 EGBGB Rn. 42.

[520] Dazu *Freitag/Leible*, RIW 2001, 287, 290.

[521] EuGH, Urt. v. 9.11.2000, Rs. C-381/98, Slg. 2000 I-09305 ff., Erwägungsgründe 21 und 22; zur Kritik an der Entscheidung *Sonnenberger*, IPRax 2003, 104, 110, Fn. 47. Der Begriff wird in der Entscheidung nicht weiter definiert.

[522] EuGH, Urt. v. 9.11.2000, Rs. C-381/98, Slg. 2000 I-09305 ff., Erwägungsgründe 24 und 25. „Die hinter einer Richtlinienbestimmung stehenden Gemeinschaftsinteressen sind für ihren international zwingenden Geltungsdrang entscheidend". Schlussantrag des Generalanwalts, EuGH, Slg. I-9307 ff, Nr. 33. Das der international zwingende Geltungsanspruch einer nationalen Rechtsnorm nicht mit Grundsätzen des EG-Vertrages kollidieren darf, bringt auch der Vorschlag der europäischen Gruppe für Internationales Privatrecht zur Reformierung des EVÜ vom September 2000 zum Ausdruck. Englische Fassung abgedruckt bei *Staudinger-Magnus*, Vorbem. zu Art. 27-37 EGBGB Rn. 32. Nach diesem Vorschlag darf die international zwingende Geltung einer Bestimmung nicht zu ungerechtfertigten Beschränkungen der Grundfreiheit der Freizügigkeit nach dem EG-Vertrag führen.

[523] EuGH, Urt. v. 9.11.2000, Rs. C-381/98, Slg. 2000 I-09305 ff., Erwägungsgrund 25; *Kindler*, BB 2001, 11, 12.

[524] Schlussantrag GA, EuGH, Slg. I-9307 ff, Nr. 36.

Die Anwendung einer richtlinienbasierten international zwingenden Bestimmung setzt im Übrigen einen engen Zusammenhang des Sachverhaltes zum Gebiet der Gemeinschaft voraus[525]. Die Zuständigkeit der Gemeinschaft (und damit die Anwendbarkeit gemeinschaftsrechtlicher Bestimmungen) kann in Fällen bestehen, in denen die Wirtschaftsteilnehmer einen solchen Bezug zum Gemeinschaftsgebiet aufweisen, dass sich ihr Verhalten auf die Interessen der Gemeinschaft auswirken kann[526]. Da ein enger Zusammenhang zum europäischen Binnenmarkt nicht voraussetzt, dass beide Vertragspartner ihren Sitz und gewöhnlichen Aufenthalt innerhalb der EG, bzw. dem EWR haben, kann ein solcher auch bestehen, wenn sich der Sitz des Unternehmers in einem Drittstaat befindet[527].

aa) Der halbzwingende Charakter des Fernabsatzrechts

Nach der Rechtsprechung des EuGH setzt ein international zwingender Geltungsanspruch einer richtlinienbasierten Bestimmung voraus, dass diese nach europarechtlichen Maßstäben zum zwingenden Recht zu zählen ist. Das Fernabsatzrecht ist nach den Vorgaben der Fernabsatzrichtlinie „partiell zwingendes Recht“[528]. Durch nationales Recht bzw. durch Parteivereinbarungen darf nur zugunsten und nicht zu Lasten des Verbrauchers von den Vorgaben des europäischen Fernabsatzrechts abgewichen werden. Damit das Fernabsatzrecht den Anforderungen des EuGH an international zwingende Bestimmungen genügt, müsste auch halbzwingendes Recht zu diesen zählen. Der EuGH definiert diesen Begriff in seiner Entscheidung nicht weiter.

Zwingende Bestimmungen sind nach Art. 3 Abs. 3 EVÜ bzw. Art. 27 Abs. 3 EGBGB solche, von denen durch Vertrag nicht abgewichen werden kann. Über den Begriff der zwingenden Bestimmungen werden durch Art. 27 Abs. 3 EGBGB und Art. 29 Abs. 1 EGBGB auch die halbzwingenden fernabsatzrechtlichen Normen zur Anwendung berufen[529]. Dies spricht dafür, dass nach allgemeinem Verständnis der europäischen Mitgliedstaaten auch halbzwingende Bestimmungen zwingendes Recht sind[530]. Das Fernabsatzrecht enthält zudem einen nichtdispositiven Kern in Form eines zwingenden Mindeststandards.

---

525 EuGH, Urt. v. 9.11.2000, Rs. C-381/98, Slg. 2000 I-09305 ff., Erwägungsgrund 25; *Jayme*, IPRax 2001, 190, 190; Schlussanträge des Generalanwalts Nr. 25, EuGH, Slg. I-9307, 9309.

526 Schlussanträge des Generalanwalts Nr. 32, EuGH, Slg. I-9307, 9309.

527 *Staudinger*, NJW 2001, 1974, 1977; Schlussanträge des Generalanwalts Nr. 45 ff., EuGH, Slg. I-9307, 9310.

528 Begr. zum Entwurf eines Fernabsatzgesetzes, BT-Drs. 14 /2658, 28; § 312 f BGB.

529 Siehe oben 3. Teil:B.I, Seite 128.

530 Verbraucherschutzrichtlinien sind zwingendes sekundäres Gemeinschaftsrecht nach: *Kropholler*, IPR, § 40 IV 3a); *Lando*, CMLR 24 (1987), 159, 181.

bb) Die Regelungsziele der Fernabsatzrichtlinie

Nach der EuGH-Rechtsprechung setzt ein zwingender Charakter einer Rechtsnorm zudem voraus, dass ihr Normzweck eine solch weitreichende Geltung erfordert.

(1) Die Förderung des Binnenmarktes durch den Verbraucherschutz

Das Hauptregelungsziel der Fernabsatzrichtlinie ist die Förderung der Vollendung des gemeinsamen europäischen Binnenmarktes[531]. Durch Unternehmerpflichten und Verbraucherrechte bei Vertragsabschlüssen im Fernabsatz soll das Vertrauen der Verbraucher in den innereuropäischen grenzübergreifenden Handel gestärkt werden[532]. Dadurch soll der grenzübergreifende Handel mit Verbraucherbeteiligung angeregt werden. Es sollen die rechtlichen Bedingungen dafür geschaffen werden, dass dem Verbraucher keinerlei Nachteile mehr aus dem grenzübergreifenden Handel und dem Handel im Fernabsatz gegenüber dem Direktverkauf im Ladengeschäft mehr erwachsen. Dem Verbraucher soll auf diese Weise die Skepsis vor Vertragsschlüssen mit Unternehmern aus anderen Staaten im Vergleich zu solchen mit Unternehmern aus dem eigenen Staat genommen werden. Zwar ist das europäische Fernabsatzrecht auch auf innerhalb eines Staates geschlossene Fernabsatzverträge oder solche mit Drittstaatenbezug anwendbar, auf diese zielt die Regelungsabsicht der Richtlinie jedoch nicht in erster Linie ab.

Die Förderung des Binnenmarktes erhält auch dadurch seine Bedeutung als überragendes Regelungsziel der Fernabsatzrichtlinie, dass sich aus dem Ziel der Förderung des Binnenmarktes die Regelungskompetenz der europäischen Gemeinschaft für die Schaffung der Fernabsatzrichtlinie ergibt[533]. Da die EG aufgrund der von den Mitgliedsstaaten übertragenen Exekutivgewalt handelt, bedarf es für jede Maßnahme einer gesetzlichen Ermächtigungsgrundlage. Nach Art. 95 EG darf der

---

[531] Begründung zum Entwurf des Fernabsatzgesetzes BT-Drs. 14/2658, 15. Erwägungsgründe Nr. 1 bis 4 der Fernabsatzrichtlinie. Zu deren quasigesetzlicher Bedeutung *Jayme*, IPRax 2001, 190, 190. Zur Binnenmarktverwirklichung als Hauptregelungszweck der Fernabsatzrichtlinie: *Meents*, Verbraucherschutz bei Rechtsgeschäften im Internet, 173.

[532] Hierzu theoretisch *Pfeiffer*, in: Europäische Rechtsangleichung und nationale Privatrechte, 21, 26; *Lurger*, FS Posch, 181, 189, 201. Mitteilung der Kommission an den Rat und das Parlament KOM (2001), 398 endg., 2, 8 Nr. 26, 28. Begründung zum Entwurf des Fernabsatzgesetzes BT-Drs. 14/2658, 15.

[533] Siehe dazu *Basedow*, FS Reichert-Facilides, 11, 16; Dies als Ziel des Verbraucherschutzes auch in dem Beschluss des Rates und des Parlaments über den allgemeinen Rahmen für Gemeinschaftstätigkeiten zugunsten der Verbraucher, v. 25.1.1999. ABl EG L 34, v. 9.2.1999, 1.

Rat Maßnahmen zur Angleichung der Rechtsvorschriften der Mitgliedstaaten erlassen, welche die Errichtung und das Funktionieren des Binnenmarktes zum Gegenstand haben. Auf dieser Handlungsermächtigung fußt auch die Fernabsatzrichtlinie. Aus diesem Grunde kommt dem zusätzlichen Regelungsziel des allgemeinen Verbraucherschutzes weniger Bedeutung zu.

Die Verwirklichung des europäischen Binnenmarktes ist ein im europäischen öffentlichen Gemeininteresse liegendes Regelungsziel[534]. Solange die Anwendung des Fernabsatzrechts tatsächlich die Vollendung des europäischen Binnenmarktes fördert, ist die Anwendung des deutschen Fernabsatzrechts für die Ziele des EG-Vertrages unerlässlich und kann für die gemeinschaftliche Rechtsordnung von grundlegender Bedeutung sein. Dann ist seine Anwendung auch unabhängig davon geboten, welchem Recht der Vertrag nach dem Willen der Parteien unterliegen soll. Die Verfolgung dieses Ziels kann die Anwendung von Art. 34 EGBGB jedoch allenfalls in EU- bzw. EWR-internen Fällen rechtfertigen, da das Verbrauchervertrauen bei Vertragsschlüssen mit Drittstaatenbezug nicht der Verwirklichung des Binnenmarktes dient[535]. Der Anwendungsbereich des Fernabsatzrechts beschränkt sich nicht auf EG-interne Sachverhalte. Zur Förderung des Binnenmarktes ist es jedoch nicht erforderlich, dass das Vertrauen des Verbrauchers bei Verträgen mit Unternehmern aus außereuropäischen Staaten gestärkt und seine kommerzielle Zurückhaltung abgebaut wird. Wenn bei einem EG-internen Verbrauchervertrag das Recht eines Drittstaates gewählt wird, ist Art. 29a EGBGB die einschlägige Spezialvorschrift. Bei der Wahl des Rechts eines EU- oder EWR-Staates wird der Mindestschutz der Fernabsatzrichtlinien hingegen schon im gewählten Recht garantiert[536].

Der materielle Schutz des Verbrauchers durch europäisches Verbraucherschutzrecht wird dadurch effektiver, wenn er sich bei grenzübergreifenden Fällen fortsetzt und sich die fernabsatzrechtlichen Bestimmungen aufgrund eines international zwingenden Charakters bei entsprechendem Gemeinschaftsbezug des Sachverhaltes immer zur Anwendung berufen. Zwar wird dadurch allgemein das Vertrauen des Verbrauchers bei Verträgen mit im Ausland ansässigen Unternehmen

---

[534] Vgl. dazu *Jayme*, IPRax 1990, 220, 222; *Schwarz*, Schutzkollisionen im internationalen Verbraucherschutz, 202, 203; *Langenfeld*, IPRax 1993, 155, 157; *Sonnenberger*, IPRax 2003, 104, 109.

[535] Mit anderer Begründung kommt zu diesem Ergebnis für die Sonderanknüpfung der Bestimmungen des HaustürWG *Jayme*, IPRax 1990, 220, 222. Mitteilung der Kommission an den Rat und das Parlament KOM (2001), 398 endg., 2, 8 Nr. 26, 28.

[536] Nach neuerer Entwicklung in der Rechtsprechung des BAG muss der Schutz des Gemeinwohlinteresses sogar das primäre Regelungsziel darstellen. BAGE 63, 17; BAGE 71, 297; BAG SAE 1997, 31. Dies ließe sich in Bezug auf das Ziel der Verwirklichung des Binnenmarktes durch das Fernabsatzrecht noch bejahen.

gesteigert. Der Verbraucherschutz bei Verträgen mit Unternehmern aus Drittstaaten ist jedoch für die unmittelbare Förderung des europäischen Binnenmarktes als grundlegendem Ziel des EG-Vertrages nicht unerlässlich[537]. Zwar kann sich auch das generell gesteigerte Verbrauchervertrauen, das sich eventuell ergibt, wenn der Verbraucher auch bei Verträgen mit Unternehmern aus Drittstaaten durch das Fernabsatzrecht geschützt wird, positiv auf die innereuropäischen Verbraucherverträge auswirken. Das einen international zwingenden Geltungsanspruch rechtfertigende unbedingte Regelungsziel der Fernabsatzrichtlinie ist jedoch der Schutz bei innereuropäischen Fernabsatzverträgen. Ein allgemeiner Verbraucherschutz geht über das von der Fernabsatzrichtlinie primär beabsichtige Regelungsziel der Förderung des Verbrauchervertrauens bei EG-internen Fernabsatzverträgen hinaus, wie im Folgenden noch ausführlicher gezeigt wird.

In der „*Ingmar*"-Entscheidung hat der EuGH den international zwingenden Charakter der Umsetzungen einiger Bestimmungen der Handelsvertreter Richtlinie bejaht. Der Anwendungsbereich der Handelsvertreterrichtlinie und ihrer Umsetzungen erstreckt sich eigentlich nicht nur auf Handelsvertreter, die innerhalb der EG tätig sind. Anwendungsvoraussetzung ihrer Bestimmungen infolge ihres international zwingenden Charakters ist jedoch laut EuGH, dass ein so enger Bezug zum Binnenmarkt besteht, dass diese wiederum den in den Begründungen der Richtlinie genannten Regelungszielen des Handelsvertreterrechts dienen[538]. Der für die international zwingende Anwendbarkeit des Handelsvertreterrechts entscheidende Bezug zum Gebiet der EG kann nach dem EuGH dadurch hergestellt werden, dass der Handelsvertreter seinen Sitz im Binnenmarkt hat oder seine Tätigkeit im Binnenmarkt ausübt. In diesen Fällen wird der Richtlinienzweck erfüllt, den unverfälschten Wettbewerb innerhalb des Binnenmarktes zu schützen[539]. Die Urteilsbegründungen des EuGH in der Rechtssache „*Ingmar*" weisen deutlich auf den binnenmarktbezogenen Zweck der vom EuGH zu beurteilenden Bestimmungen der Handelsvertreterrichtlinie hin und dass die Anwendung der diese umsetzenden nationalen Bestimmungen unter den vom EuGH aufgestellten Nähevoraussetzungen auch zwangläufig den genannten binnenmarktbezogenen Zielen dient[540].

---

[537] Siehe oben die dahingehenden Vorgaben des EuGH: 3. Teil:D.II.2.a)cc), Seite 164. Siehe zum Unmittelbarkeitserfordernis auch die Ermächtigungsgrundlage der Fernabsatzrichtlinie Art. 95 EG i.V.m. Art. 94 EG.

[538] ABl EG L 382 v. 31.12.1986, 17, Absätze 1 und 2.

[539] EuGH, Rs C-381/98, Urteilsgrund Nr. 23, Slg 2000 I-9325 ff.; Zweifelnd hierzu *Freitag/Leible*, RIW 2001, 287, 292. Für die Anwendbarkeit der Regelungsinhalte der Handelsvertreterrichtlinie unter dieser Bedingung, *Basedow*, FS Reichert-Facilides, 11, 2. Siehe auch *Bitterich*, VuR 2002, 155, 157 m.w.N.

[540] Urteilsgrund Nr. 23 „innerhalb der Gemeinschaft" und Nr. 24 „im Binnenmarkt"; EuGH Entscheidungssammlung I-9325, 9327.

(2) Der Verbraucherschutz als eigenständiges Richtlinienziel der Fernabsatzrichtlinie und ihrer Umsetzungen in den europäischen Rechtsordnungen

Ein sekundäres, eigenständiges Regelungsziel und zugleich der unmittelbare, vordergründige Effekt der fernabsatzrechtlichen Bestimmungen ist auch der Schutz des an einem Fernabsatzvertrag beteiligten Verbrauchers[541]. Der Verbraucherschutz als Selbstzweck der Fernabsatzrichtlinie darf hingegen nicht als das Hauptziel der Fernabsatzrichtlinie gewertet werden, da das europäische Primärrecht keine Ermächtigungsgrundlage zum Erlass von Richtlinien enthält, die als Hauptzweck dem Verbraucherschutz dienen. Zwar richtet sich die Tätigkeit der Europäischen Gemeinschaft nach der allgemeinen Definition des Art. 3 lit. t EG zur Erfüllung der in Art. 2 EG beschriebenen Aufgabe der EG auch auf die Verbesserung des Verbraucherschutzes. Dabei handelt es sich jedoch nur um eine Zielvorgabe, nicht aber um eine konkrete Kompetenzgrundlage[542].
Nach dem dritten Teil, Titel XIV des EG-Vertrages, gehört der Verbraucherschutz zu den Politiken der europäischen Gemeinschaft. Art. 153 EG ist eine Kompetenzgrundlage für europäische Maßnahmen zur Förderung des Verbraucherschutzes. Die Fernabsatzrichtlinie gründet sich kompetenziell auf Art. 95 EG. Nach Art. 153 Abs. 3 a) EG sollen die in Art. 153 Abs. 1 EG genannten Ziele durch Maßnahmen erreicht werden, die die Gemeinschaft im Rahmen der Verwirklichung des Binnenmarktes nach Art. 95 EG erlässt. Die Ziele der Förderung der Interessen der Verbraucher, der Gewährleistung eines hohen Verbraucherschutzniveaus und des Schutzes der wirtschaftlichen Interessen der Verbraucher sowie der Förderung ihres Rechtes auf Information werden nach Art. 153 EG im Rahmen von Maßnahmen verfolgt, die der Verwirklichung des Binnenmarktes dienen sollen. Zur Erreichung dieser Ziele leistet die Gemeinschaft dadurch einen Beitrag, dass sie Maßnahmen zur Unterstützung, Ergänzung und Überwachung der Politiken der Mitgliedstaaten ergreift.

Der Beschluss des europäischen Parlaments und des Rates vom 25.1.1999 konkretisiert die allgemeinen Zielvorgaben von Art. 3 lit. t und Art. 153 EG[543]. Zu den Maßnahmen, zu denen Art. 153 EG ermächtigt, gehört diesem Beschluss

---

541 Diesen Zweck der Fernabsatzrichtlinie verdeutlichen insbesondere auch die der Richtlinie vorangestellten Erwägungsgründe Nr. 5 bis 7; hierzu auch *Sonnenberger*, IPRax 2003, 104, 109.

542 *Dreher*, JZ 1997, 167, 168, 175; Jedoch *Höland*, in: Recht und diffuse Interessen in der Europäischen Rechtsordnung, , 195, 212. Nach Art. 129a EG kann die EG eine binnenmarktunabhängig Schutzpolitik für Verbraucher machen.

543 Beschluss Nr. 83/1999/EG des europäischen Parlaments und des Rates vom 25.1.1999 über einen allgemeinen Rahmen für Gemeinschaftstätigkeiten zugunsten der Verbraucher. ABl EG L 34 v.9.2.1999, 1 ff.

zufolge insbesondere der Schutz der wirtschaftlichen Interessen der Verbraucher[544]. Erwägungsgrund 13 des Beschlusses von 25.1.1999, demzufolge auf dem allgemeinen Rahmen des Verbraucherschutzes beruhende Aktionen dazu beitragen sollen, die Interessen der Verbraucher auf internationaler Ebene zur Geltung zu bringen, spricht für einen international zwingenden Geltungsanspruch des Fernabsatzrechts[545]. Andererseits sagt Kapitel I Art. 2 des Beschlusses deutlich, worin Maßnahmen zur Ergänzung und zur Unterstützung von Mitgliedstaatspolitiken im Sinne des Art. 153 Abs. 3 EG bestehen können. Dies sind Finanzierungsmaßnahmen und Aktionen der Kommission. Nicht dazu zählt der Erlass von Richtlinien, die dem allgemeinen Verbraucherschutz dienen. Insofern ließe sich das Regelungsziel des allgemeinen Verbraucherschutzes der Fernabsatzrichtlinie kompetenziell auch nicht allein mit Art. 153 EG begründen.

Nach den Ausführungen des Generalanwalts in den Schlussanträgen in der Rechtssache *Ingmar GB Ltd gegen Eaton Leonard Technologies Inc.* sind die „*Ausübung eines fairen Wettbewerbs und das Erfordernis eines sozialen Mindestschutzes nicht nur Mittel im Dienste der gemeinschaftlichen Freiheiten*", sondern „*eigenständige Ziele, die es rechtfertigen, dass die Richtlinie auf Sachverhalte anwendbar ist, bei denen es nicht unmittelbar und sofort um die Freizügigkeit der Wirtschaftteilnehmer innerhalb der Gemeinschaft geht*"[546]. Der Generalanwalt abstrahiert mit diesem Worten die Ziele der Handelsvertreterrichtlinie, sieht sie also losgelöst von ihrer Wirkung innerhalb der europäischen Gemeinschaft. Meines Erachtens lassen die Fernabsatzrichtlinie und ihre Begründungserwägungen dies in Bezug auf ihre verbraucherschützende Absicht nicht zu. Da das Fernabsatzrecht nicht aus seiner gemeinschaftsrechtlichen Funktion heraus einen international zwingenden Geltungsanspruch hat, bedarf es der Schaffung einer Kollisionsnorm, die ihm diesen zuspricht.

Die Übertragung der Vorgaben des EuGH in der Rechtssache „*Ingmar*" auf das europäische Fernabsatzrecht spricht nicht für dessen international zwingenden Charakter. Demnach müsste die Einhaltung der fernabsatzrechtlichen Bestimmungen für die Verwirklichung der Ziele des EG-Vertrages unerlässlich und für die gemeinschaftliche Rechtsordnung von grundlegender Bedeutung sein. Für die Förderung des Binnenmarktes als primäres Ziel der Fernabsatzrichtlinie ist allein die Stärkung des Verbrauchervertrauens bei EU-internen Fernabsatzverträgen förderlich und ein international zwingender Charakter des deutschen Fernabsatz-

---

544 Kapitel I Art. 2 i.V.m. 4b) i.V.m. Anhang Nr. 2, Gedankenstrich 2, 3 und 7 des Beschlusses.
545 ABl EG L 34 v.9.2.1999, 2
546 Schlussanträge des Generalanwalts Nr. 47-53, EuGH, Slg. I-9307, 9309.

rechts nicht erforderlich. Für eine Rechtsnorm zum Schutze der Verbraucher bei Vertragsabschlüssen im Fernabsatz als Selbstzweck bietet der EG-Vertrag keine Rechtsgrundlage.

2. *Die jüngste BGH-Rechtsprechung zum international zwingenden Charakter richtlinienbasierten Verbraucherschutzrechts*

Dem Urteil des Bundesgerichtshofs vom 13.12.2005 lag die Klage einer in der Schweiz ansässigen Bank zugrunde, die einen in Deutschland lebenden Steuerberater auf Rückzahlung eines Darlehens in Anspruch nahm. In seinem Urteil hatte der BGH u.a. über die Frage zu entscheiden, ob das deutsche VerbrKrG zu den zwingenden Vorschriften iSd Art. 34 EGBGB zählt[547]. Er verneint diese Frage, da das deutsche VerbrKrG dem Schutz des einzelnen Verbrauchers diene, während Belange der Allgemeinheit nur reflexartig mitgeschützt würden. Zudem sei Zurückhaltung bei der Bejahung eines international zwingenden Charakters einer Norm geboten. In Zweifelsfällen sei davon auszugehen, dass eine Vorschrift keine international zwingende Geltung beanspruche. Im entschiedenen Einzelfall wurde ein internationaler Geltungswille zudem auch nicht aus dem richtlininienrechtlichen Ursprung des VerbrKrG hergeleitet, da die entscheidungserheblichen Bestimmungen als nationale Schutzverstärkungen über den Mindestschutzstandard der Verbraucherkreditrichtlinie hinausgingen.

Der BGH berücksichtigt in der Auslegung des deutschen VerbrKrG insbesondere dessen Zielsetzung und den Aspekt seines gemeinschaftsrechtlichen Ursprungs. Ausgangspunkt für die Ablehnung eines international zwingenden Charakters der deutschen Verbraucherkreditbestimmungen war, dass nur solche Vorschriften von Art. 34 EGBGB erfasst werden, die nicht nur dem Schutz und Ausgleich widerstreitender Interessen der Vertragsparteien und damit reinen Individualinteressen dienen dürfen, sondern nach ihrer eigenen Zielsetzung selbst und unmittelbar mindestens auch öffentliche Gemeinwohlinteressen verfolgen müssen. Das VerbrKrG diene seiner Zielsetzung nach dem Schutz des Verbrauchers vor der Gefährdung seiner wirtschaftlichen Interessen sowie der Korrektur der strukturellen Ungleichgewichtslage gegenüber dem professionellen Anbieter und damit dem Interessensausgleich zwischen den Vertragsparteien[548]. Dass daneben auch ein öffentliches Interesse an einem privatrechtlichen Verbraucherschutz mit dem Sozialstaatsprinzip, der Marktregulierungsfunktion von Verbrauchervertragsrecht oder dem Interesse an einem funktionierenden Binnenmarkt begründet werden

---

[547] BGH, Urt. v. 13.12.2006, NJW 762 ff.
[548] BGH, Urt. v. 13.12.2006, NJW 2006, 762, 764.

könne, ändere nichts. Das Verbraucherkreditgesetz verfolge dieses Interesse nämlich nicht. Es handele sich vielmehr insoweit um eine bloße Nebenwirkung, wie sie mit vielen Gesetzen verbunden sei, die dem Schutz einer bestimmten Bevölkerungsgruppe dienen. Ein solcher reflexartiger Schutz öffentlicher Gemeinwohlinteressen reiche für eine Anwendung des Art. 34 EGBGB nicht aus.

Die deutschen Verbraucherschutzbestimmungen, die auf europäischen Richtlinien beruhen, verfolgen in weitgehend vergleichbarer Weise öffentliche Gemeinwohlinteressen. Wenn man wie der BGH im vorliegenden Urteil zunächst den gemeinschaftsrechtlichen Ursprung außer Acht lässt, ist jeweils der Verbraucherschutz im Privatrechtsverkehr das vordringliche Regelungsziel. Indem der BGH dem VerbrKrG einen international zwingenden Geltungsanspruch abspricht, sofern noch die europäische Dimension außer Betracht bleibt, stärkt der BGH die Funktion von Art. 29 und Art. 29a EGBGB und verhindert einen Konturverlust des kollisionsrechtlichen Verbraucherschutzes durch eine Übernahme von Verbraucherschutzfunktionen durch Art. 34 EGBGB. Die Übertragung der Argumentation des BGH auf das deutsche Fernabsatzrecht müsste in gleicher Weise zur Ablehnung eines international zwingenden Charakters führen. Die vom BGH aufgeführten Auswirkungen des VerbrKrG für das Gemeinwohl sind mit jenen des deutschen Fernabsatzrechts vergleichbar. Auch dieses hat Marktregulierungsfunktion und trägt zur Verwirklichung des Binnenmarktes bei. Beim Fernabsatzrecht steht die Verfolgung der genannten öffentlichen Interessen nicht stärker im Vordergrund als bei den Verbraucherkreditbestimmungen.

Mit Verweis auf das oben untersuchte Urteil des EuGH in der Rechtssache „Ingmar“ betont der BGH, dass sich ein international zwingender Geltungsanspruch einer einzelstaatlichen Rechtsnorm auch aus seinem gemeinschaftsrechtlichen Ursprung ergeben kann. Ein international zwingender Charakter einer Umsetzungsnorm aufgrund der Richtlinie könne aber nur für den Mindeststandard angenommen werden, nicht aber für etwaige nationale Schutzverstärkungen[549]. Diese Klarstellung seitens des BGH ist für die Beurteilung des international zwingenden Charakters einzelstaatlichen Rechtsnormen, die der Umsetzung europäischer Richtlinienbestimmungen dienen, von großer Bedeutung. Da es im entschiedenen Fall auf die Anwendbarkeit von ebensolchen Bestimmungen ankam, ging der BGH auf die Frage des international zwingenden Charakters des VerbrKrG aufgrund seines gemeinschaftsrechtlichen Ursprungs nicht abschließend ein.

Übertragen auf das europäische Fernabsatzrecht bedeutet diese Rechtsprechung, dass ein international zwingender Charakter einzelstaatlichen Fernabsatzrechts aufgrund des gemeinschaftsrechtlichen Ursprungs und unter Berücksichtigung der

---

[549] BGH, Urt. v. 13.12.2006, NJW 2006, 762, 764.

gemeinschaftsrechtlichen Regelungsziele insoweit begründet sein kann, als der Mindestschutzstandard der Fernabsatzrichtlinie umgesetzt wurde. Schutzerweiterungen im Fernabsatzrecht nach der Umsetzung in einzelstaatliches Recht, wie sie häufig vorgenommen wurden, wie der oben durchgeführte Rechtsvergleich zeigt, kann nach der Rechtsprechung des BGH nicht aufgrund des gemeinschaftsrechtlichen Ursprungs des Fernabsatzrechts international zwingenden Charakter beigemessen werden. Ob das deutsche Fernabsatzrecht aufgrund seines gemeinschaftsrechtlichen Ursprungs einen international zwingenden Geltungsanspruch hat und ob daneben auch die über die Fernabsatzrichtlinie hinausgehenden Erweiterungen des Verbraucherschutzes über Art. 34 EGBGB zur Anwendung kommen können, wird im Folgenden zu untersuchen sein.

3. Art. 12 Abs. 2 der Fernabsatzrichtlinie als Argument gegen einen international zwingenden Anwendungswillen der Fernabsatzrichtlinie

Die Handelsvertreterrichtlinie enthält keine Art. 12 Abs. 2 der Fernabsatzrichtlinie entsprechende kollisionsrechtliche Bestimmung, die dem EuGH in der Rechtssache *Ingmar* als Hinweis bezüglich des internationalen Anwendungsbereichs hätte dienen können. Teilweise wird angenommen, zwingendes richtlinienbasiertes Recht habe in Ermangelung einer solchen Kollisionsnorm international zwingenden Charakter[550].

Art. 12 Abs. 2 trägt den Mitgliedstaaten die Vorgabe für die Umsetzung der Fernabsatzrichtlinie auf, dass der Verbraucher den fernabsatzrechtlichen Schutz im Falle der Wahl der Rechtordnung eines Drittlandes nicht verlieren darf. Der Schutzauftrag bezieht sich nur auf Fälle der Wahl drittstaatlichen Rechts. Die Fernabsatzrichtlinie enthält keine Vorgaben dazu, ob dem Verbraucher der fernabsatzrechtliche Schutz auch dann erhalten bleiben soll, wenn ein Verbrauchervertrag aufgrund objektiver Anknüpfung dem Recht eines Drittstaates unterliegt. Daraus kann geschlossen werden, dass die Fernabsatzrichtlinie nur begrenzt internationale Geltung beansprucht[551]. Wenn die Bestimmungen der Fernabsatzrichtlinie international zwingenden Charakter haben sollten, so hätte dies in Art. 12 Abs. 2 zum Ausdruck gebracht werden können. Art. 12 Abs. 2 will gerade in Verbindung mit und vor dem Hintergrund von Art. 12 Abs. 1 nur verhindern, dass der Verbraucher, eventuell unter dem Einfluss des Unternehmers, im Wege einer Rechtswahl selbst auf den Mindestschutz des europäischen Fernabsatzrechts ver-

---

[550] *Jayme/Kohler*, IPRax 2000, 454, 455.

[551] *Sonnenberger*, IPRax 2003, 104, 108; *Wagner*, IPRax 2000, 249, 253; *Bamberger/Roth-Spickhoff*, Art. 29a EGBGB Rn. 7; *Palandt-Heldrich*, Art. 29a EGBGB Rn. 7. A.A.: *Wendehorst*, in: Europäische Bezüge des Privatrechts, S. 350 Rn. 46.

zichtet. Das Ziel der Binnenmarktförderung vor Augen, beansprucht das Fernabsatzrecht, jedenfalls nach den Vorgaben der Fernabsatzrichtlinie, nicht außerhalb der Erreichung dieses Zieles internationale Geltung[552]. Auch der Vergleich von Art. 12 Abs. 2 der Fernabsatzrichtlinie mit den Kollisionsnormen anderer Verbraucherschutzrichtlinien lässt nicht darauf schließen, dass eine Beschränkung auf die Wahl eines Drittstaatenrechts nicht gewollt sei[553].

4. Die Umsetzung von Art. 12 Abs. 2 Fernabsatzrichtlinie in Art. 29a EGBGB als allseitige Kollisionsnorm

Art. 12 Abs. 2 Fernabsatzrichtlinie wurde durch Art. 29a EGBGB in deutsches Recht umgesetzt[554]. Da anderenfalls kein Umsetzungsbedarf bestanden hätte, wurde bei der Umsetzung von Art. 12 Abs. 2 in das deutsche Recht dem Fernabsatzrecht daher kein international zwingender Charakter im Sinne von Art. 34 EGBGB beigemessen. Während zunächst eine einseitige Sonderanknüpfung des deutschen Fernabsatzrechts durch Art. 29a EGBGB erwogen worden war, wurde letztlich stattdessen bewusst die Form einer allseitigen Sonderanknüpfungsnorm gewählt, durch die das Recht sämtlicher EU-Staaten zur Anwendung berufen werden kann[555]. Wenn das deutsche Fernabsatzrecht aber international zwingend im Sinne von Art. 34 EGBGB wäre, so würde es ausschließlich sich selbst einseitig zur Anwendung berufen. Es wurde jedoch kein sachlicher Grund dafür gesehen, Art. 29a EGBGB einseitig auszugestalten. Wenn ein Vertrag, wie von Art. 12 Abs. 2 Fernabsatzrichtlinie vorgesehen, Bezug zur EU hat, dabei aber keinen Bezug zur BRD, führe die Anwendung des deutschen Fernabsatzrechts zu nicht vorhersehbaren und sachlich nicht gerechtfertigten Ergebnissen[556]. Der deutsche Gesetzgeber entschied sich gegen eine einseitige Berufung des deutschen Rechts aufgrund der bestehenden Unterschiede in den nationalen Umsetzungen in den Mitgliedstaaten und aus Respekt vor dem Geltungsanspruch der anderen

---

[552] Art. 29a EGBGB gilt hingegen auch, wenn bei einem Vertrag mit einem Drittstaatenunternehmer Drittstaatenrecht gewählt wird. Dazu *Basedow*, FS Reichert-Facilides, 11, 14.

[553] *Grundmann*, Europäisches Schuldvertragsrecht, 273. So aber *Leible*, in: Europäische Rechtsangleichung und nationale Privatrechte, 353, 367.

[554] Im Hinblick auf den bestehenden kollisionsrechtlichen Normenbestand wurde dafür entsprechender Umsetzungsbedarf gesehen. Nach der Begründung zum Entwurf des FernAbsG, BT-Drs. 14/2658, 28; mit Verweis auf *Kronke*, RIW 1996, 985; *Lurger*, FS Posch, 181, 187.

[555] Stellungnahme des BR zum Entwurf des Fernabsatzgesetzes, BT-Drs. 14/2920, 7; hierzu auch *Sonnenberger*, IPRax 2003, 104, 108.

[556] Gegenäußerung Bundesregierung zu den Änderungsvorschlägen des BR (BT-Drs. 14/2920, 7) zum Entwurf des Fernabsatzgesetzes, BT-Drs. 14/2920, 16.

europäischen Umsetzungen. Daraus kann geschlossen werden, dass dem Fernabsatzrecht vom deutschen Gesetzgeber auch kein international zwingender Charakter beigemessen wurde.

5. *Die Sicherung des europäischen Verbraucherschutzniveaus und Art. 34 EGBGB*

Bei Sachverhalten mit Bezug zu einem EU-Staat und zu einem Drittstaat ist auf dem Gebiet des europaweit angeglichenen Verbraucherschutzes eine kollisionsrechtliche Abgrenzung des EU-Standards von jenem drittstaatlicher Rechtsordnungen möglich. Die kollisionsrechtlichen Bestimmungen der Verbraucherschutzrichtlinien erfüllen eine marktabgrenzende Aufgabe[557]. Die Abgrenzung des europäischen Marktes von Drittstaaten wiederum ist ein notwendiger Bestandteil der Rechtsharmonisierungsmaßnahmen. Durch kollisionsrechtliche Vorgaben in Richtlinien wird auch sichergestellt, dass die Frage nach der international privatrechtlichen Anwendbarkeit der Bestimmungen in allen Mitgliedstaaten gleich beantwortet wird. Die kollisionsrechtlichen Bestimmungen in den europäischen Verbraucherschutzrichtlinien sind zumeist darauf ausgelegt, diesen Standard durch einseitige Anknüpfung des Rechts eines europäischen Mitgliedstaates zu gewähren und erhalten dadurch den Charakter europäischer Eingriffsnormen[558]. Art. 34 EGBGB eröffnet jedoch einseitig die Möglichkeit der Anwendung des deutschen international zwingenden Rechts und ist daher nicht geeignet, einem international zwingenden Charakter des einheitlichen europäischen Verbraucherschutzniveaus im Fernabsatzrecht zur Geltung zu verhelfen[559]. Der europäische Gesetzgeber müsste dem europäischen Fernabsatzrecht durch Schaffung einer entsprechenden Kollisionsnorm international zwingende Geltung verleihen[560].

---

[557] Siehe hierzu *Nemeth*, Kollisionsrechtlicher Verbraucherschutz in Europa, 93, 97; *Legerer*, FS Reichert-Facilides, 53 ff.

[558] *Leible*, in: Europäische Rechtsangleichung und nationale Privatrechte, 353, 364; *Kindler*, BB 2001, 11, 12; *Basedow*, FS Reichert-Facilides, 11, 19; *Lurger*, FS Posch, 181, 200.

[559] So auch *Paefgen*, ZEuP 2003, 266, 287. Der Ansatz einer Regelung über Art. 34 EGBGB ist eher ein Symptom des „unvollendeten Binnenmarktes“, *Basedow*, FS Reichert-Facilides, 11, 33.

[560] Ähnlich *Staudinger*, NJW 2001, 1974, 1977. Nach der Ansicht von *Staudinger* hat das Hautürwiderrufsrecht zwar international zwingenden Charakter. Jedoch plädiert auch *Staudinger* für eine ausdrückliche gesetzliche Verankerung dieses Anwendungswillens. Für die Handelsvertreterproblematik *Basedow*, FS Reichert-Facilides, 11, 30. Siehe hierzu auch die Anregung der *Kommission der Europäischen Gemeinschaften*, Grünbuch über die Umwandlung des EVÜ, Nr. 3.1.2 ff., KOM (2002), 654 endg.

Aufgrund der Unanwendbarkeit von Art. 34 EGBGB wird in der Literatur teilweise vorgeschlagen, einem etwaigen international zwingenden Anwendungswillen des europäischen fernabsatzrechtlichen Mindestschutzstandards im Wege einer analogen Anwendung von Art. 29a EGBGB Rechnung zu tragen[561]. Nach den oben gemachten Ausführungen ist jedoch eine derartige Analogie zu Art. 29a EGBGB abzulehnen[562].

Für innereuropäische Sachverhalte gilt zudem Folgendes: Da aufgrund der Vorgaben der Fernabsatzrichtlinie europaweit ein Mindeststandard des Verbraucherschutzes bei Fernabsatzverträgen gesichert ist, sollte jeder Mitgliedstaat die Andersartigkeit der fernabsatzrechtlichen Bestimmungen der anderen Mitgliedstaaten respektieren und nicht sein eigenes nationales Fernabsatzrecht durch einen internationalen Geltungsanspruch über das der anderen Staaten stellen[563].

IV. Die Anwendbarkeit des Fernabsatzrechts anderer europäischer Rechtsordnungen aufgrund einer allseitigen Anwendung von Art. 34 EGBGB

Die kollisionsrechtliche Behandlung international zwingender Bestimmungen fremder Rechtsordnungen durch die lex fori ist äußerst umstritten[564]. Dem *„kollisionsrechtlichen Ansatz"* zufolge, kann Art. 34 EGBGB in einer Art. 7 Abs. 1 EVÜ entsprechenden Weise allseitig angewendet werden[565]. Zwar erklärte die Bundesrepublik Deutschland gem. Art. 22 Abs. 1a) EVÜ den Vorbehalt gegenüber Art. 7 Abs. 1 EVÜ und infolgedessen wurde dieser nicht in das EGBGB übernommen. Dies steht einer kollisionsrechtlichen Berücksichtigung international zwingender Bestimmungen anderer Staaten jedoch nicht entgegen[566]. Unter Umständen kann sogar eine völkerrechtliche oder europarechtliche Verpflichtung dazu bestehen[567]. Die Berufung ausländischer zwingender Bestimmungen sollte sich

---

561 *Mankowski*, MDR 2002, 1352, 1353.

562 Siehe oben 3. Teil:C.V, Seite 154.

563 Ausschließlich zur Anwendung der eigenen Rechtsordnung führt die Umsetzung von Art. 12 Abs. 2 Fernabsatzrichtlinie in das *italienische* Recht, Decreto Legislativo No 185 del 22.5.1999, Articolo 11 Abs. 2 und die Umsetzung in das *luxemburgische* Recht, Loi du 16 avril 2003, Art. 11.

564 Siehe hierzu *Leible*, ZVglRWiss 97 (1998), 286, 299, mit weiteren Nachweisen. Auf den Meinungsstreit zu dieser Frage soll hier nicht weiter eingegangen werden, da sie im Rahmen der vorliegenden Untersuchung offen bleiben kann, wie sich im Folgenden zeigen wird.

565 Vertreten von *Leible*, ZVglRWiss 97 (1998), 286, 299; *Busse*, ZVglRWiss 95 (1996), 386, 409.

566 *Schurig*, RabelsZ 54 (1990), 217, 235.

567 *Sonnenberger*, IPRax 2003, 104, 114.

an den Voraussetzungen des Art. 7 Abs. 1 EVÜ orientieren. Der Sachverhalt muss eng mit dem Staat verbunden sein, dessen Recht angewendet werden soll. Zudem muss das ausländische Recht auch angewendet werden „wollen“, d.h. einen international zwingenden Anwendungsbefehl enthalten[568]. In der Literatur wird als zusätzliche Voraussetzung für die Anwendung ausländischen zwingenden Rechts gefordert, dass dessen Anwendung den Interessen der deutschen Rechtsordnung entspricht[569].

Die meisten europäischen Rechtsordnungen messen ihrem Fernabsatzrecht jedoch keinen international zwingenden Geltungsanspruch bei, sondern berufen das Fernabsatzrecht über Sonderanknüpfungsnormen als national zwingendes Recht zur Anwendung[570]. Bei der Untersuchung des international zwingenden Charakters einer Rechtsnorm kommt auch der „Internationalisierungsfähigkeit“ des international zwingenden Charakters der jeweiligen Regelung Bedeutung zu[571]. Der international zwingende Anwendungswille einer Norm muss im Sinne der internationalen Anerkennung auch international akzeptiert werden können[572]. Dass das Fernabsatzrecht in den anderen europäischen Staaten keinen international zwingenden Charakter hat, ist insofern auch ein weiteres Argument gegen einen international zwingenden Charakter des deutschen Fernabsatzrechts.

---

568 *MünchKomm-Martiny*, Art. 34 EGBGB Rn. 134.

569 *MünchKomm-Sonnenberger*, Einl. IPR Rn. 76 ff.; *Schurig*, RabelsZ 54 (1990), 217, 239.

570 Siehe oben, 1. Teil:B.V, Seite 41. Ebenso die *französische* Rechtsordnung, nach der das Fernabsatzrecht den Standard des ordre public hat, was soviel heißt, wie „nationale zwingend“, anstatt „international zwingend“. Auch hielt der Kassationshof die Bestimmungen zu Handelsvertretern im Gegensatz zum EuGH nicht für international zwingend. *Jayme*, IPRax 2001, 190, 190; Cours de Cass., 28.11.2000, Dalloz-Jurisprudence, 2001, 305.

571 *Staudinger-Magnus*, Art. 34 EGBGB Rn. 70.

572 *Basedow*, FS Reichert-Facilides, 11, 18. Zu zwingenden Bestimmungen im innereuropäischen grenzübergreifenden Rechtsverkehr Mitteilung der Kommission an Rat und Parlament KOM (2001), 398, endg., 8 Nr. 28.

E. Die Anwendbarkeit des deutschen Fernabsatzrechts nach Art. 6 EGBGB

Nach der allgemeinen Vorbehaltsklausel des Art. 6 EGBGB „*ist eine Rechtsnorm eines anderen Staates nicht anzuwenden, wenn ihre Anwendung zu einem Ergebnis führt, das mit wesentlichen Grundsätzen des deutschen Rechts offensichtlich unvereinbar ist*“. Ungeschriebene Voraussetzung für das Eingreifen der ordre public- Klausel ist ein hinreichender Bezug des Sachverhaltes zum Inland[573].

I. Art. 6 EGBGB und die positive Wirkung des deutschen ordre public

Dem ordre public kommt in der Hauptsache eine „*negative Funktion*“ zu. Dem Wortlaut des Art. 6 EGBGB entsprechend verhindert der deutsche ordre public die Anwendung des ausländischen Rechts, wenn das Ergebnis der Anwendung der ausländischen Norm unverzichtbaren Grundlagen und dem Kernbestand der deutschen Rechtsordnung widerspricht und daher als unerträglich empfunden wird[574]. Teilweise wird dem ordre public in der Literatur zusätzlich eine „*positive Funktion*“ beigemessen, aufgrund derer Rechtsnormen, die Ausdruck inländischer fundamentaler Rechtsgrundsätze sind, unmittelbar zur Anwendung kommen, ohne dass vorher das Ergebnis der Anwendung des kollisionsrechtlich einschlägigen Rechts zu prüfen wäre[575]. Nach vorzugswürdiger Ansicht ist jedoch die unmittelbare Anwendbarkeit einer inländischen Norm aufgrund einer „*positive Funktion*“ des ordre public abzulehnen und der internationale Geltungsanspruch einer Sachnorm stattdessen davon abhängig zu machen, ob sie international zwingend i.S.d. Art. 34 EGBGB ist[576].

---

[573] *Kegel/Schurig*, IPR, 463; *Baumert*, Ordre public und Sonderanknüpfung, 236; *Spickhoff*, BB 1997, 2593, 2598; *Dölle*, in: Beiträge zum Bürgerlichen Recht, 397, 409.

[574] *Palandt-Heldrich*, Art. 6 EGBGB Rn. 1, 2; BGHZ 50, 370, 375; BGHZ 75, 32, 43; BGHZ 118, 331; LG Saarbrücken, FamRZ 1992, 849; BT-Drs. 10/504, 42; *Dölle*, in: Beiträge zum Bürgerlichen Recht, 397, 397.

[575] *Siehr*, RabelsZ 36 (1972), 93, 98, 105; siehe hierzu detailliert *MünchKomm-Sonnenberger*, Art. 6 EGBGB Rn. 5 mit Fn. 16; *Kropholler*, IPR § 36 II, 243; *Spickhoff*, Der ordre public im Internationalen Privatrecht, 112.

[576] *MünchKomm-Sonnenberger*, Art. 6 EGBGB Rn. 9; *Spickhoff*, Der ordre public im Internationalen Privatrecht, 137; *Kropholler*, IPR § 36 II, 243; *Palandt-Heldrich*, Art. 6 EGBGB Rn. 3; *Brödermann/Iversen-Iversen*, Europäisches Gemeinschaftsrecht und Internationales Privatrecht, 415, Rn. 958. OLG Hamm, Urt. v. 1.12.1988, NJW-RR 1989, 496; AG Osnabrück, Urt. v. 24.3.1988, IPRspr 1988 Nr. 21a; LG Düsseldorf, NJW-RR 2001, 2220; LG Stade, IPRspr 1989 Nr. 39; LG Hildesheim Urt. v. 11.12.1991, IPRax 1993, 173; LG Naumburg, IPRspr 1998 Nr. 30;

Art. 6 EGBGB und der deutsche ordre public können jedoch möglicherweise noch auf andere Weise zur Anwendbarkeit des deutschen Fernabsatzrechts führen. Die Nichtanwendung einer Norm der kollisionsrechtlich einschlägigen Rechtsordnung aufgrund der *„negativen Wirkung"* des ordre publics hat eine Regelungslücke zur Folge. Bei der Schließung dieser Regelungslücke ist es das ausschließliche Ziel, ein Rechtsanwendungsergebnis zu finden, das sich mit dem deutschen ordre public vereinbaren lässt. Um sowohl dem ordre public, als auch dem Willen des kollisionsrechtlichen Gesetzgebers gerecht zu werden und um den internationalen Entscheidungseinklang zu wahren, muss die Ausfüllung dieser Regelungslücke von der nicht anwendbaren ausländischen Bestimmung ausgehen und sich an dieser orientieren[577]. Anstatt direkt deutsche Bestimmungen anzuwenden, müssen die Möglichkeiten ausgeschöpft werden, das ausländische Recht in einer mit dem deutschen ordre public konformen Weise auszulegen[578]. Wenn dies nicht möglich ist, kann die ausländische Norm allerdings auch durch eine Norm der lex fori ersetzt werden[579].

II. Der im Fernabsatzrecht verankerte Grundsatz des Verbraucherschutzes als „wesentlicher Grundsatz der deutschen Rechtsordnung" ?

In der Absicht, Schutzlücken im kollisionsrechtlichen Verbraucherschutzsystem der Art. 27 ff. EGBGB zu schließen, wurde der ordre-public-Charakter einzelner deutscher Verbraucherschutznormen von der Rechtsprechung[580] und der Literatur[581] bejaht. Als Maßstab des für die Anwendung von Art. 6 EGBGB erforderli-

---

Mankowski, RIW 1993, 453, 462; *Taupitz*, BB 1990, 642, 650; *Schwarz*, Schutzkollisionen im internationalen Verbraucherschutz, 203; *Kohte*, EuZW 1990, 150, 151; *Coester-Waltjen*, FS Lorenz, 315.

[577] BGH, FamRZ 1993, 318; LG Hamm, FamRZ 1993, 115; LG Düsseldorf, FamRZ 1998, 1114; *Dölle*, in: Beiträge zum Bürgerlichen Recht, 397, 408; *Paefgen*, ZEuP 2003, 266, 288. Für die direkte Anwendbarkeit der lex fori, *Taupitz*, BB 1990, 642, 650.

[578] *Van Meenen*, Lauterkeitsrecht und Verbraucherschutz im IPR, 92; *Jayme*, Methoden der Konkretisierung des ordre public im IPR, 35 ff.; *Soergel-Kegel*, Art. 6 EGBGB Rn. 35.

[579] *Palandt-Heldrich*, Art. 6 EGBGB Rn. 3; LG Schleswig, NJW-RR 2001, 1372; *MünchKomm-Sonnenberger*, Art. 6 EGBGB Rn. 92; *Staudinger-Blumenwitz*, Art. 6 EGBGB Rn. 25; *v.Hoffmann*, in: European Private International Law, 19, 23 Rn. 9.

[580] Bezüglich des HaustürWG: LG Bamberg, Urt. v. 17.1.1990, NJW-RR 1990, 694; IPRspr 1990 Nr. 27; OLG Celle, Urt. v. 28.8.1990, RIW 1991, 423; IPRspr 1990 Nr. 41; AG Lichtenfels, Urt. v. 24.5.1989, IPRax 1990, 236; IPRspr 1989 Nr. 40.

[581] *Püls*, JUS 1991, 566, 571; *Mankowski*, RIW 1996, 8, 10-12; *v.Hoffmann*, IPR, § 6 Rn. 138; *Löwe*, BB 1986, 821, 825 Fn. 33; *Reich*, RabelsZ 56 (1992), 444, 483 mit Fn. 107; *Kropholler*, RabelsZ 42 (1978), 634, 635; *v.Hoffmann*, in: European Private International Law, 19, 23 Rn. 9;

chen Nähebezuges zum Gebiet der Bundesrepublik Deutschland werden von Vertretern dieser Ansicht die Nähevoraussetzungen des Art. 29 Abs. 1 EGBGB entsprechend herangezogen[582]. Aufgrund der Rechtsangleichung in Europa auf dem Gebiet des Verbraucherschutzes kommt eine Anwendung der Vorbehaltsklausel zudem überhaupt nur in Betracht, wenn nach kollisionsrechtlicher Anknüpfung das Recht eines Drittstaates auf den Vertrag anwendbar ist[583].

Dem deutschen Verbraucherschutzrecht, zum dem auch das deutsche Fernabsatzrecht zählt, generell den Stellenwert des deutschen ordre publics zu verleihen, um den Verbraucher umfassend auch in grenzübergreifenden Fällen zu schützen, überzeugt hingegen weite Teile in Rechtsprechung[584] und Literatur[585] aus einer Vielzahl von Gründen zu recht nicht. Die positive Wirkung des ordre public kann zwar in bestimmten Fällen dazu führen, dass an die Stelle der ordre public-widrigen ausländischen Normen Bestimmungen der lex fori treten. Dies sollte hingegen nicht der Hauptzweck des Eingreifens des ordre public Vorbehaltes sein. Die primäre Wirkung des ordre publics bleibt die Verhinderung der Anwendung des ausländischen Rechts. Zu wesentlichen Grundsätzen einer Rechtsordnung avancieren nur lange bestehende Rechtsprinzipien. Häufigen Veränderungen unterliegende Rechtsbereiche hingegen haben nicht den Rang unverzichtbarer Rechtsgrundsätze, da sie sich aufgrund ihrer Neuheit oder ihrer häufigen Veränderungen noch nicht als unverzichtbar erweisen konnten[586]. Aufgrund seines Ausnahmecha-

---

Kreuzer, ZfRV 1992, 168, 185-186; *Vékás*, FS Siehr, 775, 782; *Keller*, FS Vischer, 175, 180; *Mankowski*, RIW 1998, 287, 291.

[582] *Mankowski*, RIW 1993, 453, 462.

[583] Dazu *Steindorff*, EuR 1981, 426, 440.

[584] OLG Hamm Urt. v. 1.12.1988, NJW-RR 1989, 496; IPRspr 1988 Nr. 21b; LG Düsseldorf, NJW-RR 2001, 2220; RIW 1995, 416; LG Stade, IPRspr 1989 Nr. 39; LG Hildesheim, Urt. v. 11.12.1991, IPRax 1993, 173; LG Bielefeld, NJW-RR 1999, 1283; LG Naumburg IPRspr 1998 Nr. 30.

[585] *Mankowski*, RIW 1993, 453, 462; *Taupitz*, BB 1990, 642, 650; *Schwarz*, Schutzkollisionen im internationalen Verbraucherschutz, 203; *Kohte*, EuZW 1990, 150, 151, 153; *Coester-Waltjen*, FS Lorenz 297, 315; *Baumert*, RIW 1997, 805, 811; *Schlechtriem*, FS Lorenz, 565, 573; *Boehme-Neßler*, Cyberlaw, 62; *Lorenz*, RIW 1987, 569, 572; *Ebke*, in: Europäisches Gemeinschaftsrecht, 99; *Staudinger*, RIW 2000, 416, 420; *Bamberger/Roth-Spickhoff*, Art. 29a EGBGB Rn. 7; *Spickhoff*, BB 1997, 2593, 2601; *Soergel-v.Hoffmann*, Art. 29 EGBGB Rn. 35. Zum Vorrang von Art. 34 EGBGB bei *Langenfeld*, IPRax 1993, 155, 156.

[586] *Jayme*, Methoden zur Konkretisierung des ordre public, 33; *Taupitz*, BB 1990, 642, 650 ff.; AG Wuppertal, Urt. v. 12.6.1992, VuR 1993, 58; *Lüderitz*, IPRax 1990, 216, 218; *Sack*, IPRax 1992, 24, 28; *Schwarz*, Schutzkollisionen im Internationalen Verbraucherschutz, 203 ff.; *Coester-Waltjen*, FS Lorenz, 297, 315. Aus diesem Grunde hat auch Art. 29a EGBGB entgegen seinem Referentenentwurf von 1999 nicht den Charakter einer speziellen ordre-public-Norm. *Staudinger*, RIW 2000, 416, 419. A.A.: Referentenentwurf, BMJ, Stand v. 31. 5. 1999, Referat I B 2 3420/124, 111; *Bamberger/Roth-Spickhoff*, Art. 29a EGBGB Rn. 1.

rakters sollte Art. 6 EGBGB zudem restriktiv gehandhabt werden[587]. Das deutsche Fernabsatzrecht gehört nicht zum wesentlichen Kernbestand der deutschen Rechtsordnung i.S.d. Art. 6 EGBGB[588].

III. Verbraucherschutz als „europäischer ordre public“ ?

Der deutsche ordre public besteht jedoch nicht ausschließlich aus Rechtsgrundsätzen, die der deutschen Rechtsordnung entstammen. Da das Recht der EG für Deutschland verbindlich ist, fließen europäische Rechtsgrundsätze unter der Bezeichnung „*europäischer ordre public*“[589] auch in die deutsche Rechtsordnung mit ein und sind Teil des deutschen internationalen ordre publics[590]. Dass der europäische Verbraucherschutz und damit das Fernabsatzrecht zum europäischen ordre publics gehört, setzt voraus, dass es sich dabei um einen unverzichtbaren Rechtgrundsatz der EG handelt[591].

Wesentliche Grundsätze der Rechtsordnung der EG sind im europäischen Primärrecht enthalten[592]. Der Verbraucherschutz ist als Anliegen der EG in Art. 3 lit. t) und Art. 153 EG im europäischen Primärrecht verankert. Dass der Schutz des Verbrauchers beim Abschluss privatwirtschaftlicher Verträge ein Anliegen der EG ist, spiegelt sich ferner in den Verbraucherschutzprogrammen[593] und weiteren Beschlüssen und gesetzlichen Regelungen wider, die dem Verbraucherschutz die-

---

587 Siehe nur *Ebke*, in: Europäisches Gemeinschaftsrecht, 99; *Spickhoff*, Ordre public im IPR, 83 ff.; *Dölle*, in: Beiträge zum Bürgerlichen Recht, 397, 398.

588 Vgl. *Staudinger*, RIW 2000, 416, 420.

589 *Staudinger-Blumenwitz*, Art. 6 EGBGB Rn. 63 ff.; *Erman-Hohloch*, Art. 6 EGBGB Rn. 23. Zu sonstigen Bezeichnungen siehe *MünchKomm-Sonnenberger*, Art. 6 EGBGB Rn. 68 ff.; *Baumert*, Europäischer ordre public und Sonderanknüpfung, 234.

590 *MünchKomm-Sonnenberger*, Art. 6 EGBGB Rn. 68 ff., Einl. IPR Rn. 222; *v.Hoffmann*, in: European Private International Law, 19, 24 Rn. 10; *Martiny*, in: Europäisches Gemeinschaftsrecht und Internationales Privatrecht, 211, 222.

591 Für das Haustürwiderrufsrecht: *Baumert*, Europäischer ordre public und Sonderanknüpfung, 234 und 243 ff.

592 *Martiny*, in: Europäisches Gemeinschaftsrecht und Internationales Privatrecht, 211, 212; *Baumert*, Europäischer ordre public und Sonderanknüpfung, 244; EuGH, Slg. 76, 455, 473.

593 ABl EG 1975, Nr. C 92; 1 ff.; ABl EG 1981, Nr. C 133, 1 ff.; Entschließung des Rates vom 23. Juni 1986 betreffend die zukünftige Ausrichtung der Politik der EWG zum Schutz und zur Förderung des Interesses der Verbraucher, ABl EG 1986, Nr. C 167, 1 ff. Entschließung des Rates vom 9.11.1989 über künftige Prioritäten bei der Neubelebung der Verbraucherschutzpolitik, ABl EG Nr. C 294, 1; Empfehlung der Kommission vom 7.4.1992 über die Verhaltenscodices zum Verbraucherschutz bei Vertragsabschlüssen im Fernabsatz, ABl EG L 156, 21-22; Grünbuch zum Verbraucherschutz in der Europäischen Union, KOM (2001), 531 endg.

nen[594]. Aufgrund seines programmatischen Charakters und der Tatsache, dass es sich wie ein roter Faden durch eine Anzahl von Maßnahmen der EG zieht, könnte das Ziel des Verbraucherschutzes innerhalb der Rechtsordnung der EG den Stellenwert eines wesentlichen Rechtsgrundsatzes haben.
Den Charakter des europäischen ordre public haben jedoch in erster Linie Rechtsgrundsätze vom Rang der Grundfreiheiten. Der Verbraucherschutz ist auf europäischer Ebene auch aus kompetenzrechtlichen Gründen durch die Schaffung eines einheitlichen europäischen Binnenmarktes motiviert[595]. Der Schutz des Verbrauchers ist daher häufig nicht alleiniger Hauptregelungszweck der europäischen Verbraucherschutzbestimmungen, sondern dient als Mittel zum Zweck der Erreichung eines einheitlichen Binnenmarktes. Der europäische Verbraucherschutz ist kein über dem positiven Recht stehender Rechtsgrundsatz, der losgelöst von einer konkretisierenden Ausformung mittels einer staatlichen Maßnahme durch den ordre public einer Rechtsordnung geschützt sein könnte, sondern ein von der EG verfolgtes konkretes wirtschaftspolitisches Ziel ohne EG-Vertrags-fundamtenalen Charakter[596]. Der europäische Verbraucherschutz bei grenzübergreifenden Fällen wird gegenüber einer nicht-europäischen Rechtsordnung nach der Wertung der Art. 29 und 29a EGBGB nur unter bestimmen kollisionsrechtlichen Bedingungen durchgesetzt[597]. Aus dem Primärrecht der Rechtsordnung der EG erwächst dem fernabsatzrechtlichen Verbraucherschutz mithin nicht der Stellenwert des europäischen ordre publics.

---

[594] Art. 24 der Erklärung des Europäischen Parlaments vom 12. April 1989 über Grundrechte und Grundfreiheiten, ABl EG 1989, Nr. C 120, 51 ff.; *Oppermann*, Europarecht, Rn. 417.
[595] Dazu Mitteilung der Kommission an den Rat und das Parlament KOM (2001), 398 endg., 2 und 8.
[596] Für die Haustürwiderrufsrichtlinie: *Baumert*, Europäischer ordre public und Sonderanknüpfung, 243; *Roth*, Der Vorbehalt des ordre public gegenüber fremden gerichtlichen Entscheidungen, 87 ff.
[597] *Baumert*, Europäischer ordre public und Sonderanknüpfung, 243-244.

4. Teil: Zusammenfassung der Ergebnisse und Ausblick

A. Die Qualifikation der Frage nach der Anwendbarkeit europäischen Fernabsatzrechts und die Sprachenfrage bei grenzübergreifenden Fernabsatzverträgen

Ob die Parteien eines Vertrages mit Auslandsberührung fernabsatzrechtliche Rechte und Pflichten haben, richtet sich nach dem Vertragsstatut. Die vertragsrechtliche Qualifikation der fernabsatzrechtlichen Informationspflichten ergibt sich aus Art. 32 Abs. 1 Nr. 2 EGBGB. Für die Frage nach dem Vorliegen eines fernabsatzrechtlichen Widerrufsrechts ergibt sich die vertragsrechtliche Qualifikation aus Art. 32 Abs. 1 Nr. 4 EGBGB. Die Bestimmungen über die Rückabwicklung des Fernabsatzvertrages infolge des Widerrufs sind nach Art. 32 Abs. 1 Nr. 5 EGBGB ebenfalls dem Vertragsstatut zu entnehmen. Die Maßgeblichkeit des Vertragsstatuts für die Anwendbarkeit fernabsatzrechtlicher Bestimmungen erstreckt sich nach Art. 32 Abs. 3 S. 1 EGBGB auch auf darin enthaltene Vermutungen und Beweislastregelungen. In welcher Sprache der Unternehmer den fernabsatzrechtlichen Informationspflichten nachkommen und der Verbraucher den Widerruf erklären kann, bestimmt sich in der Regel nach dem Vertragsstatut. Lediglich das Bestehen eines Sprachenzwangs ist eine Formfrage.

B. Ergebnisse des 2. Teils

Die Vertragsparteien eines grenzübergreifenden Fernabsatzvertrages können das auf den Vertrag anwendbare Recht wählen. Die Rechtswahl wird zumeist durch eine einseitig vom Unternehmer vorformulierte Klausel der AGB des Unternehmers in den Vertrag einbezogen. Die Zulässigkeit und die Wirksamkeit einer Rechtswahlklausel in den allgemeinen Geschäftsbedingungen des Unternehmers beim Abschluss eines grenzübergreifenden Fernabsatzvertrages richten sich gemäß Art. 27 Abs. 4 EGBGB i.V.m. Art. 31 Abs. 1 EGBGB nach dem gewählten Recht. Zusätzlich können Rechtswahlklauseln in AGB solchen Bestimmungen unterliegen, die im Wege einer Sonderanknüpfung nach Art. 31 Abs. 2 EGBGB und Art. 34 EGBGB zur Anwendung kommen. Der Gefahr für einen an einem grenzübergreifenden Fernabsatzvertrag beteiligten Verbraucher, von einer Rechtswahl in AGB überrascht zu werden, kann insbesondere im Falle der Anwendbarkeit des europäischen Rechts über missbräuchliche Klauseln in Verbraucherverträgen Rechnung getragen werden. Das fernabsatzrechtliche Widerrufsrecht erstreckt sich nicht auf den Widerruf des Verweisungsvertrages. Die Gefahren, die für den Verbraucher aus einer unerwarteten Rechtswahlklausel des Unternehmers entstehen, würden jedoch entschärft, wenn der Gesetzgeber eine den fernabsatzrechtlichen Informationspflichten entsprechende Pflicht der Unternehmer einführen würde, auf eine Rechtswahlklausel ausdrücklich hinzuweisen.

Der kollisionsrechtliche Verbraucherschutz des Art. 29 EGBGB erweist sich in der Anwendung auf grenzübergreifende Fernabsatzverträge als lückenhaft. Dies resultiert daraus, dass Art. 29 EGBGB ein passives Verhalten des Verbrauchers voraussetzt, Fernabsatzverträge jedoch auch unter aktiver Beteiligung des Verbrauchers zustande kommen. Voraussetzung für den Schutz des Art. 29 EGBGB ist zudem ein Bezug des Vertrages zum Staat des gewöhnlichen Aufenthaltes des Verbrauchers. Der Verbraucher ist heutzutage jedoch international sehr mobil und schließt häufig, insbesondere aufgrund der Erleichterungen des Internets, Fernabsatzverträge ab, die nicht den von Art. 29 EGBGB geforderten Inlandsbezug aufweisen, bei denen der Verbraucher aber dennoch schutzwürdig ist. Um das anwendbare Recht kalkulierbar zu machen, empfiehlt es sich für den Unternehmer, den Verbraucher vor dem Vertragsschluss nach dem Staat seines gewöhnlichen Aufenthaltes zu fragen.

Unterschiede zwischen der Anwendbarkeit des materiellrechtlichen und des kollisionsrechtlichen europäischen Verbraucherschutzrechts haben zur Folge, dass Art. 29 EGBGB teilweise auf grenzübergreifende Fernabsatzverträge nicht anwendbar ist. In personeller Hinsicht ist Art. 29 EGBGB in der Regel auf grenzübergreifende Fernabsatzverträge anwendbar. Sofern jedoch Gesellschaften als Verbraucherpartei an einem Fernabsatzvertrag beteiligt sind, wird deren Verbrauchereigenschaft nach einigen europäischen Rechtsordnungen materiellrechtlich und kollisionsrechtlich unterschiedlich beurteilt. Wegen der Beschränkung des Verbraucherbegriffs des Art. 29 EGBGB auf Einzelpersonen kann diese Divergenz zu Schutzlücken führen. In sachlicher Hinsicht ist Art. 29 EGBGB auf Fernabsatzverträge grundsätzlich anwendbar und nur auf solche mit bestimmten Vertragsgegenständen nicht anwendbar. Dazu gehören im Fernabsatz geschlossene Leih- und Mietverträge sowie Beförderungsverträge zu nicht-touristischen Zwecken oder Fernabsatzverträge über ausschließlich im Ausland zu erbringende Dienstleistungen.

Die Umstände des Vertragsschlusses, bei denen kollisionsrechtlicher Verbraucherschutz gewährt wird, sind in Art. 29 Abs. 1 Nr. 1 und 2 EGBGB eng definiert. Der kollisionsrechtliche Verbraucherschutz wird zum einen dadurch beschränkt, dass durch Abgabe bzw. Zugang von Vertragsschlusserklärungen im Staat des gewöhnlichen Aufenthaltes des Verbrauchers ein Bezug des Verbrauchervertrages

zu diesem Staat begründet werden muss. Für das richtige Verständnis und die Auslegung von Art. 29 EGBGB ist die Lokalisierung der Orte des „*Vorausgehens*" und der „*Entgegennahme*" einer Erklärung von zentraler Bedeutung. Gerechte Ergebnisse werden durch eine Fiktion des Zugangs am hypothetischen Kenntnisnahmeort erreicht. Die Interlokalität des Kommunikationsmediums Internet erfordert jedoch, dass hinsichtlich des Zugangs von Erklärungen auf einer Homepage und von E-Mails, die an eine Adresse ohne Nationalitätenkennung gerichtet sind, auf den Ort der tatsächlichen Kenntnisnahme von der Erklärung abgestellt wird.
Die verbraucherschützende Wirkung von Art. 29 Abs. 1 Nr. 1 EGBGB wird insbesondere durch seine Voraussetzung eingeschränkt, dass der Verbraucher sämtliche zum Abschluss des Vertrages erforderlichen Rechtshandlungen in seinem Aufenthaltsstaat vorgenommen haben muss. Eine Teilhandlung wie das Erstellen der Erklärung begründet nicht den erforderlichen Inlandsbezug.
Eine verbraucherfreundliche Auslegung von Art. 29 EGBGB ist angesichts seines eindeutigen engen Wortlauts nur begrenzt möglich. Es liegt jedoch im Rahmen zulässiger Auslegung von Art. 29 Abs. 1 Nr. 2 EGBGB, wenn man unter Fortführung der Fiktion des Zugangs von Erklärungen am Ort der hypothetischen Kenntnisnahme darauf verzichtet, dass sich der Unternehmer bei der Entgegennahme der Erklärung des Verbrauchers persönlich in dessen Aufenthaltsstaat befindet.

Analogien zu Art. 29 EGBGB sind, wenn überhaupt, nur im Rahmen der eng begrenzten Vorgaben des BGH möglich, d.h. in erster Linie hinsichtlich des sachlichen und persönlichen Anwendungsbereiches von Art. 29 EGBGB.

Bei der anstehenden Ersetzung des EVÜ durch eine Verordnung bietet sich die Beseitigung der offenen Schutzlücken durch den europäischen Gesetzgeber an. Es empfiehlt sich, die Anwendung des Rechts am Ort des gewöhnlichen Aufenthaltes des Verbrauchers nicht mehr von einem Bezug der Handlungen des Verbrauchers zu diesem Staat abhängig zu machen, sondern allenfalls von der Ausrichtung der kommerziellen Handlungen des Unternehmers[598]. Wünschenswert wäre eine Regelung, die einen verhältnismäßigen Ausgleich mit den Grundsätzen der klassischen objektiven Anknüpfung und der Parteiautonomie findet[599].

Wenn Art. 29 Abs. 2 EGBGB nicht anwendbar ist, richtet sich die objektive Anknüpfung grenzübergreifender Fernabsatzverträge nach Art. 28 EGBGB. Bei Fernabsatzverträgen erbringt in der Regel der Unternehmer die vertragscharakteristische Leistung i.S.d. Art. 28 Abs. 2, S. 1 EGBGB. Da der Unternehmer einen

[598] Siehe hierzu auch *Martiny*, FS Drobnig, 389, 403.
[599] Siehe hierzu auch *Püls*, Parteiautonomie, 190.

Fernabsatzvertrag in Ausübung seiner beruflichen Tätigkeit schließt, führt Art. 28 Abs. 2 S. 2 EGBGB zur Anwendung der Rechtsordnung des Staates, in dem sich die Hauptniederlassung des Unternehmers bzw. die für die Erfüllung zuständige Niederlassung befindet. Aufgrund der ausschließlichen Kommunikation über Fernkommunikationsmittel zwischen den Parteien eines Fernabsatzvertrages können auch Missverständnisse über den Sitz der Hauptniederlassung des Unternehmers aufkommen. Aus Verkehrsschutzgründen muss sich der Unternehmer am Anschein einer Hauptniederlassung festhalten lassen, wenn der Verbraucher zu recht auf den Sitz der Hauptniederlassung in dem entsprechenden Staat vertraut. Wenn der Unternehmer keinen realen Niederlassungssitz hat, ist nach Art. 28 Abs. 2, S. 1 EGBGB der gewöhnliche Aufenthaltsort des Unternehmers für die objektive Anknüpfung eines Fernabsatzvertrages entscheidend. Durch den Standort eines vom Unternehmer genutzten Internetservers wird keine Niederlassung begründet. Fernabsatzverträge über die Miete von Häusern und Wohnungen zu nicht-touristischen Zwecken unterliegen nach der objektiven Anknüpfung gemäß Art. 28 Abs. 3 EGBGB dem Recht des Staates, in dem das betreffende Grundstück belegen ist.
Art. 28 Abs. 4 EGBGB ist auf Fernabsatzverträge über die Beförderung von Gütern zu nicht-touristischen Zwecken anwendbar. Dieser kann zur Anwendung des Rechts desjenigen Staates führen, in dem sich die Hauptniederlassung des Beförderers im Zeitpunkt des Vertragsschlusses befindet.

Die Anknüpfung eines Fernabsatzvertrages nach Art. 28 EGBGB wird in der Regel zu dem verbraucherungünstigen Ergebnis führen, dass nicht das Recht seines Aufenthaltsstaates zur Anwendung kommt, sondern das des Niederlassungsstaates des Unternehmers. Dies kann sich jedoch im Falle einer *„noch engeren Verbindung“* zum Aufenthaltsstaat des Verbrauchers nach Art. 28 Abs. 5 EGBGB ändern. Kriterien für eine solche sind bei grenzübergreifenden Fernabsatzverträgen insbesondere der Erfüllungsort der vertragscharakteristischen Leistung sowie die Einwirkung des Unternehmers auf den Absatzmarkt im Aufenthaltsstaat des Verbrauchers.

C. Ergebnisse des 3. Teils

Eine Sonderanknüpfung des Fernabsatzrechts einer europäischen Rechtsordnung über Art. 31 Abs. 2 EGBGB ist nicht möglich. Dies gilt auch für die Richtlinienbestimmungen zum fernabsatzrechtlichen Widerrufsrecht. Der Anwendbarkeit von Art. 31 Abs. 2 EGBGB steht dabei entgegen, dass auch die Ausübung des fernabsatzrechtlichen Widerrufsrechts nichts daran ändert, dass der Verbraucher beim Abschluss eines Fernabsatzvertrages zunächst tatbestandlich eine Willenserklärung abgibt. Die Anwendbarkeit des europäischen Fernabsatzrechts setzt sogar das wirksame Zustandekommen eines Fernabsatzvertrages voraus, was nach dem Regelungszweck von Art. 31 Abs. 2 EGBGB gerade verhindert werden soll.

Das Fernabsatzrecht der europäischen Rechtsordnungen ist zwingendes Recht i.S.d. Art. 29 Abs. 1 EGBGB. Die Praktikabilität eines Günstigkeitsvergleiches als Instrument des kollisionsrechtlichen Verbraucherschutzes ist jedoch fraglich. Die geübte Kritik gilt zu Recht auch für die Anwendung von Art. 29 EGBGB auf grenzübergreifende Fernabsatzverträge.

Im Bereich der speziellen verbraucherschützenden Kollisionsnormen ist die Anwendung von Art. 29 EGBGB zur Sonderanknüpfung fernabsatzrechtlicher Bestimmungen vorrangig vor derjenigen des Art. 29a EGBGB. Entgegen einem Vorschlag in der Literatur und entgegen den Vorgaben der Fernabsatzrichtlinie setzt die Anwendbarkeit von Art. 29a EGBGB nicht voraus, dass bei hypothetischer objektiver Anknüpfung das Recht eines EG- oder EWR-Staates zur Anwendung käme. Art. 29a EGBGB geht auch durch seine Anwendbarkeit auf solche Verträge, an denen ein Verbraucher aus einem Nicht-EU- oder –EWR-Staat beteiligt ist, über die Vorgaben der Fernabsatzrichtlinie hinaus.
Ein enger Zusammenhang des Vertrages zum Gebiet der EU- oder des EWR i.S.d. Art. 29a Abs. 1 EGBGB kann auch durch Bezüge zu mehreren Staaten von geringerer Intensität als der eines *„engen Zusammenhangs“* begründet werden. In diesen Fällen sowie wenn ein Bezug von der Intensität eines *„engen Zusammenhangs“* zu mehr als einem dieser Staaten besteht, ist das Recht desjenigen Staates anzuwenden, zu dem die relativ engste Verbindung besteht.
Die Einfügung eines Regelbeispiels bei der Umsetzung von Art. 12 Abs. 2 Fernabsatzrichtlinie in Art. 29a EGBGB konkretisiert den Begriff des *„engsten Zusammenhangs“* und dient der Rechtssicherheit. Die Anwendbarkeit des Regelbeispiels setzt jedoch voraus, dass der Unternehmer dem Verbraucher öffentlich ein Angebot gemacht hat oder ihn geworben hat, wodurch grenzübergreifende Fernabsatzverträge mit individueller Kontaktaufnahme vom Anwendungsbereich des Regelbeispiels ausgeschlossen werden. Die Ursächlichkeit einer bestimmten unternehmerischen Maßnahme für den Vertragsschluss ist für den Verbraucher häufig schwer zu beweisen. Daher sollte es zur Erfüllung des Regelbeispiels ausreichen, wenn der Verbraucher unwiderlegt behauptet, dass er beim Vertragsschluss von der unternehmerischen Tätigkeit in einem europäischen Staat wusste.
Art. 29a Abs. 1 EGBGB sieht keinen Günstigkeitsvergleich zwischen dem gewählten Recht und demjenigen des Staates vor, zu den der Verbrauchervertrag den geforderten engen Zusammenhang aufweist. Bei der Anwendung von Art. 29a

EGBGB mit einem Verweis auf die kollisionsrechtlichen Bestimmungen der Verbraucherschutzrichtlinien einen Günstigkeitsvergleich vorzunehmen, liegt außerhalb des Rahmens zulässiger Auslegung.
Art. 29a EGBGB kann auch nicht analog auf Fälle angewendet werden, in denen das Recht eines Drittstaates nicht aufgrund einer Rechtswahl, sondern kraft objektiver Anknüpfung auf einen grenzübergreifenden Fernabsatzvertrag Anwendung findet. Diesbezüglich besteht weder Regelungsbedarf aufgrund einer planwidrigen Regelungslücke noch wären die Sachverhalte bei einer Rechtswahl und bei objektiver Anknüpfung vergleichbar.

Die Auswertung der Rechtsprechung des BGH und des EuGH in Kombination mit dem Bericht *Giuliano/Lagarde* führt zu dem Schluss, dass neben dem Eingriffsrecht auch solche Rechtsnormen international zwingenden Charakter haben können, die dem Schutz des Einzelnen zu dienen bestimmt sind. Aufgrund der absoluten Spezialität von Art. 29 EGBGB im Verhältnis zu Art. 34 EGBGB berufen sich international zwingende Verbraucherschutzbestimmungen ausnahmsweise nicht selbst zur Anwendung, wenn ein Vertrag in den Anwendungsbereich von Art. 29 Abs. 1 EGBGB fällt. Die Auslegung des deutschen Fernabsatzrechts unter spezieller Berücksichtigung der Fernabsatzrichtlinie und Art. 29a EGBGB ergibt, dass das deutsche Fernabsatzrecht keinen international zwingenden Charakter im Sinne des Art. 34 EGBGB hat.

Art. 6 EGBGB kann nicht zur Anwendung des deutschen Fernabsatzrechts führen, da dieses nicht Teil des deutschen und auch nicht des europäischen ordre publics ist.

D. Resümee

Das auf einen grenzübergreifenden Fernabsatzvertrag anwendbare Recht ergibt sich entweder aus der Rechtswahl der Parteien oder nach der objektiven Anknüpfung über Art. 29 Abs. 2 EGBGB, bzw. Art. 28 EGBGB. Im Falle einer Rechtswahl kommt eine Sonderanknüpfung des Fernabsatzrechts des Heimatstaates des Verbrauchers nach Art. 29 Abs. 1 EGBGB oder die Sonderanknüpfung sonstigen europäischen Fernabsatzrechts nach Art. 29a EGBGB in Frage. Die Art. 6, 31 Abs. 2 und 34 EGBGB können nicht zur Sonderanknüpfung fernabsatzrechtlicher Bestimmungen führen.

Zwei Veränderungen haben sich im europäischen Verbraucherschutzrecht seit der Schaffung des EVÜ vollzogen, die die Anknüpfung grenzübergreifender Fernabsatzverträge nach dem EGBGB vor besondere Herausforderungen stellen. Die Wertungen haben sich im materiellen europäischen Verbraucherschutzrecht dadurch verschoben, dass ihm mittlerweile ein Verbraucherleitbild eines mobilen Verbrauchers bei gleich bleibender Schutzbedürftigkeit zugrunde liegt[600]. Zudem sind in der Zwischenzeit, insbesondere mit dem Internet, praktisch enorm wichtige Fernkommunikationsmittel entstanden, die bei der Formulierung von Art. 5 EVÜ/ Art. 29 EGBGB nicht hatten berücksichtigt werden können.

Bei der Verfolgung des Zieles, das Verbraucherschutzniveau des materiellen europäischen Verbraucherschutzrechts auch auf kollisionsrechtlicher Ebene fortzusetzen, kann den veränderten Umständen bei der Anknüpfung grenzübergreifender Fernabsatzverträge größtenteils durch eine zeitgemäße Auslegung des EGBGB in seiner gegenwärtigen Fassung Rechnung getragen werden. Wo die Auslegung von Art. 29 und 29a EGBGB bei der Anwendung auf grenzübergreifende Fernabsatzverträge an ihre Grenzen stößt, tun sich jedoch einige Schutzlücken im europäischen kollisionsrechtlichen Verbraucherschutz auf. In diesen Fällen kann sich das auf einen Fernabsatzvertrag anwendbare Recht nach einer vom Unternehmer in den Vertrag eingebrachten verbraucherungünstigen Rechtswahl oder der nicht verbrauchergünstigen objektiven Anknüpfung nach Art. 28 EGBGB richten. Die Versuche in der Rechtsprechung und der Literatur, die Lücken im kollisionsrechtlichen Verbraucherschutz durch die Anwendung von Art. 6, Art. 31 Abs. 2 oder Art. 34 EGBGB sowie durch Analogien zu Art. 29 EGBGB oder die weite Auslegung der Art. 27 ff. EGBGB zu schließen, erweisen sich bei der Untersuchung grenzübergreifender Fernabsatzverträge weitgehend als untauglich. Damit die Wertungen des europäischen Fernabsatzrechts auch bei der kollisionsrechtlichen Anknüpfung grenzübergreifender Fernabsatzverträge Niederschlag finden können, ist die baldige Novellierung von Art. 29, 29a EGBGB auf europäischer Ebene sehr zu befürworten[601].

---

[600] *Martiny*, ZEuP 2003, 590, 602.
[601] Siehe hierzu auch *Martiny*, ZEuP 2003, 590, 593.

E. Ausblick- Entwicklungstendenzen im europäischen Verbraucherschutzkollisionsrecht

Die vorliegende Arbeit hat gezeigt, dass die Lückenhaftigkeit des kollisionsrechtlichen Verbraucherschutzes Veränderungen an Art. 5 EVÜ bzw. Art. 29 EGBGB erforderlich macht. Als Reaktion auf die in den letzten Jahren in der Rechtsprechung und der Literatur geäußerte Kritik an Art. 5 EVÜ bzw. Art. 29 EGBGB zeichnen sich bestimmte Entwicklungstendenzen des europäischen kollisionsrechtlichen Verbraucherschutzes ab, die hier abschließend grob skizziert werden sollen. Die Neufassung von Art. 13 EuGVÜ in Art. 15 EuGVO zeigt als ein erster Schritt die Richtung an, die der Verbraucherschutz bei grenzübergreifenden Verträgen einschlägt[602]. Art. 15 EuGVO und Art. 5 VGIPR halten an dem Konzept fest, dass der Verbraucher durch die Anwendung des Rechts des Staates seines gewöhnlichen Aufenthaltes geschützt wird. Als Anhaltspunkte bei der Novellierung von Art. 5 EVÜ können ferner der Vorschlag der Europäischen Gruppe für Internationales Privatrecht (hier im Folgenden: VGIPR)[603], in der Literatur gemachte Vorschläge[604] sowie die von der Kommission gestartete Initiative zur Aktualisierung des EVÜ[605] dienen.

Der kollisionsrechtliche Verbraucherschutz setzte bislang voraus, dass der Verbraucher beim Vertragsschluss eine passive Rolle einnahm. Der Verbraucher wurde dann geschützt, wenn er selbst im Staat seines gewöhnlichen Aufenthaltes Ziel der kommerziellen Absatztätigkeit von Unternehmern war. Zu Veränderungen an diesem Ansatz gibt die Tatsache Anlass, dass dem Verbraucher bei der Vollendung des europäischen Binnenmarktes eine zentrale Rolle zukommt. Der innereuropäische grenzübergreifende Handel mit Verbraucherbeteiligung ist Ausdruck und Ziel der wirtschaftlichen Binnenmarktvereinheitlichung. Da der

---

[602] Art. 13 EuGVÜ war die international-verfahrensrechtliche Parallelnorm zu Art. 5 EVÜ. Am 1.3.2002 wurde Art. 13 EuGVÜ durch die Nachfolgenorm Art. 15 EuGVO abgelöst, ABl. EG 2001, L 12, 1. *Junker*, RIW 1999, 809, 815; *Rudisch*, FS Reichert-Facilides, 191, 213 ff. Schon bei der Formulierung von Art. 15 EuGVO wurde den Verbraucherschutzschwächen von Art. 13 EuGVÜ Rechnung getragen. *Geimer*, IPRax 2002, 69, 69 ff.; *Offermann*, IPR-EG-HLP, 7; *Spindler*, MMR 2000, 18, 23.

[603] Abgedruckt bei *Staudinger-Magnus*, Vorbem. zu Art 27-37 EGBGB Rn. 32; IPRax 2001, 64 ff.

[604] Siehe *Lurger*, FS Posch, 181, 202; Dazu auch *Nemeth*, Kollisionsrechtlicher Verbraucherschutz in Europa, 104; *Siems*, GPR 2005, 162 ff.

[605] Grünbuch der Kommission der Europäischen Gemeinschaften zur Umwandlung des Übereinkommens von Rom aus dem Jahr 1980 über das auf vertragliche Schuldverhältnisse anzuwendende Recht in ein Gemeinschaftsinstrument sowie über seine Aktualisierung, KOM (2002), 654 endg., vom 14.1.2003. Siehe insbesondere die Vorschläge zur Neufassung von Art. 5 EVÜ auf S. 36-37.

Verbraucher auf diese Weise zum *„Akteur des Binnenmarktes“*[606] wird, schützen die neuen verbraucherrechtlichen Kollisionsnormen der Verbraucherschutzrichtlinien nicht mehr nur die passiven Verbraucher, sondern auch solche, die Vertragserklärungen von anderen Staaten als dem eigenen Aufenthaltsstaat aus abgeben und die selbst aktiv zu Vertragsschlusszwecken auf Unternehmer zugehen und die die Initiative zum Vertragsschluss geben[607]. Die Passivität des Verbrauchers ist auch nach Art. 15 EuGVO und Art. 5 VGIPR keine Schutzvoraussetzung mehr[608]. Es zeichnet sich der Abschied von der Beschränkung des kollisionsrechtlichen Verbraucherschutzes auf den rein passiven Verbraucher ab. Aufgrund des Wandels zum Leitbild vom „mobilen Verbraucher“, sollte kollisionsrechtlicher Verbraucherschutz nicht mehr nur dann gewährt werden, wenn sich der Vertrag aus der Sicht des Verbrauchers als Inlandsgeschäft darstellt.

Als nicht sachdienlich hat es sich zudem erwiesen, dass der kollisionsrechtliche Verbraucherschutz einen Bezug zwischen den Vertragsschlusshandlungen des Verbrauchers und seinem Aufenthaltsstaat voraussetzt.

Die Anwendbarkeit von Art. 5 EVÜ bzw. Art. 29 EGBGB setzt auch einen starken Bezug der beruflichen Tätigkeit des Unternehmers zu dem Staat des gewöhnlichen Aufenthaltes des Verbrauchers voraus. Voraussichtlich werden zukünftig auch an diesen Nähebezug zum Aufenthaltsstaat des Verbrauchers geringere Anforderungen gestellt werden. Art. 5 VGIPR verzichtet gänzlich auf einen Bezug der beruflichen Betätigung des Unternehmers zum Aufenthaltsstaat des Verbrauchers. Nach Art. 15 EuGVO wird dieser Bezug schon durch das *„Ausrichten“* einer beruflichen oder gewerblichen Tätigkeit auf den Verbrauchermarkt begründet. Art. 15 EuGVO sieht den Verbraucher unter der Voraussetzung grundsätzlich als schutzwürdig an, dass der Unternehmer eine kommerzielle Tätigkeit auf den Aufenthaltsstaat eines Verbrauchers ausrichtet. Darin zeichnet sich eine Abkehr von der Begrenzung des kollisionsrechtlichen Verbraucherschutzes auf eng definierte Vertragsschlussumstände ab[609].

---

[606] Ergänzende Initiativstellungnahme des Wirtschafts- und Sozialausschlusses zum Thema "Verbraucher und Binnenmarkt", v. 25.1.1993, ABl EG C 19/ 22; *Heiss*, FS Reichert-Facilides, 87, 90.

[607] *Baum/Trafkowski*, CR 2001, 459, 460; *Heiss*, FS Reichert-Facilides, 87, 89; siehe dazu auch *Aden*, RIW 1997, 723, 723; *Pützhoven*, Europäischer Verbraucherschutz im Fernabsatz, 185. Erstes Programm der EWG für eine Politik zum Schutz und zur Unterrichtung der Verbraucher, ABl EG C, v. 25.4.1975, 2 Nr. 3 und 4; EuGH, Urt. v. 25.4.1985, Slg. 1985, 1201; *Dreher*, JZ 1997, 168, 171.

[608] Dazu: *Junker*, RIW 2002, 569, 574.

[609] Dieser Vorschlag kommt auch der Kritik entgegen, die an der Regelung über einen Günstigkeitsvergleich geübt wurde. Dazu *Leible*, Jahrbuch junger Zivilrechtswissenschaftler, 245, 259.

Art. 5 VGIPR kehrt sogar das Regel-Ausnahme-Verhältnis zwischen Gewährung und Nichtgewährung von Verbraucherschutz im Vergleich zu Art. 5 EVÜ bzw. Art. 29 EGBGB um, indem der kollisionsrechtliche Verbraucherschutz grundsätzlich gewährt wird und nur unter bestimmten Voraussetzungen nicht gewährt wird. Art. 5 VGIPR geht von einer grundsätzlichen Schutzwürdigkeit und Schutzbedürftigkeit der Verbraucher aus. Diese beiden Leitlinien für die Änderung von Art. 5 EVÜ spiegeln einen Verzicht auf Einzelfallgerechtigkeit zugunsten von mehr Rechtssicherheit wider. Dies zeigt sich insbesondere auch darin, dass Art. 5 VGIPR die Anknüpfung nicht mehr von einem Günstigkeitsvergleich abhängig macht. Das Ziel der Vorhersehbarkeit des anwendbaren Rechts kommt zudem darin zum Ausdruck, dass nach Art. 5 Abs. 2 Satz 2 VGIPR auch dann Schutz gewährt werden soll, wenn der Lieferer nachweislich den Staat des gewöhnlichen Aufenthaltes des Verbrauchers aufgrund von dessen Verhalten nicht kannte. Diese Tendenzen spiegeln sich in dem nunmehr vorliegenden Änderungsvorschlag der Kommission wider, auf den im Folgenden abschließend einzugehen sein wird.

Die langjährige Diskussion über den Änderungsbedarf des internationalen Verbrauchervertragsrechts des EVÜ gewann mit dem Grünbuch der Kommission über die Umwandlung des Übereinkommens von Rom vom 14.1.2003 erheblich an Dynamik. Darin geht die Kommission trotz der fortschreitenden Harmonisierung des materiellen Vertragsrechts der EU-Staaten, ebenso wie die vorliegende Untersuchung ausdrücklich vom Fortbestand der Bedeutung des internationalen Vertragsrechts für EU-interne Verträge mit Auslandsberührung aus[610]. Ziel des Projekts „Europäisches Vertragsrecht" sei gegenwärtig weder eine völlige Angleichung des Vertragsrechts der Mitgliedstaaten noch die Schaffung eines „Europäischen Zivilgesetzbuchs". Es sei davon auszugehen, dass selbst bei einer stärkeren Harmonisierung des Vertragsrechts auf europäischer Ebene, nur bestimmte besonders wichtige Aspekte erfasst werden. Unter Berücksichtigung der Schwächen der Regelung des Art. 5 EVÜ legte die Kommission acht Änderungsvorschläge für ihre Formulierung als Diskussionsgrundlage vor und forderte anhand von vier Fragen zur Beurteilung der gegenwärtigen Regelung auf. Die Gelegenheit zur Stellungnahme wurde von vielen Seiten genutzt. Dies hatte die positive Wirkung, dass die an Art. 5 EVÜ geäußerte Kritik sich nunmehr in konkreten Änderungsvorschlägen niederschlug[611]. Die Mehrheit der Beiträge sprach sich dafür aus, Art.

---

610 Grünbuch über die Umwandlung des Übereinkommens von Rom aus dem Jahr 1980 über das auf vertragliche Schuldverhältnisse anzuwendende Recht in ein Gemeinschaftsinstrument sowie über seine Aktualisierung, KOM (2002) 654 endgültig, S. 15. Siehe oben 1. Teil:B.VI, Seite 43.

611 Ein Verweis auf die zahlreichen Stellungnahmen findet sich auf http:// europa.eu.int/comm/justice_home/news/consulting_public/rome_i/news_summary_rome1_en.htm.

15 EuGVO als Vorbild für die Verbraucherschutzbestimmung der künftigen EG-Verordnung heranzuziehen[612]. Ebenso wie in der vorliegenden Untersuchung wurde vorgeschlagen, den sachlichen Anwendungsbereich des internationaleprivatrechtlichen Verbraucherschutzes zu erweitern sowie die Aufzählung der Schutzvoraussetzungen in Art. 5 Abs. 2 Nr. 1 bis 3 EVÜ zu streichen, insbesondere das Merkmal der Vornahme der relevanten Rechtshandlungen des Verbrauchers im Staat seines gewöhnlichen Aufenthaltes. Auch solle der Schutz nicht mehr auf einen „passiven Verbraucher" ausgerichtet sein.

Am 15.12.2005 hat die Kommission nunmehr einen Vorschlag für eine Verordnung des europäischen Parlaments und des Rates über das auf vertragliche Schuldverhältnisse anzuwendende Recht (Rom I) vorgelegt (im Folgenden: EVVO)[613]. Art. 5 EVVO ist die geänderte Kollisionsnorm für Verbraucherverträge. Die vorgeschlagene Regelung des kollisionsrechtlichen Verbraucherschutzes soll im Folgenden kurz mit Bezügen zur vorliegenden Untersuchung skizziert werden. Art. 5 EVVO lehnt sich an Art. 15 EuGVO an und sieht die ausschließliche Anwendung des Rechts des Aufenthaltsstaates des Verbrauchers vor, mit der Folge des Ausschlusses der Rechtswahlmöglichkeit für Verbraucherverträge. Noch vor den Erwägungsgründen liefert der Vorschlag eine Begründung mit Erläuterungen seiner einzelnen Artikel. Diese geht auf die oben genannten Kritikpunkte ausdrücklich ein[614]. Die Orientierung an Art. 15 EuGVO hat den Vorteil des Gleichlaufs des Verbrauchervertragsrechts mit dem Verbrauchergerichtsstand. Die Abkehr von der Sonderanknüpfung nach Art. 29 Abs. 2 EVÜ und die Einführung der ausschließlichen Geltung des Rechts des Aufenthaltsstaates des Verbrauchers ist eine Reaktion auf die Kritik an der Verkomplizierung der Rechtslage, die durch die gleichzeitige Geltung zweier Rechtsordnungen bewirkt wurde[615].
Art. 5 Abs. 2 des Vorschlages begrenzt die Definition der Verbrauchereigenschaft auf natürliche Personen und folgt damit der Rechtsprechung des EuGH[616]. Eine weitreichende Änderung im personellen Anwendungsbereich besteht darin, dass Art. 5 des Vorschlages seinem Wortlaut nach im Gegensatz zu Art. 5 EVÜ lediglich Verbraucher aus Mitgliedstaaten der EU schützt. Der Schutz von Verbrauchern aus Drittstaaten kommt demnach nur noch durch die Anwendung internati-

[612] Vorschlag für eine Verordnung des europäischen Parlaments und des Rates über das auf vertragliche Schuldverhältnisse anzuwendende Recht (Rom I), KOM(2005) 650 endgültig, S. 7; *Magnus/Mankowski*, ZVglRWiss 102 (2004), 35; *Working Group on Rome I des Max Planck Instituts für ausländisches und internationales Privatrecht*, RabelsZ 2004, 1, 52.
[613] KOM(2005) 650 endgültig.
[614] Vorschlag für eine Verordnung des europäischen Parlaments und des Rates über das auf vertragliche Schuldverhältnisse anzuwendende Recht (Rom I), KOM(2005) 650 endgültig, S. 7.
[615] Vorschlag für eine Verordnung des europäischen Parlaments und des Rates über das auf vertragliche Schuldverhältnisse anzuwendende Recht (Rom I), KOM(2005) 650 endgültig, S. 6.
[616] Siehe oben 2. Teil:B.III.1.a)aa)(1), Seite 68.

onal zwingender Vorschriften seines Aufenthaltsstaates über Art. 8 Abs. 3 des Vorschlages in Betracht. Die Begrenzung des von Art. 5 EVVO geschützten Personenkreises auf Verbraucher aus EU-Mitgliedstaaten ist eine Schwäche des Vorschlages. Der spezifische kollisionsrechtliche Verbraucherschutz sollte weiterhin für jeden Verbraucher unabhängig von seinem Heimatstaat gelten.

Voraussetzung für die Anwendung des Verbrauchervertragsstatuts ist nach dem Vorschlag in Anlehnung an Art. 15 EuGVO, dass der Unternehmer *„in dem Mitgliedstaat, in dem der Verbraucher seinen gewöhnlichen Aufenthalt hat eine berufliche oder gewerbliche Tätigkeit ausübt oder eine solche auf irgendeinem Wege auf diesen Mitgliedstaat oder auf mehrere Staaten einschließlich dieses Mitgliedstaates ausrichtet und der Vertrag in den Bereich dieser Tätigkeit fällt, es sei denn, der gewöhnliche Aufenthalt war dem Unternehmer nicht bekannt und diese Unkenntnis war nicht seiner Fahrlässigkeit zuzurechnen"*. Die Begründung des Vorschlages hebt hervor, dass eine Internetseite nur dann die Voraussetzung der „Ausrichtung" erfülle, wenn sie auch den Vertragsabschluss im Fernabsatz anbiete und dass tatsächlich ein Vertragsabschluss im Fernabsatz erfolgt sei- mit welchen Mitteln auch immer[617]. Während Art. 5 Abs. 2 Nr. 1 EVÜ auch dann auf das Verbrauchervertragsstatut verwies, wenn eine Werbung auf einer Homepage dem Vertragsschluss vorausging, ist ein „Ausrichten" iSd Art. 5 des Vorschlages nur zu bejahen, wenn eine Internetseite ein Angebot und keine bloße Werbung im Sinne der in der vorliegenden Untersuchung oben vorgenommenen Differenzierung enthält[618]. Es müsse sich nicht unbedingt um eine interaktive Website handeln, also eine Internetseite, bei der der Verbraucher seine Bestellung unmittelbar durch Ausfüllen eines auf der Seite enthaltenen Bestellformulars per E-Mail abgibt. Eine Website, die beispielsweise zu einer Bestellung per Fax auffordere, ziele ebenfalls auf einen Vertragsschluss im Fernabsatz ab. Im Bereich der Vertragsanbahnung über eine Homepage schränkt der Vorschlag den Verbraucherschutz in einem für grenzübergreifende Fernabsatzverträge praktisch enorm wichtigen Bereich ein. Sofern andere Werbemaßnahmen als Werbung auf einer Homepage den Tatbestand des „Ausrichtens" der Absatztätigkeit erfüllen können, macht der Vorschlag nicht deutlich, woraus sich diese Differenzierung zwischen den Werbemedien rechtfertigen soll.

Die Schutzklausel des Art. 5 Abs. 2 a.E. des Vorschlages schließt die Verweisung auf das Verbrauchervertragsstatut aus, mit der Folge, dass über die Regelanknüpfung nach Art. 4 EVÜ bzw. Art. 4 des Vorschlages des Recht des Sitzstaates des Unternehmers zur Anwendung kommt. Dabei ist davon auszugehen, dass eine

---

[617] Vorschlag für eine Verordnung des europäischen Parlaments und des Rates über das auf vertragliche Schuldverhältnisse anzuwendende Recht (Rom I), KOM(2005) 650 endgültig, S. 7.
[618] Siehe oben 2. Teil:B.III.2.a)aa)(1)(a), Seite 84.

Unkenntnis des Unternehmers vom Staat des gewöhnlichen Aufenthalts des Verbrauchers als fahrlässig gewertet werden soll, wenn er die Möglichkeit, den Verbraucher danach zu fragen, nicht genutzt hat. Die Begründung des Vorschlages nennt als Beispielsfall einer nicht fahrlässigen Unkenntnis, dass der Verbraucher den Ort seines gewöhnlichen Aufenthaltes nicht wahrheitsgemäß angegeben hat[619]. Diese Regelung ist zu begrüßen, da sie dem Interesse des Unternehmers Rechnung trägt, sich auf das anwendbare Recht einstellen zu können. Um diesem berechtigten Interesse der Unternehmer gerecht zu werden, kann vom Verbraucher erwartet werden, seinen Heimatstaat auf Nachfrage bekannt zu geben.

Der Vorschlag nimmt in Fortführung von Art. 5 Abs. 4 a) und Abs. 5 EVÜ und im Gleichklang mit Art. 15 Abs. 3 EuGVO Beförderungsverträge mit Ausnahme von Pauschalreiseverträgen vom Anwendungsbereich aus. Das Gleiche gilt für Verträge über im Ausland zu erbringende Dienstleistungen iSd Art. 5 Abs. 4 b) EVÜ. Der Vorschlag übernimmt die bisherige Auslegung von Art. 5 EVÜ, indem er nun ausdrücklich Verträge, die ein dingliches Recht an einem Grundstück oder ein Recht zur Nutzung eines Grundstücks zum Gegenstand haben, vom Anwendungsbereich ausschließt[620]. Er erweitert den bisherigen kollisionsrechtlichen Verbraucherschutz, indem Art. 5 des Vorschlages auch auf Verträge über Teilzeitnutzungsrechte an Immobilien anwendbar ist[621]. Diese Erweiterung des sachlichen Schutzbereichs im Vergleich zu Art. 29 EGBGB ist erfreulich, da sie dem auf materiellrechtlicher Ebene gewährten Verbraucherschutz bei Time-Sharing-Verträgen nun auch auf kollisionsrechtlicher Ebene Rechnung trägt.

---

619 Vorschlag für eine Verordnung des europäischen Parlaments und des Rates über das auf vertragliche Schuldverhältnisse anzuwendende Recht (Rom I), KOM(2005) 650 endgültig, S. 7.
620 Siehe oben 2. Teil:B.III.1.b)aa), Seite 75.
621 Siehe oben 2. Teil:B.III.1.b)bb)(1), Seite 77.

LITERATURVERZEICHNIS

Achilles, Wilhelm- Albrecht, Kommentar zum UN- Kaufrechtsübereinkommen (CISG), Neuwied, Kriftel 2000.

Aden, Menno, Rechtswahl und Schiedsklausel im Verbraucherschutz, RIW 1997, S. 723.

Arnold, Dirk, Verbraucherschutz im Internet, CR 1997, S. 526.

Bachmann, Birgit, Internet und Internationales Privatrecht, in: Lehmann, Michael (Hrsg.), Internet und Multimediarecht (Cyberlaw), Stuttgart 1997, S. 169.

Bachmann, Birgit, Der internationale Vertrieb im Internet, in: Lehmann, Michael (Hrsg.), Rechtsgeschäfte im Netz- Electronic Commerce, Stuttgart 1999, S. 205.

Backert, Wolfram, Kollisionsrechtlicher Verbraucherschutz im Mosaik der Sonderanknüpfungen des deutschen internationalen Schuldvertragsrechts, München 2000 (zitiert: Kollisionsrechtlicher Verbraucherschutz).

Bamberger, Heinz Georg, Kommentar zum Bürgerlicher Gesetzbuch, München 2003.
Roth, Herbert, Band 3, §§ 1297-2385, EGBGB, CISG.
Mäsch, Gerald, EGBGB, Art. 7-12 Anh.
Spickhoff, Andreas, EGBGB, Art. 27-46.
Schmidt-Räntsch, Jürgen, §§ 312b-312d.

v.Bar, Christian/ Mankowski, Peter, Internationales Privatrecht, Band I, Allgemeine Lehren, 2. Auflage, München 2003.

v.Bar, Christian, Internationales Privatrecht, Band II, Besonderer Teil, München 1991.

Bartl, Harald, Aktuelle Rechtsfragen des Bildschirmtextes, DB 1982, S. 1097.

Basedow, Jürgen, Materielle Rechtsangleichung und Kollisionsrecht, in: Schnyder, Anton/ Heiss, Helmut/Rudisch, Bernhard (Hrsg.), Internationales Verbraucherschutzrecht, Festschrift für Fritz Reichert-Facilides, Tübingen 1995, S. 11.

Baum, Michael/Trafkowski, Armin, Anwaltstätigkeit und Fernabsatzgesetz, CR 2001, S. 459.

Baumert, Andreas, Europäischer ordre public und Sonderanknüpfung zur Durchsetzung von EG-Recht: unter besonderer Berücksichtigung der sog. Mittelbaren horizontalen Wirkung von EG-Richtlinienbestimmungen, Frankfurt a.M., 1994 (zitiert: Europäischer ordre public).

Baumert, Andreas, Die Umsetzung des Artikel 6 Abs. 2der AGB-Richtlinie im System des europäischen kollisionsrechtlichen Verbraucherschutzes, EWS 1995, S. 57.

Baumert, Andreas, Abschlusskontrolle bei Rechtswahlvereinbarungen, RIW 1997, S. 805.

Beckmann, Klaus F., Das Sprachenstatut bei internationalen Geschäftsverträgen, Die Geltung, Bestimmung und Bedeutung der Vertragssprache, Düsseldorf 1980.

Beckmann, Klaus F./ Sandrock, Otto, in: Sandrock, Otto, Handbuch der Internationalen Vertragsgestaltung, Band 1, Heidelberg 1980.

Beckmann, Klaus F., Bedeutung der Vertragssprache im Internationalen Wirtschaftverkehr, RIW 1981, S. 79.

Bitterich, Klaus, Die analoge Anwendung des Art. 29a Abs. 1, 2 EGBGB auf Verbraucherschutzrichtlinien ohne kollisionsrechtlichen Rechtsetzungsauftrag- zugleich eine Besprechung von EuGH, v. 9.11.2000 Rs. C-381/98 (Ingmar GB Ltd./Eaton Leonhard Technologies Inc.), VuR 2002, S. 155.

Blaurock, Uwe, Vermutungen und Ausweichklausel in Art. 4 EVÜ-ein tauglicher Kompromiß zwischen starren Anknüpfungsregeln und einem fexible approach ?, in: Gerhard Hohloch (Hrsg.), Festschrift für Hans Stoll, Tübingen 2001, S. 463.

Bleckmann, Albert, Europarecht, 6. Auflage, Köln, Berlin, Bonn, München 1997. Bearbeiter: *Pieper, Stefan Ulrich.*

Bodewig, Theo, Die neue europäische Richtlinie zum Fernabsatz, DZWiR 1997, S. 447.

Böhm, Barbara, Verbraucherschutz im internationalen Privatrecht- die Reichweite des Art. 29 EGBGB an Hand ausgesuchter Fälle, Bayreuth 1993, S. 54.

Boehme-Neßler, Volker, Cyberlaw, München 2001.

Boente, Walter/ Riehm, Thomas, Besondere Vertriebsformen im BGB, JURA 2002, S. 222.

Börner, Fritjof, Fernabsatzrecht: Leitfaden mit Gestaltungshinweisen, Köln 2001.

Borges, Georg, Verbraucherschutz beim Internet- Shopping, ZIP 1999, S. 130.

Borges, Georg, Weltweite Geschäfte per Internet und deutscher Verbraucherschutz, ZIP 1999, S. 565.

Borsum, Wolfgang/Hoffmeister, Uwe, Bildschirmtext und Vertragsrecht, Rechtsfragen unter besonderer Berücksichtigung der Bankgeschäfte, Hannover 1984.

Bothe, Michael/ Kilian, Wolfgang, Rechtsfragen grenzüberschreitender Datenflüsse, Köln 1992.

Brechmann, Winfried, Die richtlinienkonforme Auslegung, München 1994.

Brödermann, Eckart/ Iversen, Holger, Europäisches Gemeinschaftsrecht und Internationales Privatrecht, Tübingen 1994.

Buchner, Benedikt, E-Commerce und effektiver Rechtsschutz- oder: Wer folgt wem wohin ?, EWS 2000, S. 147.

Bülow, Peter, Zum internationalen Anwendungsbereich des deutschen Verbraucherkreditgesetzes, EuZW 1993, S: 435.

Bülow, Peter/ Artz, Markus, Fernabsatzverträge und Strukturen eines Verbraucherprivatrechts im BGB, NJW 2000, S. 2049.

Bülow, Peter/Artz, Markus, Verbraucherprivatrecht, Heidelberg 2003.

Busse, Aliki, Softwarevertrieb in Netzen, CR 1996, S. 389.

Coester-Waltjen, Dagmar, Der Eskimo- Mantel aus Spanien- Ist der kollisionsrechtliche Verbraucherschutz zu kurz gestrickt?, Festschrift für Werner Lorenz, Tübingen 1991, S. 297.

Cortese, Bernardo, Verbraucherschutz im digitalen Zeitalter: - Zum Europäischen IPR für online-Verbraucherverträge, GRURInt 2005, S. 192.

Czernich, Dietmar/ Heiss, Helmut, EVÜ, Das Europäische Schuldvertragsübereinkommen, Kommentar, Wien 1999.
Bearbeiter: *Helmberg, Monika*

Czerwenka, Beate G., Rechtsanwendungsprobleme im internationalen Kaufrecht, Berlin 1988.

David, René/ Grasmann, Günther, Einführung in die großen Rechtssysteme der Gegenwart,
Bearbeiter: *Neumayer, Karl H.*, 2.Auflage, München 1988.

Dicey A.V./Morris, J.H.C., The Conflict of Laws, Band 2, Lawrence Collins (General Editor), London 2000.

Dieselhorst, Jochen, Anwendbares Recht bei Internationalen Online-Diensten, ZUM 1998, S. 293.

Dilger, Petra, Verbraucherschutz bei Vertragsabschlüssen im Internet, München 2002.

Dölle, Hans, Der Ordre Public im Internationalen Privatrecht, in: Wolff, Ernst (Hrsg.), Beiträge zum bürgerlichen Recht, Deutsche Landesreferate zum III. Internationalen Kongress für Rechtsvergleichung in London 1950, Berlin, Tübingen 1950, S. 397.

Downes, Noemi/Heiss, Helmut, Ausschluss des favor offerentis bei Formvorschriften des (europäisierten) Verbrauchervertragsrechts: Art. 9 EVÜ und komplexe Schutzformen, IPRax 1999, S. 137.

Dreher, Meinrad, Der Verbraucher- Das Phantom in der opera des europäischen und deutschen Rechts ?, JZ 1997, S. 167.

Drexl, Josef, Verbraucherschutz im Netz, in: Lehmann, Michael (Hrsg.) Rechtsgeschäfte im Netz-Electronic Commerce, Stuttgart 1999, S. 75.

Droste, Wolfgang, Der Begriff der „zwingenden Bestimmungen“ in Art. 27 ff., Freiburg 1991.

Ebert, Kurt Hanns, Rechtsvergleichung, Bern 1978.

Ebke, Werner F., Erste Erfahrungen mit dem EG-Schuldvertragsübereinkommen, in: v.Bar, Christian (Hrsg.), Europäisches Gemeinschaftsrecht und Internationales Privatrecht, Köln/ Berlin/ Bonn/ München 1991, S. 77.

European Consumer Law Group (ECLG), Reports and Opinions, Rapports et avis, September 1977- March 1984 Bruylant, Brüssel 1984.

Eli, Max/Laumer, Helmut, Der Versandhandel, Berlin, 1970.

Ende, Lothar/Klein, Alexander, Grundzüge des Vertriebsrechts im Internet, München 2001.

Erman, Bürgerliches Gesetzbuch, Handkommentar, 11. Auflage, Köln 2004. Bearbeiter: *Hohloch, Gerhard.*

Ernst, Stefan, Verbraucherschutzrechtliche Aspekte des Internets, VuR 1997, S. 259.

Ernst, Stefan, Internet und Recht, JUS 1997, S.776.

Eser, Gisbert, Kollisionsrechtliche Probleme bei grenzübergreifenden Arbeitsverhältnissen RIW 1992, S. 1.

Faber, Wolfgang, Elemente verschiedener Verbraucherbegriffe in EG- Richtlinien, zwischenstaatlichen Übereinkommen und nationalem Zivil- und Kollisionsrecht, ZEuP 1998, S. 854.

Fetsch, Johannes, Eingriffsnormen und EG-Vertrag: die Pflicht zur Anwendung der Eingriffsnormen anderer EG-Staaten, Tübingen, 2002.

Firsching, Karl, Übereinkommen über das auf vertragliche Schuldverhältnisse anzuwendende Recht (IPR-VertragsÜ) vom 11.6.1980, IPRax 1981, S. 37.

Fischer, Willi, Die Bestimmung der charakteristischen Leistung bei Abzahlungsgeschäften oder die ungewollte Schutzgesetzanwendung mittels Regelanknüpfung nach dem schweizerischen IPR-Gesetz, ZVglRWiss 88(1989), S. 14.

Fischer, Gerfried, Anmerkung zu BGH, Urt. v. 26.10.1993, JZ 1994, S. 367.

Fischer, Gerfried, Das Kollisionsrecht der Verbraucherverträge jenseits von Art. 5 EVÜ, in: Festschrift für Bernhard Großfeld, Heidelberg 1999, S. 277.

Freitag, Robert, Kurzkommentar zu EuGH, Urt. v. 9.11.2000-Rs C-381/98, EWiR 2000, S. 1061.

Freitag, Robert/ Leible, Stefan, Von den Schwierigkeiten der Umsetzung kollisionsrechtlicher Richtlinienbestimmungen, ZIP 1999, S. 1299.

Freitag, Robert/ Leible, Stefan, Ergänzung des kollisionsrechtlichen Verbraucherschutzes durch Art. 29a EGBGB, EWS 2000, S. 342.

Freitag, Robert/Leible, Stefan, Internationaler Anwendungsbereich der Handelsvertreterrichtlinie- Europäisches Handelsvertreterrecht weltweit ?, RIW 2001, S. 287.

Freund, Torsten, Der Vorschlag einer EU-Richtlinie über den Verbraucherschutz bei Vertragsabschlüssen im Fernabsatz, in: Herrmann, Harald u.a (Hrsg.), Deutsches und Internationales Bank- und Wirtschaftsrecht im Wandel, Schriften des Rechtszentrums für Europäische und Internationales Zusammenarbeit, Berlin/ New York 1997, S. 228.

Fuchs, Andreas, Das Fernabsatzgesetz im neuen System des Verbraucherschutzrechts, ZIP 2000, S. 1273.

Gaertner, Reinhard/ Gierschmann, Sibylle, Das neue Fernabsatzgesetz, DB 2000, S. 1601.

Geimer, Reinhold, Salut für die Verordnung (EG) Nr. 44/2001 (Brüssel I-VO), IPRax 2002, S. 69.

Geisler, Stephan, Die engste Verbindung im Internationalen Privatrecht, Berlin 2001.

Gimmy, Marc André, Vertragsschluss im Internet, in: Handbuch zum Internetrecht, Hrsg. Kröger Detlef/Gimmy, Marc André, Berlin, Heidelberg, New York, 2000, S. 65.

Giuliano, Mario/ Lagarde, Paul, Bericht über das Übereinkommen über das auf vertragliche Schuldverhältnisse anzuwendende Recht, BT-Drs. 10/ 503; ABl EG C 282/1 vom 31.10.1980.

Gößmann, Christine, Electronic Commerce, MMR 1998, S. 88.

Grabitz, Eberhard/ Hilf, Meinhard, Das Recht der europäischen Union, Kommentar zum EUV/ EGV, Band III, 28. EL, München 2005.
Bearbeiter: *Micklitz, Wolfgang H.*

Gruber, Joachim, Vertragsschluss im Internet unter kollisionsrechtlichen Aspekten, DB 1999, S. 1437.

Grundmann, Stefan, Europäisches Schuldvertragsrecht, ZGR Sonderheft 15, Berlin, New York 1999.

Grundmann, Stefan, Binnenmarktkollisionsrecht- vom klassischen IPR zur Integrationsordnung, RabelsZ 64 (2000), S. 457.

Grundmann, Stefan, Europäisches Schuldvertragsrecht, NJW 2000, S. 14.

Gunst, Dirk, Die charakteristische Leistung, Konstanz 1994.

Härting, Niko, Internetrecht, Köln 1999.

Härting, Niko, Fernabsatzgesetz, Köln 2000.

Härting, Niko/ Schirmbacher, Martin, Fernabsatzgesetz- Ein Überblick über den Anwendungsbereich, die Systematik und die wichtigsten Regelungen, MDR 2000, S. 917.

Härting, Niko/ Schirmbacher, Martin, Finanzdienstleistungen im Fernabsatz, CR 2002, S. 809.

Härting, Niko, Fernabsatzgesetz- Änderungen durch das Schuldrechtsmodernisierungsgesetz, MDR 2002, S. 61.

Heiss, Helmut, Formvorschriften als Instrument europäischen Verbraucherschutzes, in: Anton K. Schnyder, Helmut Heiss, Bernhard Rudisch (Hrsg.), Internationales Verbraucherschutzrecht, zu Ehren von Fritz Reichert-Facilides, Tübingen 1995, S. 87.

Helmberg, Monika, Der Einfluss des EG-Rechts auf das IPR (Teil II), WBl 1997, S. 137.

Henssler, Martin, Haftungsrisiken anwaltlicher Tätigkeit, JZ 1994, S. 178.

Herber, Rolf/ Czerwenka Beate, Internationales Kaufrecht, Kommentar zum Übereinkommen über Verträge über den internationalen Warenkauf, München 1991.

v.Hippel, Eike, Verbraucherschutzrecht, 3. Auflage, Tübingen 1986.

v.Hippel, Eike, Zum Schutz des Schwächeren, in: Broda, Christian/ Deutsch, Erwin/ Schreiber, Hans-Ludwig/ Vogel, Hans-Jochen (Hrsg.), Festschrift für Rudolf Wassermann, Darmstadt, Neuwied 1985, S. 371.

Höland, Armin, Leitbilder des Europäischen Verbraucherrechts, in: Krämer, Ludwig/ Micklitz, Hans-W./ Tonner, Klaus (Hrsg.), Recht und diffuse Interessen in der Europäischen Rechtsordnung, Liber amicorum Norbert Reich, Baden-Baden 1997, S. 195.

Hoeren, Thomas, IPR und EDV-Recht, CR 1993, S. 129.

Hoeren, Thomas, Kreditinstitute im Internet- eine digitale Odyssee im juristischen Weltraum, WM 1996, S. 2006.

Hoeren, Thomas, Rechtsfragen des Internet- Ein Leitfaden für die Praxis, München 1998.

Hoeren, Thomas/Oberscheidt, Jörn, Verbraucherschutz im Internet, VuR 1999, S. 371.

Hoeren, Thomas, Grundzüge des Internetrechts, 2. Auflage, München 2002.

v.Hoffmann, Bernd, Über den Schutz des Schwächeren bei internationalen Schuldverträgen, RabelsZ 38 (1974), S. 396.

v.Hoffmann, Bernd, Richtlinien der Europäischen Gemeinschaft und Internationales Privatrecht, ZfRV 1995, S. 45.

v.Hoffmann, Bernd, The relevance of european community law, in: v.Hoffmann (Hrsg.), European private international law, Nijmegen 1998, S. 19.

Hohloch, Gerhard, Anmerkung zu BGH, Urt. v. 19.3.1997, JUS 1997, S. 944.

Hommelhoff, Peter, Verbraucherschutz im System des deutschen und europäischen Privatrechts, Heidelberg 1996.

Horn, Christian, Verbraucherschutz bei Internetgeschäften, MMR 2002, S. 209.

Jäckel-Hutmacher, Christine/ Tonner, Klaus, Mehr Urlaubsbeweglichkeit durch Time-Sharing ?, VuR 1994, S. 9.

Jarass, Hans D., Richtlinienkonforme bzw. EG-rechtskonforme Auslegung nationalen Rechts, EuR 1991, S. 211.

Jayme, Erik, Sprachrisiko und internationales Privatrecht beim Bankverkehr mit ausländischen Kunden, in: Lutter, Marcus/ Kollhosser, Helmut/ Trusen, Winfried (Hrsg.), Recht und Wirtschaft in Geschichte und Gegenwart, FS für Johannes Bärmann, München 1975, S. 509.

Jayme, Eric, Rechtsvergleichung im Internationalen Privatrecht, in: Strasser, Rudolf/ Schwimann, Michael/ Hoyer, Hans (Hrsg.), Rechtsgeschichte, Rechtsvergleichung-Rechtspolitik, Festschrift für Fritz Schwind, Wien 1978, S. 103.

Jayme, Erik, Klauselrichtlinie und Internationales Privatrecht- Eine Skizze, in: v.Westphalen, Friedrich/ Sandrock, Otto, Lebendiges Recht- von den Sumerern bis zur Gegenwart, Festschrift für Reinhold Trinkner, Heidelberg 1995, S. 575.

Jayme, Erik, Methoden der Konkretisierung des ordre public im Internationalen Privatrecht, Heidelberg 1989.

Jayme, Erik/ Kohler, Christian, L'interaction des règles de conflit contenues dans le droit dérivé de la Communauté européenne et des conventions de Bruxelles et de Rome, Rev.crit.dr.int.pr. 84 (1995), S. 1.

Jayme, Erik/Kohler, Christian, Europäisches Kollisionsrecht 2000: Interlokales Privatrecht oder universelles Gemeinschaftsrecht ?, IPRax 2000, S. 454.

Jayme, Erik, Zum internationalen Geltungswillen der europäischen Regeln über den Handelsvertreterausgleich, IPRax 2001, S. 190.

Junker, Abbo, Die einheitliche europäische Auslegung nach dem EG-Schuldvertragsübereinkommen, RabelsZ 55 (1991), S. 674.

Junker, Abbo, Internationales Privatrecht, München 1998.

Junker, Abbo, Vom Citoyen zum Consommateur- Entwicklungen des internationalen Verbraucherschutzrechts, IPRax 1998, S. 65.

Junker, Abbo, Internationales Vertragsrecht im Internet, RIW 1999, S. 809.

Junker, Abbo, Empfiehlt es sich, Art. 7 EVÜ zu revidieren oder aufgrund der bisherigen Erfahrungen zu präzisieren? IPRax 2000, S. 65.

Junker, Abbo, Vom Brüsseler Übereinkommen zur Brüsseler Verordnung- Wandlungen des Internationalen Zivilprozessrechts, RIW 2002, S. 569.

Kaiser, Andreas/ Voigt, Dennis, Vertragsschluss und Abwicklung des Electronic Commerce im Internet-Chancen und Risiken, K&R 1999, S. 445.

Kallenborn, Gerald, Das Sprachenproblem bei Vertragsabschlüssen mit ausländischen Verbrauchern, Rostock 1997.

Kamanabrou, Sudabeh, Die Umsetzung der Fernabsatzrichtlinie, WM 2000, S. 1417.

Karollus, Martin, UN- Kaufrecht, Wien 1991.

Kaye, Peter, The New Private Internationale Law of Contract of the European Community, Aldershot, Brookfield 1993.

Kegel, Gerhard/ Schurig, Klaus, Internationales Privatrecht, 8. Auflage, München 2000

Keller, Max, Schutz des Schwächeren im Internationalen Vertragsrecht, in: Festschrift für Vischer, Zürich 1983, S. 175.

Kemper, Rainer, Verbraucherschutzinstrumente, Baden-Baden 1994.

Kindler, Peter, BB-Kommentar zur Entscheidung des EuGH in der Rechtssache C-381/98, BB 2001, S. 11.

Klingsporn, Burkhard, Der Schutz des Verbrauchers im internationalen Privatrecht, WM 1994, S. 1093.

Koch, Harald/ Magnus, Ulrich/ Winkler v.Mohrenfels, Peter, IPR und Rechtsvergleichung, 3. Auflage, München 2004.

Koch, Frank A., Internet-Recht, München 1998.

Köhler, Helmut, Die Rechte des Verbrauchers beim Teleshopping (TV- Shopping, Internet- Shopping), NJW 1998, S. 185.

Köhler, Markus/ Arndt, Hans-Wolfgang, Recht des Internet, 4.Auflage, Heidelberg, 2003.

Kohte, Wolfhard, Verbraucherschutz im Licht des europäischen Wirtschaftsrecht, EuZW 1990, S. 150.

Kreuzer, Karl, Berichtigungsklauseln im Internationalen Privatrecht, in: Graveson, Ronald H./Kreuzer, Karl/ Tunc, André/ Zweigert, Konrad, Festschrift für Imre Zajtay, Tübingen 1982, S. 295.

Kreuzer, Karl, Zur Funktion von kollisionsrechtlichen Berichtigungsnormen, ZfRV 1992, S. 168.

Kroeger, Helga, Der Schutz der „marktschwächeren“ Partei im internationalen Privatrecht, Frankfurt 1984.

Kronke, Herbert, Electronic Commerce und Europäisches VerbrauchervertragsIPR, RIW 1996, S. 985.

Kropholler, Jan, Das Kollisionsrechtliche System des Schutzes der schwächeren Vertragspartei, RabelsZ 42 (1978), S. 634.

Kropholler, Jan, Internationales Privatrecht, 4. Auflage, Tübingen 2001.

Kühne, Gunther, Die Parteiautonomie zwischen kollisionsrechtlicher und materiellrechtlicher Gerechtigkeit, in: Hilmar Krüger, Hans-Peter Mansel (Hrsg.), Liber amicorum Gerhard Kegel, München 2002, S. 65.

Lando, Ole, The 1955 an 1985 Hague Conventions on the Law Applicable to the International Sale of Goods, RabelsZ 57 (1993), S. 155.

Lando, Ole, The EEC convention on the law applicable to contractual obligations, Common Market Law Revue (CMLR) 24 (1987), S. 159.

Langenfeld, Christine, Noch einmal: Die EG-Richtlinie zum Haustürwiderrufsgesetz und deutsches IPR, IPRax 1993, S. 155.

Legerer, Joseph, Erster Diskussionsbericht, in: Schnyder, Anton K./Heiss, Helmut/ Rudisch, Bernhard (Hrsg.), Internationales Verbraucherschutzrecht, Festschrift für Fritz Reichert-Facilides, Tübingen 1995, S. 53.

Lehmann, Michael, Electronic Commerce und Werbung im Netz, in: Lehmann, Michael (Hrsg.), Rechtsgeschäfte im Netz-Electronic Commerce, Stuttgart 1999, S. 169.

Leible, Stefan, Rechtswahlfreiheit und kollisionsrechtlicher Verbraucherschutz, in: Armbrüster, Christian u.a. (Hrsg.), Privatautonomie und Ungleichgewichtslagen, Jahrbuch junger Zivilrechtswissenschaftler 1995, Stuttgart, München, Hannover, Berlin, Weimar, Dresden 1996, S. 245.

Leible, Stefan, Kollisionsrechtlicher Verbraucherschutz im EVÜ und in EG-Richtlinien, in: Schulte-Nölke, Hans/ Schulze, Reiner (Hrsg.), Europäische Rechtsangleichung und nationale Privatrechte, Baden-Baden 1999, S. 353.

Linke, Hartmut, Sonderanknüpfung der Willenerklärung ?, ZVglRWiss 79 (1980), S. 1.

Löwe, Walter, Schutz gegen Überrumpelung beim Vertragsabschluss, BB 1986, S. 821.

Lorenz, Egon, Die Rechtswahlfreiheit im internationalen Schuldvertragsrecht, RIW 1987, S. 569.

Lorenz, Egon, Zum neuen internationalen Vertragsrecht aus versicherungsvertraglicher Sicht, in: Musielak, Hans-Joachim/ Schurig, Klaus, Festschrift für Gerhard Kegel, Stuttgart, Berlin, Köln, Mainz 1987, S. 303.

Lorenz, Werner, Vom alten zum neuen internationalen Schuldvertragsrecht, IPRax 1987, S. 261.

Lorenz, Werner, Kollisionsrecht des Verbraucherschutzes: Anwendbares Recht und internationale Zuständigkeit, IPRax 1994, S. 429.

Lorenz, Stephan, Im BGB viel Neues: Die Umsetzung der Fernabsatzrichtlinie, JUS 2000, S. 833.

Lüderitz, Alexander, „Verbraucherschutz" im internationalen Vertragsrecht- ein Zuständigkeitsproblem, Festschrift für Stefan Riesenfeld, Heidelberg 1983, S. 147.

Lüderitz, Alexander, Internationaler Verbraucherschutz in Nöten, IPRax 1990, S. 216.

Lütcke, Jens, Fernabsatzrecht, Kommentar, München 2002.

Lurger, Brigitta, Zur Umsetzung der Kollisionsnormen von Verbraucherschutzrichtlinien, in: Terlitza, Ulfried/Schwarzenegger, Peter/ Boric, Tomislav (Hrsg.), Die internationales Dimension des Rechts, Festschrift für Willibald Posch, Wien 1996, S. 181.

Lutter, Marcus, Die Auslegung angeglichenen Rechts, JZ 1992, S. 593.

Mäsch, Gerald, Rechtswahlfreiheit und Verbraucherschutz, Berlin 1993.

Mäsch, Zur Sonderanknüpfung vorkonsensualer Elemente im internationalen Vertragsrecht nach Artikel 31 II EGBGB, IPRax 1995, S. 371.

Magnus, Ulrich, Stand und Entwicklung des UN-Kaufrechts, ZEuP 1995, S. 202.

Magnus, Ulrich, E-Commerce und Internationales Privatrecht, in: Graf, Christian; Paschke, Marian; Stober, Rolf (Hrsg.), Das Wirtschaftsrecht vor den Herausforderungen des E-Commerce, 19-34, Köln, Berlin, Bonn, München 2002.

Magnus, Ulrich/ Mankowski, Peter, The Green Paper on a Future Rome I Regulation- on the Road to a Renewed European Private International Law of Contracts, ZvglRWiss 103 (2004), S. 131.

Mankowski, Peter, Zur Analogie im internationalen Schuldvertragsrecht, IPRax 1991, S. 305.

Mankowski, Peter, Strukturfragen des Internationalen Verbrauchervertragsrechts, RIW 1993, S. 453.

Mankowski, Peter, Anmerkung zu OLG Düsseldorf, Urt. v. 14.1.1994, RIW 1994, S. 421.

Mankowski, Peter, Timesharingverträge und Internationales Vertragsrecht, RIW 1995, S. 364.

Mankowski, Peter, Art. 34 EGBGB erfasst § 138 BGB nicht !, RIW 1996, S. 8.

Mankowski, Peter, Keine Sonderanknüpfung deutschen Verbraucherschutzrechts über Art. 34 EGBGB, DZWiR 1996, S. 273.

Mankowski, Peter, Widerrufsrecht und Art. 31 Abs.2 EGBGB, RIW 1996, S. 382.

Mankowski, Peter, Strukturfragen des Internationalen Verbrauchervertragsrechts, RIW 1998, S. 287.

Mankowski, Peter, Das Internet im internationalen Vertrags- und Deliktsrecht, RabelsZ 63 (1999), S. 203.

Mankowski, Peter, Internet und besondere Aspekte des Internationalen Vertragsrechts (I), CR 1999, S. 512.

Mankowski, Peter, Internet und besondere Aspekte des Internationalen Vertragsrechts (II), CR 1999, S. 581.

Mankowski, Peter, § 12 AGBG im System des Internationalen Verbrauchervertragsrechts, BB 1999, S. 1225.

Mankowski, Peter, in: Spindler, Gerald/ Wiebe, Andreas (Hrsg.), Internet-Auktionen, München 2001, S. 157.

Mankowski, Peter, E-Commerce und Internationales Verbraucherschutzrecht, MMR Beilage 2000, S. 22.

Mankowski, Peter, Rechtssicherheit, Einzelfallgerechtigkeit und Systemgerechtigkeit bei der objektiven Anknüpfung im Internationalen Schuldvertragsrecht- Zur Reichweite des Artikel 4 Absatz 5 EVÜ, ZEuP 2002, S. 811.

Mankowski, Peter, Der Ausgleichanspruch des international tätigen Handelsvertreters, MDR 2002, S. 1352.

Mann, Frederick, A., Sonderanknüpfung und zwingendes Recht im internationalen Privatrecht, in: Sandrock, Otto (Hrsg.), Festschrift für Günther Beitzke, Berlin, New York 1979, S. 607.

Martiny, Dieter, Gemeinschaftsrecht, ordre public, zwingende Bestimmungen und Exklusivnormen, in: v.Bar, Christian (Hrsg.), Europäisches Gemeinschaftsrecht und Internationales Privatrecht, Osnabrück 1991, S. 211.

Martiny, Dieter, Internationales Vertragsrecht zwischen Rechtsgefälle und Rechtsvereinheitlichung, ZEuP 1995, S. 67.

Martiny, Dieter, Die Anknüpfung an den Markt, in: Jürgen Basedow, Klaus J. Hopt, Hein Kötz (Hrsg.), Festschrift für Ulrich Drobnig, Tübingen 1998, S. 389.

Martiny, Dieter, Europäisches Internationales Vertragsrecht- Ausbau und Konsolidierung, ZEuP 1999, S. 246.

Martiny, Dieter, Spiel und Wette im internationalen Privat- und Verfahrensrecht, Festschrift für Werner Lorenz, München 2001.

Martiny, Dieter, Europäisches Internationales Vertragsrecht vor der Reform, ZEuP 2003, S. 590.

Max Planck Institute for Foreign Private and Private International Law, Comments on the European Commission´s Green Paper on the conversion of the Rome Convention of 1980 on the law applicable to contractual obligations into a Community instrument an its modernization, RabelsZ 68 (2004), S. 1.

Medicus, Dieter, Wer ist Verbraucher?, in: Festschrift für Kitagawa, Berlin 1992, S. 471.

Meents, Jan Geert, Verbraucherschutz bei Rechtsgeschäften im Internet, Köln 1998.

Meents, Jan Geert, Ausgewählte Probleme des Fernabsatzgesetzes bei Rechtsgeschäften im Internet, CR 2000, S. 610.

Mehrings, Josef, Internet- Verträge und internationales Vertragsrecht, CR 1998, S. 613.

Mehrings, Josef, in: Hoeren, Thomas/ Sieber, Ulrich (Hrsg.), Handbuch Multimedia Recht, Stand Dezember 2001, München 2002.

Mentzel, Ralph, Sonderanknüpfung von Eingriffsrecht im Internationalen Vertragsrecht, München 1993.

Merschformann, Ulrike, Die objektive Bestimmung des Vertragsstatuts beim internationalen Warenkauf, Baden-Baden 1991.

Meyer-Sparenberg, Wolfgang, Rechtswahlvereinbarungen in Allgemeinen Geschäftsbedingungen, RIW 1989, S. 347.

Michaels, Ralf/Kamann, Hans-Georg, Europäisches Verbraucherschutzrecht und IPR, JZ 1997, S. 601.

Micklitz, Hans-Wolfgang, Verbraucherschutz und Bildschirmtext, NJW 1982, S. 263.

Micklitz, Hans-Wolfgang/ Reich, Norbert, Die Fernabsatzrichtlinie im deutschen Recht, Baden-Baden 1998.

Micklitz, Hans-Wolfgang., Die Fernabsatzrichtlinie 97/7/EG, ZEuP 1999, S. 875.

Micklitz, Hans-Wolfgang/ Reich, Norbert, Umsetzung der Fernabsatzrichtlinie, BB 1999, S. 2093.

Micklitz, Hans-Wolfgang/ Tonner, Klaus, Vertriebsrecht, Haustür-, Fernabsatzgeschäfte und elektronischer Geschäftsverkehr (§§ 312-312f; 355-359 BGB), Handkommentar, Baden-Baden 2002.

Mincke, Wolfgang, Die Parteiautonomie: Rechtswahl oder Ortswahl, IPRax 1985, S. 313.

Mühl, Margarete, Die Lehre vom „bessere" und „günstigeren" Recht im Internationalen Privatrecht, München 1982.

Müller, Carsten, Internationales Privatrecht und Internet, in: Hoeren, Thomas/ Queck, Robert (Hrsg.), Rechtsfragen der Informationsgesellschaft, Berlin 1999, S. 259.

Münchner Kommentar/ Münchner Kommentar zum Bürgerlichen Gesetzbuch, Bearbeiter:
Martiny, Dieter, Band 10, Artt. 27-30 EGBGB, 3. Auflage, München 1998.
Sonnenberger, Hans Jürgen, Band 10, Einl.IPR und Art. 3-Art. 6 EGBGB, 4. Auflage, München 2006
Spellenberg, Ulrich, Band 10, Art. 11, Art. 31, 32 EGBGB, 4. Auflage, München 2006.
Wendehorst, Christiane, Band 2, FernAbsG, 4. Auflage, München 2001.
Wendehorst, Christiane, Band 2a, §§ 312 b- 312 f BGB, 4. Auflage, München 2003.
Micklitz, Hans-W., Band 1, Allgemeiner Teil, §§ 13, 14 BGB, 4.Auflage, München 2001.

Nemeth, Kristin, Kollisionsrechtlicher Verbraucherschutz in Europa- Art. 5 EVÜ und die einschlägigen Verbraucherschutzrichtlinien, Innsbruck 1999 (zitiert: Kollisionsrechtlicher Verbraucherschutz in Europa).

Neuhaus, Paul Heinrich, Die Grundbegriffe des internationalen Privatrechts, 2. Auflage, Tübingen 1976.

Neuhaus, Paul Heinrich/ Kropholler, Jan, Entwurf eines Gesetzes über Internationales Privat- und Verfahrensrecht (IPR-Gesetz), RabelsZ 44 (1980), S. 326.

Offermann, Klaus, H., Internationales Privatrecht-Elektronischer Geschäftsverkehr-Herkunftslandprinzip, Hrsg. Europäisches Parlament, 2001, S. 5.

Oppermann, Thomas, Europarecht, 2. Auflage, München 1999.

Organization for economic coo-operation and development (OECD), New home shopping technologies, Paris 1992.

Paefgen, Walter G., Kollisionsrechtlicher Verbraucherschutz im Internationalen Vertragsrecht und europäisches Gemeinschaftsrechts, ZEuP 2003, S. 266.

Palandt, Otto, Kommentar zum Bürgerlichen Gesetzbuch, 65. Auflage, München 2006.
Bearbeiter: *Heldrich, Andreas/ Heinrichs, Helmut/ Weidenkaff, Walter*.

Papathoma-Baetge, Anastasia/ Nehrenberg, Stefanie/ Finke, Tilmann, in: *Kaminski, Bert/ Heußler, Thomas/ Kolaschnik, Helge F./ Papathoma-Baetge, Anastasia (Hrsg.)*, Rechtshandbuch E-Business (Rechtliche Rahmenbedingungen für Geschäfte im Internet, Neuwied, Kriftel 2002.

Pfeiffer, Thomas, Die Entwicklung des Internationalen Vertrags-, Schuld- und Sachenrechts in den Jahren 1995/96, NJW 1997, S. 1207.

Pfeiffer, Thomas, Der Verbraucherbegriff als zentrales Merkmal im europäischen Privatrecht, in: Schulte-Nölke, Hans/ Schulze, Reiner (Hrsg.), Europäische Rechtsangleichung und nationale Privatrechte, Baden-Baden 1999, S. 21.

Pfeiffer, Thomas, Vom kaufmännischen Verkehr zum Unternehmensverkehr, NJW 1999, S. 169.

Piepenbrock, Hermann- Josef/ Schmitz, Peter, Fernabsatzgesetz: Neuer Rechtsrahmen für E-Commerce, K&R 2000, S. 378.

Piltz, Burghard, Internationales Kaufrecht, München 1993.

Püls, Joachim, Grundfragen bei der Bestimmung des auf Schuldverträge anwendbaren Rechts, JUS 1991, S. 566.

Püls, Joachim, Parteiautonomie, Berlin 1995.

Pützhoven, Andreas, Europäischer Verbraucherschutz im Fernabsatz, München 2001.

Raiser, Gottfried, Die Haftung des deutschen Rechtsanwalts bei grenzübergreifender Tätigkeit, NJW 1991, S. 2049.

Rauscher, Thomas, Neue verbraucherfreundliche „Spielregeln" im spanischen Markt, RIW 1998, S. 26.

Rauscher, Thomas, Internationales Privatrecht, 2.Auflage, Heidelberg 2002.

Reich, Norbert/ Micklitz, Hans-W., Verbraucherschutz in den EG- Staaten, New Yorck 1981.

Reich, Norbert, Cleverles Binnenmarkt, Gutachters Kunst und Richters Rechtsverfremdung, VuR 1989, S. 158.

Reich, Norbert, Die Freiheit des Dienstleistungsverkehrs als Grundfreiheit, ZHR 153 (1989), S. 571.

Reich, Norbert, Cleverles Binnenmarkt II, Vom Sieg der praktischen über die theoretische Vernunft, VuR 1992, S. 189.

Reich, Norbert, Grundgesetz und internationales Vertragsrecht, NJW 1994, S. 2128.

Reich, Norbert, Die neue Richtlinie 97/7/EG über den Verbraucherschutz bei Vertragsabschlüssen im Fernabsatz, EuZW 1997, S. 581.

Reich, Norbert/ Nordhausen, Annette, Verbraucher und Recht im elektronischen Geschäftsverkehr (eG), Baden-Baden 2000.

Reich, Norbert, EuGH: Handelvertreterrichtlinie unabdingbar gegenüber Drittlandprinzipal, Urteilsanmerkung, EuZW 2001, S. 50.

Reich, Norbert/ Micklitz, Hans-W., Europäisches Verbraucherrecht, 4. Auflage, Baden-Baden 2003.

Reichert-Facilides, Fritz, Einführung in die Thematik „Internationales Verbraucherschutzrecht", in: Schnyder, Anton K./Heiss, Helmut/ Rudisch, Bernhard (Hrsg.), Internationales Verbraucherschutzrecht, Festschrift für Fritz Reichert-Facilides, Tübingen 1995, S. 1.

Reinhart, Gert, Zum Sprachenproblem im grenzüberschreitenden Handelsverkehr, IPRax 1982, S. 226.

Reinhart, Gert, Zur einheitlichen Auslegung vereinheitlichter IPR-Normen nach Art. 36 EGBGB, RIW 1994, S. 445.

Reinhart, Gert, Zur Auslegung des Begriffs „Verbraucher“ im Kollisionsrecht, in: v.Westphalen, Friedrich/ Sandrock, Otto, Lebendiges Recht- von den Sumerern bis zur Gegenwart, Festschrift für Reinhold Trinkner, Heidelberg 1995, S. 657.

Reithmann, Christoph/ Martiny, Dieter, Internationales Vertragsrecht, 6. Auflage, Köln 2004.

Ress, Georg, Die richtlinienkonforme „Interpretation“ innerstaatlichen Rechts, DÖV 1994, S. 489.

Rheinstein, Max, Einführung in die Rechtsvergleichung, München 1987.

Riehm, Thomas, Das Gesetz über Fernabsatzverträge, JURA 2000, S. 505.

Ring, Gerhard, Fernabsatzgesetz, Bonn 2000.

Roth, Günter, Der Vorbehalt des Ordre Public gegenüber fremden Entscheidungen, Bielefeld 1967.

Roth, Wulf-Henning, Internationales Versicherungsvertragsrecht, Tübingen 1985.

Roth, Wulf- Henning, Verbraucherschutz über die Grenze, RIW 1994, S. 275.

Roth, Wulf-Henning, Zum Verhältnis von Art. 7 Abs.2 und Art. 5 der Römer Schuldvertragskonvention, in: Schnyder, Anton K./Heiss, Helmut/ Rudisch, Bernhard (Hrsg.), Internationales Verbraucherschutzrecht, Festschrift für Fritz Reichert-Facilides, Tübingen 1995, S. 35.

Roth, Birgit/ Schulze, Götz, Verbraucherschutz im E-Commerce, RIW 1999, S. 924.

Roth, Herbert, Das Fernabsatzgesetz, JZ 2000, S. 1013.

Rott, Peter, Informationspflichten in Fernabsatzverträgen als Paradigma für die Sprachenproblematik im Vertragsrecht, ZVglRWiss 98 (1999), S. 382.

Rott, Peter, Widerruf und Rückabwicklung nach der Umsetzung der Fernabsatzrichtlinie und dem Entwurf eines Schuldrechtsmodernisierungsgesetzes, VuR 2001, S. 78.

Rudisch, Bernhard, Grenzüberschreitender Schutz bei Verbrauchergeschäften im Gefüge von internationalem Privatrecht und internationalem Verfahrensrecht, in: Schnyder, Anton K./Heiss, Helmut/ Rudisch, Bernhard (Hrsg.), Internationales Verbraucherschutzrecht, Festschrift für Fritz Reichert-Facilides, Tübingen 1995, S. 191.

Rühl, Christiane, Rechtswahlfreiheit und Rechtswahlklauseln in Allgemeinen Geschäftsbedingungen, Baden-Baden 1999.

Rühl, Christiane, § 12 AGBG im System des internationalen Verbraucherschutzrechts, RIW 1999, S. 321.

Rüßmann, Helmut, Internationalprozessrechtliche und internationalprivatrechtliche Probleme bei Vertragsschlüssen im Internet unter besonderer Berücksichtigung des Verbraucherschutzes, in: Tauss, Jörg/ Kollbeck, Johannes/ Mönikes, Jan (Hrsg.), Deutschlands Weg in die Informationsgesellschaft, Baden-Baden 1996, S. 709.

Rüßmann, Helmut, Verbraucherschutz im Internet, K&R 1998, S. 129.

Rusche, Tim, Der „enge Zusammenhang“ im Sinne des Art. 29 a EGBGB, IPRax 2001, S. 420.

Sack, Rolf, Marktortprinzip und allgemeine Ausweichklausel im internationalen Wettbewerbsrecht, am Beispiel der sog. Gran-Canaria-Fälle, IPRax 1992, S. 24.

Sandrock, Otto, Neue Herausforderungen an das Internationale Wirtschaftsrecht, ZVglRWiss 98 (1999), S. 227.

Schaltinat, Katja H., Internationale Verbraucherstreitigkeiten, Frankfurt am Main, 1998.

Scherer, Josef/ Butt, Mark Eric, Rechtsprobleme bei Vertragsschluss via Internet, DB 2000, S. 1009.

Schlechtriem, Peter, Rechtswahl im europäischen Binnenmarkt und Klauselkontrolle, in: Festschrift für Werner Lorenz, München 2001, S. 565.

Schlechtriem, Peter, Kommentar zum einheitlichen UN- Kaufrecht, 3. Auflage, München 2000.

Schlosser, Peter, Bericht zum Übereinkommen über die gerichtliche Zuständigkeit und die Vollstreckung gerichtlicher Entscheidungen in Zivil- und Handelssachen (EuGVÜ), Amtblatt der Europäischen Gemeinschaften C 59, vom 5.3.1979.

Schlosser, Peter, Sonderanknüpfungen von zwingendem Verbraucherschutzrecht und europäisches Prozessrecht, in: Festschrift für Ernst Steindorff, Berlin 1990, S. 1379.

Schmid, Christoph, Das Zusammenspiel von Einheitlichem UN- Kaufrecht und nationalem Recht: Lückenfüllung und Normenkonkurrenz, Berlin 1996.

Schmidt-Räntsch, Jürgen, Zum Gesetz über Fernabsatzverträge und andere Fragen des Verbraucherrechts sowie zur Umstellung von Vorschriften auf Euro, VuR 2000, S. 427.

Schmitt, Hansjörg Friedrich, Online-Kaufverträge über „Intangible Goods" und der Anwendungsbereich von Verbrauchergesetzen, CR 2001, S. 838.

Schmitt, Hansjörg Friedrich, Intangible Goods als Leistungsgegenstand internationaler Online-Kaufverträge, Frankfurt a.M. 2003.

Schnitzer, Adolf F., Handbuch des internationalen Privatrechts, 2.Band, 4.Auflage, Basel 1958.

Schnitzer, Adolf, F., Rechtsanwendung auf Verträge, in: Festschrift für Hans Lewald, Basel 1953, S. 383.

Schnitzer, Adolf F., Die funktionelle Anknüpfung im Internationalen Privatrecht, in: Festschrift für Wilhelm Schönenberger, Freiburg 1968, S. 387.

Schnyder, Anton, Ausweichklausel und Verbraucherschutz- Herausforderung des Schweizer Internationalprivatrechts, in: Schnyder, Anton K./Heiss, Helmut/ Rudisch, Bernhard (Hrsg.), Internationales Verbraucherschutzrecht, Festschrift für Fritz Reichert-Facilides, Tübingen 1995, S. 57.

Schröder, Christian, Das Günstigkeitsprinzip im internationalen Privatrecht, Frankfurt 1996.

Schröder, Christof, Tele-Shopping, Ausgewählte Rechtsprobleme bei der Durchführung des Einkaufs per Fernsehen, Frankfurt am Main 2000.

Schu, Reinhard, Consumer Protection and Private International Law in Internet Contracts, International Journal of Law and Information Technology (1997) 5 Int J L&IT, S. 192.

Schünemann, Wolfgang B., Mündigkeit versus Schutzbedürftigkeit, Legitimationsprobleme des Verbraucherleitbildes, in: Pfeiffer, Gerd/ Kummer, Joachim/Scheuch, Silke (Hrsg.), Festschrift für Hans Erich Brandner, Köln 1996, S. 279.

Schütze, Rolf A., Allgemeine Geschäftsbedingungen bei Auslandsgeschäften, DB 1978, S. 2301.

Schurig, Klaus, Kollisionsnorm und Sachrecht, Berlin 1981.

Schurig, Klaus, Zwingendes Recht, Eingriffsnormen und neues IPR, RabelsZ 54 (1990), S. 217.

Schwarz, Eckhard, Das „Sprachrisiko“ im internationalen Geschäftsverkehr-ein deutsch-portugiesischer Fall, Aufs. Zu OLG Stuttgart, 16.6.1987, IPRax 1988, S. 278.

Schwarz, Eckhard, Schutzkollisionen im internationalen Verbraucherschutz, Heidelberg 1991.

Siehr, Kurt, Wechselwirkungen zwischen Kollisionsrecht und Sachrecht, RabelsZ 37 (1973), S. 466.

Siehr, Kurt, Internationales Privatrecht, Heidelberg 2001.

Siems, Mathias, Kollisionsrechtlicher Verbraucherschutz: Gibt es ein Patentrezept ? , GPR 2005, S. 158.

Simitis, Spiros, Aufgaben und Grenzen der Parteiautonomie im Internationalen Vertragsrecht, JuS 1966, S. 209.

Soergel, Kommentar zum Bürgerlichen Gesetzbuch
Bearbeiter:
v. Hoffman, Bernd, Band 10, Einführungsgesetz, 12. Auflage, Stuttgart 1996.
Lüderitz, Alexander/ Fenge, Anja, Art. 1-24 CISG.

Sonnenberger, Hans-Jürgen, Europarecht und Internationales Privatrecht, ZVglRWiss 95 (1996), S. 3.

Sonnenberger, Hans- Jürgen, Die Umsetzung kollisionsrechtlicher Regelungsgebote in EG- Richtlinien, ZEuP 1996, S. 382.

Sonnenberger, Hans-Jürgen, Eingriffsrecht- Das trojanische Pferd im IPR oder notwendige Ergänzung ?, IPRax 2003, S. 104.

Spickhoff, Andreas, Der ordre public im internationalen Privatrecht, Neuwied 1989.

Spickhoff, Andreas, Der verbotswidrige Rückerwerb eigener Aktien: Internationales Privatrect und europäische Rechtsangleichung, BB 1997, S. 2593.

Spindler, Gerald, Deliktsrechtliche Haftung im Internet- nationale und internationale Rechtsprobleme, ZUM 1996, S. 533.

Spindler, Gerald, Internationales Verbraucherschutzrecht im Internet, MMR 2000, S. 18.

Staudinger, Ansgar, Art. 29 a EGBGB des Referentenentwurfs zum Fernabsatzgesetz, IPRax 1999, S. 414.

Staudinger, Ansgar, Internationaler Verbraucherschutz made in Germany, RIW 2000, S. 416.

Staudinger, Ansgar, Die ungeschriebenen kollisionsrechtlichen Regelungsgebote der Handelsvertreter-, Haustürwiderrufs- und Produkthaftungsrichtlinie, NJW 2001, 1974.

Staudinger, Kommentar zum Bürgerlichen Gesetzbuch
Bearbeiter:
Magnus, Ulrich, Artt. 27-37 u.a., 13. Auflage, Berlin 2002.
Staudinger-Reinhart, Art. 29 EGBGB, 13. Auflage, Berlin 2002.
Staudinger-Fritz Sturm/ Gudrun Sturm, Einl zum IPR, 13. Auflage, Berlin 2002.

Steindorff, Ernst, Europäisches Gemeinschaftsrecht und deutsches Internationales Privatrecht- Ein Beitrag zum ordre public und zur Sonderanknüpfung zwingenden Rechts, EuR 1981, S. 426.

Steinle, Edgar, Konkludente Rechtswahl und objektive Anknüpfung nach altem und neuem deutschen Internationalen Vertragsrecht, ZVglRWiss 93 (1994), S. 300.

Stoll, Hans, Internationalprivatrechtliche Probleme bei der Verwendung Allgemeiner Geschäftsbedingungen, in: Festschrift für Günther Beitzke, Berlin, New York 1979, S. 759.

Stoll, Hans, Rechtliche Inhaltskontrollen bei internationalen Handelsgeschäften, in: Musielak, Hans-Joachim/ Schurig, Klaus, Festschrift für Gerhard Kegel, Stuttgart, Berlin, Köln, Mainz 1987, S. 623.

Stoll, Hans, Das Statut der Rechtswahlvereinbarung- eine irreführende Konstruktion, in: Meier, Isaak/ Siehr, Kurt (Hrsg.), Rechtskollisionen, Festschrift für Anton Heini, Zürich 1995, S. 429.

Strunk, Günther, Grenzübergreifende Geschäftsaktivitäten durch das Internet als weißer Fleck der Besteuerung ?, IstR 1997, S. 257.

Taupitz, Jochen, Kaffeefahrten deutscher Urlauber auf Gran Canaria: Deutscher Verbraucherschutz im Urlaubsgepäck ?, BB 1990, S. 642.

Taupitz, Jochen/ Kritter, Thomas, Electronic Commerce- Probleme bei Rechtsgeschäften im Internet, JUS 1999, S. 839.

Terlau, Matthias, in: Moritz, Hans-Werner/Dreier, Thomas (Hrsg.), Rechts-Handbuch zum E-Commerce, Köln 2002.

Thorn, Karsten, Verbraucherschutz bei Verträgen im Fernabsatz, IPRax 1999, S. 1.

Tonner, Klaus, Das neue Fernabsatzgesetz- oder: System statt Flickenteppich, BB 2000, S. 1413.

Van Meenen, Ignace, Lauterkeitsrecht und Verbraucherschutz im IPR, Frankfurt a.M. 1995.

Vékás, Lajos, Antizipierte Umsetzung von Verbraucherrichtlinien und das Internationale Privatrecht, in: Hrsg. Jürgen Basedow et alt. (Hrsg.), Liber amicorum Kurt Siehr, Den Haag 2000, S. 775.

Vischer, Frank, Internationales Vertragsrecht, Bern 1962.

Vischer, Frank/ Huber, Lucius/ Oser, David, Internationales Vertragsrecht, 2. Auflage, Bern 2000.

Wagner, Rolf, Verfahrens- und internationalprivatrechtliche Fragen beim Teleshopping, WM 1995, S. 1129.

Wagner, Rolf, Zusammenführung verbraucherschützender Kollisionsnormen aufgrund EG- Richtlinien in einem neuen Art. 29a EGBGB, IPRax 2000, S. 249.

Waldenberger, Arthur, Grenzen des Verbraucherschutzes beim Abschluss von Verträgen im Internet, BB 1996, S. 2365.

Waldenberger, Arthur, in: Hoeren, Thomas/ Sieber, Ulrich (Hrsg.), Handbuch Multimedia-Recht, Stand Dez. 2001, München 2002.

Wartenberg, Konrad W., CISG und deutsches Verbraucherschutzrecht, Baden-Baden 1998.

Wendehorst, Christiane, Das neue Gesetz über Fernabsatzverträge und andere Fragen des Verbraucherrechts, DStR 2000, S. 1311.

Wendehorst, Christiane, Tatbestand, Reichweite, Qualifikation, in: FS Sonnenberger, München 2004, S. 743.

Wendehorst, Christiane, Internationales Privatrecht, in: Langenbucher, Katja (Hrsg.), Europarechtliche Bezüge des Privatrechts, Baden-Baden 2005.

Wengler, Wilhelm, Die Anknüpfung des zwingenden Schuldrechts im internationalen Privatrecht, ZVglRWiss 54 (1941), S. 168.

v.Westphalen, Friederich, Die Novelle zum AGB-Gesetz, BB 1996, S. 2101.

v.Wilmowsky, Peter, Der internationale Verbrauchervertrag im EG- Binnenmarkt, ZeuP 1995, S. 735.

Wolff, Martin, Das internationale Privatrecht Deutschlands, 3. Auflage, Berlin, Göttingen, Heidelberg 1954.

Yeun, Kee-Young, Verbraucherschutz im internationalen Vertragsrecht- Art. 29 EGBGB und die Bedeutung der „unconscionability doctrine", IPRax 1994, S. 257.

Zweigert, Konrad, Zur Armut des Internationalen Privatrechts an sozialen Werten, RabelsZ 37 (1973), S. 435.

Zweigert, Konrad, Schlussbemerkungen zum Kolloquium über den Schutz des Schwächeren im Recht, RabelsZ 40 (1976), S. 789.

Zweigert, Konrad/Kötz, Hein, Einführung in die Rechtsvergleichung, 3. Auflage, Tübingen 1996.

FSC
www.fsc.org
MIX
Papier | Fördert
gute Waldnutzung
FSC® C083411

Kolibri 360 GmbH
Ferdinand-Jühlke-Straße 7
99095 Erfurt, Deutschland
produktsicherheit@kolibri360.de

Druck:
CPI Druckdienstleistungen GmbH
im Auftrag der
Kolibri 360 GmbH
Ferdinand-Jühlke-Str. 7
99095 Erfurt